KB148031

소쉬르의 3차 일반언어학 강의: 1910~11

에밀 콩스탕탱의 노트

소쉬르의 3차 일반언어학 강의: 1910~11
에밀 콩스탕탱의 노트

초판1쇄 펴냄 2021년 10월 22일

지은이 페르디낭 드 소쉬르
엮은이 고마쓰 에이스케
영역 로이 해리스
옮긴이 김현권
펴낸이 유재건
펴낸곳 그린비
주소 서울시 마포구 와우산로 180, 4층
대표전화 02-702-2717 | **팩스** 02-703-0272
홈페이지 www.greenbee.co.kr
원고투고 및 문의 editor@greenbee.co.kr

주간 임유진 | **편집** 홍민기, 신효섭, 구세주, 송예진 | **디자인** 권희원 | **마케팅** 유하나
물류유통 유재영, 한동훈 | **경영관리** 유수진

ISBN 978-89-7682-880-4 94160   978-89-7682-881-1 (세트)

學問思辨行: 배우고 묻고 생각하고 판단하고 행동하고

독자의 학문사변행을 돕는 든든한 가이드 _그린비 출판그룹

그린비 철학, 예술, 고전, 인문교양 브랜드
엑스북스 책읽기, 글쓰기에 대한 거의 모든 것
곰세마리 책으로 통하는 세대공감, 가족이 함께 읽는 책

소쉬르의 3차 일반언어학 강의: 1910~11

에밀 콩스탕탱의 노트

페르디낭 드 소쉬르

김현권 옮김

그린비

한국어판 옮긴이 서문

페르디낭 드 소쉬르Ferdinand de Saussure의 『일반언어학 강의』Cours de lingistique générale(1916)는 잘 알다시피 바이Charles Bally와 세슈에Albert Sechehaye가 세 번에 걸친 소쉬르의 일반언어학 강의(1907년, 1908/09년, 1910/11년)를 받아 적은 제자들의 강의노트에 기반하여 편집·종합한 책이다. 이들은 소쉬르의 강의를 직접 청강하지 않았으나 이 책을 출간했으며, 이 책은 20세기 인문학에 가장 큰 영향을 끼친 사상의 원조가 되었다.

  그러나 고델이 1957년에 『소쉬르의 일반언어학 강의의 수고 원전』 에서 이 편집본의 원자료 문제를 제기한 이래로,[1] 소쉬르 수고手稿를 바 탕으로 소쉬르 언어학의 원사상을 이해하려는 노력이 계속되어 왔다.[2] 이번에 한국어판으로 펴내는 이 책은 소쉬르의 강의를 받아 적은 학생

---

1 Robert Godel, *Les sources manuscrites du Cours de linguistique générale de F. de Saussure*, Genève: Droz, 1957.

2 이를테면 Rudolf Engler ed., *Cours de Linguistique Générale. édition critique par Rudolph Engler*, 3 vols., Wiesbaden: Harrassowitz, 1967~1968; Tullio De Mauro ed., *Cours de Linguistique Générale. édition critique preparee par T. De Mauro*, Paris: Payot, 1972; Estanislao Sofia, *La "Collation Sechehaye" du Cours de linguistique générale de Ferdinand de Saussure*, Leuven: Peeters, 2015.

들의 필기 원본을 편집한 판본으로서, 바이와 세슈에를 통과하기 이전의 소쉬르 목소리를 생생히 담고 있는 자료다. 바이와 세슈에가 『일반언어학 강의』의 편집을 위해 사용했던 학생들의 노트를 고마쓰小松英輔가 편집하여 일본어판으로 출간했고, 첫 번째와 두 번째 강의는 조지 울프가, 마지막 강의는 로이 해리스가 영역해 프랑스어 원문과 영어 번역문이 좌우쪽에 배치된 형태로 출간되었다. 이 한국어판은 이 세 권의 프랑스어–영어 편집판을 저본으로 한다.[3]

바이와 세슈에는 『일반언어학 강의』의 출간을 위해 첫 번째와 두 번째 강의는 리들링제Albert Riedlinger의 노트에 기초했고, 두 번째 강의는 파투아Charles Patois의 노트 또한 함께 참고했다. 고마쓰가 편집한 강의노트 또한 이들의 것이다. 세 번째 강의의 경우 사정이 조금 다르다. 바이와 세슈에는 데갈리에Georges Dégallier와 세슈에의 부인이 된 뷔르데Marguerite Sechehaye-Burdet의 노트를 주로 참조했지만 세 번째 강의를 가장 완벽하게 받아 적은 콩스탕탱Emile Constantin의 노트(11권, 407쪽 분량)는 참조하지 못했다. 『강의』가 출간된 후인 1958년에 콩스탕탱이 그 수고를 고델에게 전해 주었기 때문이다. 고마쓰가 편집한 세 번째 강의의 노트는 바로 이 콩스탕탱의 노트다. 한국어판은 이 세 권의 고마쓰 판

---

3 저본은 세 번째 강의가 가장 먼저 출간되었고, 이후 첫 번째와 두 번째 강의가 뒤를 따랐다. 〈3차 강의〉 Eisuke Komatsu and Roy Harris eds. and trans., *F. de Saussure Troisiéme cours de linguistique générale(1910-1911), d'après les cahiers d'Emile Constantin*, Oxford & N.Y.: Pergamon, 1993; 〈1차 강의〉 Eisuke Komatsu and George Wolf eds. and trans., *F. de Saussure Premier cours de linguistique générale(1907), d'après les cahiers d'Albert Riedlinger*, Oxford & N.Y.: Pergamon, 1996; 〈2차 강의〉 Eisuke Komatsu and George Wolf eds. and trans., *F. de Saussure Deuxième cours de linguistique générale(1908-1909), d'après les cahiers d'Albert Riedlinger et Charles Patois*, Oxford & N.Y.: Pergamon, 1997. 본 한국어판의 번역 및 편집에 있어 프랑스어 원문을 영어 대역문보다 우선시했다.

을 저본으로 하되, 고마쓰가 생략한 부분 중 필요한 부분들을 다른 여러 판본을 참조하여 삽입해 두었다.[4][5]

저본 자체가 강의를 받아 적은 노트이다 보니 문장이나 설명이 미완결된 것이 꽤 있다. 체계와 형식의 면에서도 통일성이 잘 갖춰지지 않은 부분이 적지 않다. 소쉬르가 '구어'를 강조하면서 언어 사례를 음성표기로 많이 적고 있는데, 당시는 국제음성기호IPA가 제정되기 전이어서 읽기가 다소 힘든 면도 있을 것이다. 이러한 난점들을 최대한 보

---

4 Robert Godel, "Cours de linguistique générale (1908–1909). Introduction (d'après des notes d'étudiants)", *Cahiers Ferdinand de Saussure* 15, 1957, pp.3~103; Eisuke Komatsu, *Cours de linguistique générale. Premier et troisième cours, d'après les notes de Riedlinger et Constantin*, Tokyo: Université Gakushuin, 1993; Émile Constantin, "Linguistique générale, Cours de M. le Professeur de Saussure, 1910–1911", *Cahiers Ferdinand de Saussure* 58, 2005, pp.83~289. 마지막 문헌은 메히야(Claudia Mejia)와 감바라라(Daniele Gambarara)가 편집한 판본으로서 다른 판본들이 바이와 세슈에의 편집틀을 따라 생략한 인도유럽언어학에 대한 부분까지 모두 담고 있다(『3차 강의』에는 이 부분 또한 발췌하여 번역·삽입하였다. 또한 저본과 메히야·감바라라 판의 원문이 다를 경우 이 사실을 각주로 밝혀 두었다).

5 또한 『일반언어학 강의』 편집의 문헌학적 논의에 대해서는 다음 자료들을 참조하라. 김현권, 「소쉬르의 『일반언어학 강의』와 『제3차 강의노트』의 비교」, 『언어학』 78호, 2017, 165~193쪽; Alessandro Chidichimo, "Une source du premier cours de linguistique générale de Saussure, octobre 1906," *Semiotica* 217, 2017, pp.195~213; *L'apport des manuscrits de Ferdinand de Saussure*, *Langages* 185(special issue), 2012; Estanislao Sofia, "Quelques problèmes philologiques posés par l'oeuvre de Ferdinand de Saussure", *Langages* 185, 2012, pp.35~50; Estanislao Sofia, "Cent ans de philologie saussurienne: Lettres échangées par Albert Sechehaye et Charles Bally en vue de l'édition du Cours de linguistique générale (1916)", *Cahiers Ferdinand de Saussure* 66, 2013, pp.187~197; Estanislao Sofia, "Cent ans de philologie saussurienne II: Complément à la correspondance entre Charles Bally et Albert Sechehaye au cours de l'élaboration du Cours de linguistique générale(1913)", *Cahiers Ferdinand de Saussure* 69, 2016, pp.245~252; Estanislao Sofia, "Cent ans de philologie saussurienne III: Albert Riedlinger(1883–1978) et sa 'collaboration' avec les éditeurs", *Cahiers Ferdinand de Saussure* 70, 2017, pp.175~195; François Vincent, "Le premier cours de linguistique générale professé par Ferdinand de Saussure à Genève: cours I et sténographie Caille: transcriptions et commentaires", *Cahiers Ferdinand de Saussure* 67, 2014, pp.175~190.

완하되, 가독성을 해치지 않는 경우라면 가능한 한 편집자의 원편집을 존중하여 번역하였다. 이 강의노트를 출간하는 가장 큰 목적은 소쉬르 강의의 '진짜 내용'을 가장 가깝게 추적하는 것이기 때문이다. 저본에 달려 있지 않은 소제목 등 옮긴이가 개입한 부분은 책 전체에서 고딕체로 표기해 구분함으로써 원자료의 원본성을 존중했다. 권별로 최대한 체계적·형식적 통일성을 갖추려 했는데, 그 상세 사항에 관해서는 각 권 서두의 서문, 주해, 일러두기 및 옮긴이 주를 참조하길 바란다.

　소쉬르는 용어 문제에 매우 신경을 썼으므로 번역에서도 그 정신을 가능하면 지키려고 노력하였다. 경험적 자료로서 구체적 언어 une(des) langue(s)는 '개별언어(들)', '개별어', '언어'로 번역하였고, idiome는 좁은 지역에 국한된 개별어로서 '소지역어'를 가리키는데(표준어에 대한 방언 개념으로 이해하면 안 된다), 맥락에 따라 '특유어', '개별 특유어', 또는 '개별어'로 번역하였고, parler(local)는 '지역 집단어', '집단어'로, patois는 '지역어'로, dialecte는 '방언'으로 번역하였다. la langue는 개별어로서의 언어를 가리키는 총칭적 용법이면 '언어'로 번역하였지만, 발화parole나 인간언어langage와 대립되거나 이론적 추상의 구성체로서 la langue를 가리키는 논의에서는 '언어랑그'로 음역을 병기하였다. 그런데 문맥에 따라 애매한 경우에도 '언어랑그'로 그대로 번역하였다. langage는 '인간언어'로 번역하였으나 문맥상 이를 가리키는 것이 명백하면 그냥 '언어'로도 번역하였다. 문맥상 애매한 경우에는 역시 '언어랑가주'로도 번역하였다. 그러나 명사＋de (la) langue, 명사＋de langues, 명사＋de langage, 명사＋linguistique 같은 경우에는 구별하여 번역한 경우도 있으나, 뒤의 명사가 수식하는 경우에는 '언어＋해당 명사'로 번역하여 구별이 안 되는 경우도 있다. 다음으로 대어족, 어족, 어군, 어파, 분파 등의 언어 분류학상의 위계의 위치에 대한 지적이 나오는데, 현대의 분류학적 지위와 구별해서 봐야 할 것이다. 아울러 『일반언어학 강의』 이전 한국어 번역본[6]에서 사용했던 '기표/기의'는 '시니피앙/시니피에'로, '본체'는 '실재체'로 번역하였다.

또 『3차 강의』는 2018년에 에피스테메 출판사에서 번역본을 출간한 바 있으나 미비점을 보완·번역하여 첫 번째와 두 번째 강의와 함께 그린비출판사에서 시리즈로 엮어 출판한다는 점을 밝힌다.

에멀링이 지은 『20세기 현대예술이론』에서 소쉬르는 놀랍게도 프로이트, 마르크스, 니체와 함께 비평이론에 대한 철학적·미학적 사유의 선구자로 제시되어 있으며, "그들의 저술 없이는 비평이론의 기틀이 마련되지 않았을 것"이라고 한다.[7] 이 네 명의 선구자에 이어 20세기 현대예술이론가로 제시된 스물두 명 가운데 소쉬르의 영향을 직간접으로 받은 것으로 널리 알려진 사상가로 알튀세르, 바르트, 바타유, 보드리야르, 부르디외, 데리다, 푸코, 이리가레, 크리스테바, 라캉, 메를로퐁티가 꼽힌다. 스물두 명 중 절반이나 되는 열한 명의 사상가와 예술비평이론가들이 직간접적으로 소쉬르의 영향권 아래 있다. 이쯤 되면 소쉬르는 언어학자라기보다는 20세기 사상사의 큰 맥을 형성하는 사상가로 자리매김하기 때문에 그를 직접 대면하여 사상의 원류를 더 포괄적으로 깊이 연구할 만한 가치가 충분할 것으로 생각한다.

미사의 청람서재에서, 김현권

---

6 페르디낭 드 소쉬르, 『일반언어학 강의』, 김현권 옮김, 지만지, 2012.

7 Jae Emerling, *Theory for Art History*, New York: Routledge, 2005. 한국어판은 제이 에멀링, 『20세기 현대예술이론』, 김희영 옮김, 미진사, 2015. 인용문은 한국어판 12쪽.

한국어판 옮긴이 서문 9

차례

서문

현대의 언어이론과 문학이론의 논의에서 페르디낭 드 소쉬르의 『일반 언어학 강의』(1916)보다 더 중요한 텍스트는 아직 없는 것으로 판명되었다. 이는 데리다, 라캉, 레비스트로스 같은 사상가들의 업적만으로도 충분히 확인된다. 사후에 출판된 책이 없었다면, 소쉬르는 오늘날 수많은 언어학자들 가운데 하나에 불과했을 것이고, 그는 단지 『인도유럽어의 원시모음체계 논고』*Mémoire sur le système primitif des voyelles dans les langues indo-européennes*(1878)의 저자로만 사람들의 기억에 남았을 것이다. 그렇지만 소쉬르가 언어에 대해 제시한 가장 중요한 개념들은 다른 학자들이 다시 고쳐 쓰고 재구성하는 복잡한 과정을 거쳐 후대에 전달되었다.

　원문과 다소 거리가 있는 『일반언어학 강의』 번역판을 읽더라도 이 책의 구성에 무엇인가 다소 작위적이고 이질적인 면이 있음을 쉽게 알아차릴 수 있다. 이는 저서 전체가 처음부터 끝까지 여러모로 한결같지 않기 때문이다. 문체적으로 볼 때, 책은 흔히 직물에 비유된다. 직물 표면에 짜인 디자인은 멀리서 봤을 때는 모두 같은 색깔로 보인다. 그러나 가까이서 자세히 들여다보면 색깔이 다양한 실들로 짜여 있다. 『강의』도 이와 같이 짜여 있다. 지금 이 책과 같은 것을 출간하는 주요 목적은 직조를 풀어헤치고, 소쉬르『강의』의 1916년 판본의 편집자들이 짠 텍스트 직물이 어떤 것인지 성분을 조사하려는 것이다.

소쉬르가 베르트하이머Joseph Wertheimer의 뒤를 이어 일반언어학의 강좌를 맡은 것은 제네바로 귀국한 지 15년 뒤인 1906년 12월이었다. 그는 1907년 1월 16일에 가서야 일반언어학 강의를 처음으로 강의했으며, 이 강좌는 1911년 7월까지 하기로 예정되어 있었다. 소쉬르가 이 새로운 강의를 맡았을 때, 일반언어학은 프랑스뿐만 아니라 스위스에서도 생소한 것이었다. 그것은 단지 포르루아얄Port-Royal의『일반이성문법』Grammaire générale et raisonnée(1660)[1]의 일반언어학과는 다를 것으로만 추정되었다. 이 저서는 언어가 인간 사고를 반영한다는 것(이런 이유로 이 문법은 '이성적'으로 불린다)과 라틴어와 그리스어가 보편적인 인간 사고를 표현한다(이 이유로 이 문법은 '일반적'으로 불린다)는 두 가지 관념에 기초하고 있다. 이 책은 아리스토텔레스와 데카르트 이래로 전해 내려오는 언어 중심적 상황을 잘 반영한다. 소쉬르는 제네바대학의 일반언어학 강좌를 계승하면서도 이 주제에 대한 확고한 견해가 없었다. 그렇지만 그는 그동안 쌓아 온 역사언어학(특히 인도유럽언어학)의 지식을 총동원하고, 가능하면 언어의 '기호학적' 성질에 대한 일반화된 원리를 제시할 것을 기대했다. 내 견해로는, 소쉬르의 가르침은 그가 평생 연구한 역사언어학의 성과와 언어에 대한 일반적 성찰을 실제로 유효적절하게 결합시키려는 것이었다. 하지만 이 점에서 볼 때, 결국『강의』는 랑슬로Claude Lancelot와 아르노Antoine Arnauld의『일반이성문법』의 정

---

1 아르노와 랑슬로가 쓴 이 저서는 이성에 기초한 보편논리학을 모델로 문법을 기술한 것으로서, 포르루아얄 수도원에서 저술되어 흔히 '포르루아얄 문법'이라고 한다.

신을 일면 계승한 것으로도 볼 수 있다.

『강의』의 편집자 바이와 세슈에는 스승의 견해를 잘 이해했고, 소쉬르의 이전 강의에도 참석했다. 그러나 불행히도 이들은 제네바대학의 학사 업무로 인하여 소쉬르의 일반언어학 강의에는 참석할 수 없었다. 세슈에는 강의에 참석할 수 없었음을 안타까워하며 첫 번째 강의와 두 번째 강의의 노트 필기 복사본을 만들기 위해 젊은 동료 리들링제에게 강의노트를 빌려 달라고 부탁했다. 이제 제네바대학 공공도서관에서 이 모든 복사 노트를 이용할 수 있게 되었다. 세 번째 강의의 자료는 조금 다르다. 리들링제는 이 강의에 참석하지 않았고, 따라서 세슈예는 데갈리에, 세슈에 부인과 조제프Francis Joseph의 노트에 기초해서 노트를 편집해야만 했다. 하지만 이 '대조 노트'는 아직 출간되지 않고 있다.

『강의』의 서문에서 두 편집자는 이 책이 주로 세 번째 강의에 기초해서 작성된 것으로 밝히고 있다. 이들은 틀림없이 이『강의』의 초안으로 세슈에의 '대조 노트'[2]를 사용했을 것이다. 세 번째 강의를 담은 콩스탕탱의 노트는 1958년에 처음으로 발견되었다. 그러나 콩스탕탱은 자기 노트를 보충하기 위해 데갈리에의 노트를 이용했고, 데갈리에도 마찬가지로 콩스탕탱의 노트를 빌려 이용했을 가능성이 크다. 증명하기는 어렵지만 말이다. 그렇다면 이 경우 편집자들이 자신들도 모르는 사이에 콩스탕탱의 노트를 간접적인 원자료로 이용한 것이 된다.

첫 번째 강의와 두 번째 강의에 대한 리들링제의 노트는 매우 훌륭하다.『강의』의 두 편집자도 책 표지에 "알베르 리들링제와 협력하여"

---

2 Estanislao Sofia, *La "Collation Sechehaye" du Cours de linguistique générale de Ferdinand de Saussure*, Leuven: Peeters, 2015 참조.

라고 적고 있다. 세 번째 강의는 콩스탕탱의 노트가 훨씬 완벽하다. 다른 학생들의 노트 모두 유용한가? 결점은 있지만, 때로는 유용했다. 다른 네 학생이 기록한 세 번째 강의의 노트도 있다. 세슈에 부인은 소쉬르가 강의실에서 강의한 것을 그렇게 소중한 것으로 간주한 것 같지는 않지만, 적어도 소쉬르가 칠판에 쓴 내용은 그대로 노트에 적었다. 그녀의 노트는 강의 제목과 날짜를 알려준다. 데갈리에와 조제프의 노트는 강의 개요를 대강 적은 것이다. 소쉬르 자신이 준비한 노트는 거의 남아 있지 않은데, 보통은 강의를 한 후에 이들을 폐기했던 까닭이다. 그러나 어쨌든 그는 준비한 강의안을 단순히 읽어 준 것은 아닌 것 같다. (예컨대 1910년 11월 8일 자 소쉬르의 강의 초안을 학생들의 노트와 비교해 보면 알 수 있다.) 학생들은 소쉬르가 강의한 내용을 계속 잘 이해한 것으로 볼 수 있는가? 그는 학생들이 익히 알고 있던 내용보다 훨씬 광범위한 사례들을 분명히 제시했다. 그리스어와 라틴어의 역사적 변화 사례를 인용할 때면, 학생들은 대개 이들을 정확히 받아적었다. 그러나 그 예들이 산스크리트어인 경우에는 당황해서 로마자로 겨우 전사할 수 있었을 뿐이었다.

다양한 원자료를 비교하면서 생기는 관심사가 얼마나 큰지를 전체적으로 알기 위해 출판된 『강의』의 서두 몇 구절과 세 사람의 원자료 노트를 인용해 보자.

A. 『일반언어학 강의』, 1916년.

(1) 일반언어학 강의

(2) 서론

(3) 제1장 언어학사 일별

(4) _____

(5) 언어사실을 중심으로 형성된 언어과학은 그 진정하고 유일한 연구 대상이 무엇인가를 인식하기 전에 세 발달 단계를 차례로 거쳤다.

처음에는 소위 '문법'으로 불렸던 것을 연구했다. 그리스인들이 시작한 이 문법 연구는 주로 프랑스인들이 계승했으며, 논리학에 바탕을 두었고, 과학적 시각이 전혀 없었으며, 언어 자체에 대한 순수한 관심이 결여되어 있었다. 이 문법 연구는 오로지 올바른 형태와 틀린 형태를 구별하는 규칙을 만드는 것을 목표로 삼았다. 그래서 이 문법은 규범적이며, 순수한 관찰과는 아주 거리가 먼 학문이었으며, 관점이 편협할 수밖에 없었다.[3]

B. 세슈에의 대조 노트, 1913년.

(1) 일반언어학

(2) 서론

(3) _____

(4) _____

(5) 언어를 연구 대상으로 하는 과학은 이 대상을 명료하게 구별하기 전에 세 단계를 거쳐 내려왔다. 그 시초에는 문법을 연구하였다. 그리스인들이 이 연구에 착수했고, 프랑스인이 계승하였으나 크게 완성하지 못한 이 문법은 논리학에 기초한 것이었고, 언어 자체에 대한 철학적 관점이 전혀 없었다. 나아가 문법은 정확한 형태 규칙을 세우고, 부정확한 형태를 구별하려고 했다. 이 문법은 규범 학문이었고, 순수한

---

3 번역은 『일반언어학 강의』, 김현권 옮김, 지만지, 2012 참조.

과학적인 관찰과는 거리가 아주 멀었다. 관점은 아주 협소했다.

C. 데갈리에의 노트, 1910년.

(1) 노트 – 일반언어학

(2) _____

(3) _____

(4) 1910년 10월 28일

(5) 언어학. 언어 연구의 대상을 고려한 3단계. 그 대상을 명확히 구별하지 않음. 첫 단계, 문법. 그리스인이 창안하였고, 프랑스인이 계승하였으나 크게 완성하지 못함. 논리적 관심사였지만, 언어 자체에 대한 철학적 관점의 결여. 모든 문법은 규범적임(올바른 것과 부정확한 것의 구별). 상당히 중요한 관점 없음.

D. 콩스탕탱의 노트, 1910년.

(1) 일반언어학

(2) 서론 장

(3) 〈언어학사 일별〉

(4) 1910/11년 겨울학기

(5) 이 강의는 엄밀한 의미의 언어학만을 다룰 것이며, 언어^{랑그}나 인간언어^{랑가주}는 다루지 않는다. 언어과학은 부족한 점이 있지만, 여러 단계를 거쳐 발달해 왔다. 그 발달 단계를 세 단계로 구별할 수 있다. 역사적으로 볼 때, 언어를 대상으로 연구한 사람들은 세 가지 방향에서 접근했다고 볼 수 있다. 엄밀한 의미의 언어학은 그 후에 연구 대상을 명확히 인식하면서 탄생했다.

이 세 발달 단계의 첫 단계는 문법으로서 그리스인이 창안했고, 큰 변화 없이 프랑스인이 계승 발전시켜 왔다. 이 전통문법은 언어 자체에 대한 철학적 견해를 전혀 포함하지 않았고, 오히려 논리학에 더 지대한 관심을 기울였다. 모든 전통문법은 규범문법, 다시 말해서 규칙을 세우고, 어떤 언어가 올바르고 어떤 언어가 틀렸는지를 구별하는 데 몰두했는데, 이는 언어^{랑그} 현상이란 것이 과연 무엇인지 그 현상 전체를 바라보는 폭넓은 시각은 애당초부터 배제한 것이었다.

콩스탕탱 노트의 진가를 이해하려면, 이 구절들을 비교하는 것만으로 충분하다. 그것은 다른 노트에 비해 훨씬 중요하고 더욱 명료하고 더욱 조심스러운 미묘한 뉘앙스가 담겨 있다.

소쉬르의 편집자들이 자신들의 텍스트가 주로 세 번째 강의에 기초했다고는 하지만, 사실 그 강의는 책에서 제시한 순서로 진행된 것은 아니었다. 이들이 제시한 순서는 (1) 서론, (2) 음운론, (3) 기호의 일반원리, (4) 공시언어학, (5) 통시언어학, (6) 지리언어학, (7) 결론이다. (2)에서 다룬 것은 생리음성학이기 때문에 (1), (3), (4), (5)의 내적 언어학은 사실상 (6)의 외적 언어학과 구분된다. 실례로 소쉬르는 세 번째 강의를 (6) 외적 언어학으로 시작했고, 둘째 세션에 가서야 일반 언어 기호론을 강의했는데, 이 내용은 기존 어족들에 대한 역사적 개요를 마친 후 강의한 것이다. 그는 1910년 11월 4일에 예고한 강의 계획에서 (1) 개별언어_{les langues}, (2) 언어 _{la langue}, (3) 개인의 언어능력과 수행_{la faculté et exercise du langage chez les individus}으로 내용을 구분했으나 강의를 끝까지 마치지 못하였다.

『강의』에서 강의 주제를 기본적으로 다시 배열한 편집자들을 어떻게 이해해야 할까? 소쉬르 사상에 끼친 영향을 다룬 쓴 글들은 무척이나 많다. 이와 관련해서 자주 언급되는 학자들의 이름은 뒤르켐Émile Durkheim, 휘트니William Dwight Whitney, 타르드Jean Gabriel Tarde, 텐Hippolyte Taine, 가벨렌츠Georg von der Gabelentz이다.『강의』자체를 보면, 언급한 이들 외에도 후설Edmund Husserl의 이름을 추가할 수 있다. 소쉬르가 후설을 반드시 읽었을 것이라고 생각해서가 아니라 바이와 세슈에가 이 독일 철학자의 사상을 분명 잘 알고 있었을 것이고, 또한 후설의 저서가 안톤 마르티Anton Marty에 의해 스위스에 소개되었기 때문이다. 출간된『강의』의 본문 구조는 어떤 면에서 후설적인 것이라서 의미심장하다. 특히 후설이 강조한 점은 경험은 질료hylic의 합으로 환원될 수 없다는 것이다. 시각의 인지 과정을 생각해 보자. 질료로서 지각 대상은 홍체에 출현하지만, 이것만으로는 그 의미를 드러내 주지 못한다. 우리는 질료적 소재를 인지적 판단 행위로 해석한다. 후설에게서 질료적 소재, 사고 행위, 대상은 초자아에 의해 표상되는데, 이들은 각기 hyle, noesis, noemis로 불린다. 언어행위도 이와 동일한 패턴을 따른다. '언어적 대상'은 오직 이세 가지를 함께 작용시켜야만 인지할 수 있다.

바이와 세슈에가 선택한『강의』의 구조는 바로 이 관점과 잘 들어맞는다. 그래서 '음운론 원리'라는 제하의 절이 왜 서론 바로 뒤에 배치되었는지가 이로써 설명된다. 이 절은 언어의 질료적 소재를 다루며, 현저히 경험적인 성향을 보여 준다. (예컨대 독자들로 하여금 appa란 음성 연쇄를 크게 발음해 보라고 권유하는데, 이는 첫째 p와 둘째 p의 차이를 인지할 것을 요청하는 것이다.) 그러나 그 뒤의 여러 절에 가서는 발화의 질료적 소재를 시니피앙과 시니피에가 펼치는 맥락에 위치시킨다. 이는 후설적 의미에서 질료적 소재의 초월적 가치를 인식하게 만든다. 그리하여 이제 음성의 청각적인 면은 의미의 의식적인 산출에 관여하는 주체의 관점에서 설명된다. 분명히 이 과정은 초자아의 의식에 의해 지향되는바, 물리적 지점에서 출발하여 후에 의미 분화 대립의 개념에 이르게 된다.

나의 이러한 견해가 타당한지 여부를 떠나서 어쨌든 콩스탕탱의 노트는 언어에 대한 소쉬르의 성숙한 가르침이 바이와 세슈에의 손을 거치면서 변형되기 전의 명료한 모습을 여실히 보여 주는 것은 사실이다. 『강의』의 영향이 너무나 커서 사후에 소쉬르에게 안겨 준 그 명성의 마법을 이 노트의 자료가 얼마나 벗어나게 할지 모르지만, 이 강의노트는 그 자체로 연구 가치가 있다.

* * *

많은 동료와 친구에게 신세를 졌다. 이들 가운데 특별히 가쿠슈인 대학의 미야케 노리요시三宅德嘉 교수와 시모미야 다다오下宮忠雄 교수, 게르만어 지식을 가르쳐 주신 도호쿠대학의 아베 히로시阿部宏 교수에게 사의를 드린다.

고마쓰 에이스케

콩스탕탱의 노트

콩스탕탱의 노트가 소쉬르 연구자의 관심을 끈다는데, 그 주장은 두 가지 사실 때문이다. (i) 이 노트에는 소쉬르가 1910/11년에 한 세 번째이자 마지막 일반언어학 강의가 가장 완전한 형태로 담겨 있다. (ii) 이 노트에는 바이와 세슈에가 『강의』의 1916년판 편집 때에 이용한 자료에는 포함되지 않은 자료가 있다. 이 노트는 제네바고등학교 교사로 재직한 콩스탕탱이 1958년에 제네바대학 공공도서관에 직접 넘겨주기 전까지는 사실상 그 존재가 잊혀 있었던 것 같다. 소쉬르학의 선도적 권위자의 한 사람인 고故 로베르 고델은 이 자료의 중요성을 발견 즉시에 인식했고(R. Godel, "Nouveaux documents saussuriens: les Cahiers E. Constantin", *Cahiers Ferninand de Saussure* 16. 1958/59, pp.23~32), 루돌프 앵글러가 『강의』 비판본에서 이 노트를 이용하였다(Ferninand de Saussure, *Cours de Linguistique Générale*. Edition critique par R. Rudolf Engler, Wiesbaden: Harrassowitz, 1968). 하지만 앵글러의 비판본은 콩스탕탱의 노트를 1916년판 텍스트의 관련 구절과 대조·병치하기 위해 부분부분 단편적으로 잘랐다. 그런데 바이와 세슈에는 강의를 주제별로 완전히 재배열했기 때문에 독자들은 소쉬르가 세 번째이자 마지막 강의에서 실제로 제시한 개념과 순서를 분명히 인지하기 어렵다. 이 이유만으로도 콩스탕탱의 새로운 판본이 필요한 것은 자명하다.

노트는 청색 표지에 재질이 그리 좋지 않은 괘선지로 된 학생노트(22cm×18cm)에 기록되었다. 1910/11년에 행한 강의는 모두 열한 권의 노트에 담겨 있다(현재 BPU Ms fr.3972). 콩스탕탱은 원래 오른쪽 면에만 노트별로 쪽수를 적었지만, 이 노트는 쪽수를 1부터 407까지 연속적으로 매겼다.[1] 노트는 (군데군데 색이 바랜) 잉크로 적었고, 잉크와 연필로 수정되었으며, 여백에는 많은 추가 사항이 적혀 있다.

텍스트의 전반부는 쓴 글과 많지 않은 수정 사항으로 미루어 깔끔하게 정리한 정서본인 것 같다. 노트 I의 두 번째 정서본도 만들었으나 이 복사본은 현재의 이 판에는 포함시키지 않았다. 노트 텍스트의 후반부(적어도 노트 VIII 이후)는 강의실에서 직접 강의를 받아 쓴 것 같고, 정서본은 아니다.

과거 편집본의 관례를 따라 다양한 어족에 대한, 길지만 개괄적인 소쉬르의 개요는 일반언어학 강의 자체와는 무관한 것으로 생각하여 생략했다.[2] 바이와 세슈에는 다음과 같이 기록했다.

강의 계획의 제약 때문에 소쉬르는 모든 강의의 절반 정도를 인도유럽어에 속하는 여러 개별언어에 할애하지 않을 수 없었다. 또한 이러한 언어의 역사와 표현에 대해서도 말해야 했다. 오히려 강의의 핵심 주제에 할애한 시간은 축소되었다. (초판 서문)

---

1 본 한국어판에는 본문 왼쪽 여백에 대괄호로 콩스탕탱의 노트 쪽수를 남겨 두었다.
2 본 한국어판에서는 이 부분을 메히야·감바라라 판을 저본으로 삼아 번역했다.

단지 첨언하자면, 이 요청이 더 아쉬운 점은 실제로 소쉬르가 계획한 세 번째 일반언어학 강의를 부득이 끝내지 못한 것은 애당초 언어능력을 다루려고 한 강의를 할 시간적 여유가 없었기 때문이라는 점이다.

이런 사정 때문에 세 번째 강의는 크게 두 세션으로 나뉜다. 첫째 세션은 1910년 10~12월에 행한 강의로서, 언어변화에 대한 상세한 논의와 개구도開口度에 기초한 발화 음성의 조음음성학적 분류를 다루었다. 이 강의들은 콩스탕탱의 노트 I, II와 노트 III의 1~3쪽에 기록되었다.

둘째 세션은 소쉬르가 1911년 부활절부터 7월 초순 사이에 행한 강의이다. 이 강의에는 언어tangue에 대한 가장 중요한 이론적 논의가 포함되는데, 콩스탕탱의 노트 VII~X에 적혀 있다.

그의 노트에는 개별 강의가 언제 시작하고 끝났는지 표시되어 있지 않지만, 다른 원자료들을 이용하여 날짜와 단락 구분을 대강 명기했다. 이들 표시는 현재 판의 대괄호 안에 넣었다. (별표는 제시된 날짜가 추정 날짜임을 가리킨다.)

수고手稿는 약어를 널리 이용하고 있으나 이 판에서는 모두 풀어 적었다. 철자, 발음 등 사소한 오류는 명백한 글의 실수와 함께 특별한 표시 없이 수정했지만, 조금이라도 중요한 오류와 수정은 별도로 수정 표시를 했다. (예컨대 콩스탕탱은 영어가 능통하지 못해서 소쉬르의 용어 intercourse를 어떻게 쓰는지 몰랐던 것 같고, 로망스어 학자 Diez도 Diehls로 잘못 알았다.) 본문의 주제 제목이나 적요를 보여 주는 여백 노트는 생략했다. 하지만 추가 자료나 중요한 표현상의 변동은 화살괄호 속에 포함시켰다. 밑줄은 원자료에서 잉크로 표시한 곳만 그대로 표시했다.

콩스탕탱은 강의를 열성적으로 받아 적은 학생이었지만, 강의 소재는 다 이해하지 못했거나 사례를 정확히 받아 적지는 못한 것 같다.

분명 그는 잘 모르는 점을 확인하기 위해 데갈리에의 노트를 참고했고, 때로는 이 참고자료를 괄호 속에 추가하고는 이름의 첫 글자 D.나 G.D. 로 표시했다. 하지만 데갈리에에게 빌려 적어 넣은 부분 중 많은 대목은 이런 식으로 인지할 수 없다.

이 판본의 독서는 여러 세부사항에서 앵글러의 판본과 다르다. 원자료의 불규칙한 설명을 개선하려고 들지는 않았지만, 이해를 돕기 위해 구두점은 제대로 표시하였다.

이 자리를 빌려 루돌프 앵글러 교수의 도움에 사의를 표하고 싶다. 앵글러 교수의 『강의』 비판본은 소쉬르 연구자에게 필수적인 연구 수단이다. 그리고 제네바대학 공공도서관의 필립 모니에 씨, 난해한 수고와 그림을 가지고 인내심을 가지고 끈기 있게 작업하면서 수없이 귀중한 조언을 해준 리타 해리스 씨에게 사의를 표하고 싶다.

고마쓰 에이스케

로이 해리스

편집 약어와 기호

[ ]	대괄호 속 텍스트는 편집한 우리가 넣은 것이거나, (b.)가 있는 경우 원본 수고 원고에서 삭제된 것이다.
〈 〉	화살괄호 속 텍스트는 여백이나 행간의 사항을 추가해서 넣은 것이다.
(b.)	(= biffé) 바로 선행하는 단어나 대괄호 속 단어가 원본 수고 원고에서 삭제된 것임을 나타낸다.[3]

---

3 본 한국어판에서는 '(삭제)'로 표시했다.

영어판 옮긴이 서문

소쉬르의 전문용어를 영어로 옮기는 데에 부딪히는 문제는 널리 잘 알려져 있다. 내가 옮긴 『일반언어학 강의』 번역본(F. de Saussure, *Course in General Linguistics*, London: Duckworth, 1983)을 읽은 독자라면 현재의 이 번역에는 다소 다른 해결 방안이 채택된 것을 알게 될 것이다.

　세 가지 사항을 고려하여 이 결정을 내렸는데, (i) 『강의』의 번역과 콩스탕탱의 번역은 독자가 아주 다르다는 점을 예상했다. 전자는 언어학사의 핵심 텍스트를 처음 대하는 학생들을 대상으로 한 반면, 후자는 소쉬르의 사상을 충분히 잘 알고서 『강의』가 어떻게 작성되었고, 그 원자료가 무엇인지를 자세히 연구하는 데 관심을 지닌 사람들 이외에 읽힐 것 같지 않았기 때문이다. (ii) 이 두 텍스트 자체가 매우 다르다. 『강의』의 편집자들은 다양한 원자료를 전체적으로 통합했지만, 원자료에서 사용된 용어는 전혀 통일되어 있지 못하다. 반면, 콩스탕탱의 노트는 단일한 강의노트이며, 사용된 용어는 전체적으로 상당히 일관된다. (iii) 세 번째 강의를 할 당시 소쉬르는 용어상의 문제는 이미 해결한 뒤였고, 1916년판에는 나오지 않은 용어를 논평했다.

　이러한 세 가지 요소를 고려했다고 해서 번역자의 난관이 단번에 해소되는 것은 아니지만, 이 난점들을 다른 각도에서 볼 수 있게 했다. 예컨대 분명한 것은 이것이 소쉬르가 원래 의도한 것은 세 번째 강의 전체를 les langues, la langue, le langage의 세 가지 구분에 기초하여 작성하려고 했다는 것이나 — 이 점이 가장 중요한 핵심이다 — 그는 또한 이 세 용어가 실제로는 세 가지 명백히 구별된 사실이나 관찰에 상응하는 것이 아니라는 점도 알았다. 그가 제안한 — 그러나 결국 이 작업을 일관되게 수행하지 못한 — 방식은 la langue란 명칭을 사용하여 언어학자가 les langues에 대한 연구에서 끌어낸 일련의 일반화라고 생각한 것을 포괄하려는 것이었다. 거의 틀림없이 이 전략은 소쉬르 자신의 언어 인식론과는 엄밀하게 일치하지 않는다. 그러나 이 문제는 여기서 더 논의할 바가 못 된다. 더 적절한 문제는 이러한 전략으로 단수 (langue)와 복수(langues)의 선택을 망설이게 되었는데, 그 선택은 문제의 사실이 언어체계의 내재적 특징으로 제시되든지 아니면 일정한 사례들을 통해 발견되는 경험적으로 관찰 가능한 특징인지에 따라서 결정된다.

번역자에게 가장 중요한 사실은 소쉬르가 이 세 번째 강의에서 총칭적 단수 la langue(여기에 대응하는 영어의 총칭적 단수는 The lion is a carnivore사자는 육식동물이다에서 나온다)를 반복 사용했다는 — 항상 일관되지는 않지만 — 점이다. 문제가 되는 것은 이 총칭적 용법이 프랑스어로는 완벽하게 수용할 수 있지만 영어에서는 아주 어색하거나 심지어 모호하다는 점인데, 대응하는 영어 명사 language는 이런 방식으로는 보통 널리 사용되지 않기 때문이다. 영어에서는 그러한 일반화의 의미가 복수에 함축되거나 — 아마 더욱 일상적으로 이렇게 사용된다 — 아니면 부정관사를 사용한 단수를 이용하기 때문에 이 난점은 더욱더 복잡하다(The lion is a carnivore, Lions are carnivores, A lion is a carnivore와 비교해 보라). 그러나 소쉬르는 la langue와 les langues의 인식론적 지위 차이를 강조하려고 했기 때문에, 이 경우 영어 복수를 사용하는 것은 모호하거나 오도될 수 있다.

하지만 세 번째 강의의 많은 중요한 이론적 진술을 la langue에 대한 술어 형식으로 제시하는데, 이것 자체도 문젯거리이다. 그래서 소쉬르는 일례로 언어 다양성을 la langue의 특성으로 간주한다. 콩스탕탱의 노트에서는 la langue의 다양성과 les langues의 다양성, 두 가지가 모두 사용되었다. 영어 'diversity of the language'는 논의하는 언어사실이 다른 많은 변이체가 있는 단일 개별어 현상이라는 인상을 주는데(English is a very diverse language), 이 개념을 la langue에 적용하면 소쉬르 구조주의의 전체주의 개념과는 근본적으로 상치된다. 다른 한편 영어 복수('diversity of the languages')를 사용하면, la langue의 다양성에 대한 소쉬르의 요점을 완전히 포착하지 못하는데, 소쉬르의 요점은 이 문제의 다양성이 의도적인 것도 아니고 우연한 것도 아니라(예컨대 다양한 제품의 자동차 차이 같은 것에서 볼 수 있는) 이와 같은 특정 유형의 기호체계의 필연적이고 '자연적인' 속성이라는 점을 강조하려고 하기 때문이다. 콩스탕탱의 노트를 신뢰한다면, 소쉬르에게서 les langues의 다양성은 la langue의 다양성의 한 현상에 지나지 않는다.

이런 종류의 난관에는 산뜻한 해결책이 없다. 지금 이 번역서에서 취한 일반적 방침은 (콩스탕탱이 전달하는) 소쉬르의 진술을 그대로 반영하는 방향으로 번역하는 것인데, 이렇게 번역하면 영어로는 다소 어색한 경우도 있다. 이 어색한 번역이 독자를 오독시키거나 당혹시키지 않는 한 그처럼 번역했다. 하지만 용어상의 미묘한 차이가 전혀 문제시되지 않으면 가능한 한 가장 간단한 영어로 이 요점을 번역하였다. 예컨대 노트 I에서는 이 세 번째 강의가 la langue나 le langage가 아니라 언어학을 다룬다는 점에서 서론을 제시하면서 강의를 시작한다. 강의자 소쉬르는 이 두 용어의 의미 차이를 아직 설명하지 않았고, 또 la langue와 les langues를 구별하지도 않았기 때문에 그의 설명의 요점은 이 강의가 언어현상 전체보다도 언어현상을 어떻게 연구하는가에 집중된 것으로 결론짓는 것이 보다 안전하게 보인다. 그래서 non la langue et le langage를 'not languages and language'로 번역하는 것이 보다 확실하다. 'not the language and language'로 조심스레 번역하면 원문의 글에 더욱 가깝게 직역하는 것이지만, 이는 영어 독자에게는 아주 명쾌한 설명을 모호한 것으로 바꿔 버린다.

이러한 번역 방침을 택한 결과로 독자가 주의해야 할 점은, 등가적 직역을 피하고, 어떤 용어가 출현하면 그것을 사용 문맥에 따라 번역했다는 사실이다. 하지만 어떤 경우에는 좀 더 특별한 이유로 소쉬르가 사용한 용어는 항상 반드시 등가의 동일한 영어 용어로 번역했는데, 문제의 등가 번역이 현재 언어학에서는 그러한 의미로 분명 사용되지 않더라도 그랬다. 이러한 예외적 번역의 한 예가 acoustique이란 용어로서, 이를 'acoustic'으로 번역했다. 소쉬르가 오늘날 강의했더라면 그는 틀림없이 acoustique를 auditive로 교체했을 것이다. (image acoustique란 표현과 관련한 문제의 논의는 필자의 1983년 번역판 서문 pp.xiv~xv 참조.)

나는 영국과 미국의 주석가들이 signifié와 signifiant의 번역어로 널리 사용하는 signifier와 signified를 이전 판 번역에서도 쓰기 싫어했는데 이는 지금 이 책에서도 마찬가지이다. 이번 번역에서는 영어 표현 signifying element와 signified element를 선호해서 사용했고, 이 용어는 콩스탕탱의 노트에서 실제로 쓰인 대체 표현으로부터 차용한 것이다. 이 해결책이 갖는 이차적인 장점은 프랑스어 분사 용어에 잠재된 점이 환기되고, 이는 소쉬르가 명백히 강조한 사항이라는 점이다. 즉 signifiant과 signifié는 단지 상호 관련 용어로서만 존재하며, 여타의 독립적 지위는 없다는 것이다.

소쉬르 원자료의 langue와 langage에 대응하는, 어원적으로 관련된 용어쌍이 없는 영어로 번역하는 수고 덕택에 소쉬르는 단어가 아니라 사물을 정의했다고 하는, 용어상의 과감한 주장이 다소 회의적이라는 사실을 알게 되었다. (어쨌든 이는 어떤 점에서 아주 비소쉬르적인 주장이다. 자신이 사용하는 언어가 부과한 정신적인 틀은 그렇게 쉽사리 지워지지 않는다.) 번역자라면 당연히 이론적으로 기본적인 언어학적 구별에 대한 소쉬르의 확신이 그가 사용하는 언어인 프랑스어의 어휘적 특성에서 상당 부분 기인하는 것이 아닌가 — 아니면 적어도 이 특성으로 인해 강화된 것이 아닌가 — 궁금증이 생길 것이다.

langage와 langue에 대해 이론적으로 타당한 일반화 구축 방법에 방해되는 주요 방해물 가운데 한 가지는 소재를 논의하는 용어가 문화에 깊이 뿌리박혀 있다는 점이다. 소쉬르는 이 점을 깊이 고려하지 않은 듯이 보인다. 그는 이 문제를 사소한 메타언어적 문제로 생각하고, 양면적 실체로서의 언어기호의 근본 성질에 집중함으로써 비껴 나갈 수 있으리라고 믿은 듯이 보인다. (그러나 이처럼 믿었기 때문에 그는 더욱 까다로운 똑같은 함정에 다시 빠져들고 있었던 것이 아닌가 생각된다.) 어쨌든 그가 노력을 아끼지 않고 보여 주려고 한 것은 프랑스어 langue와 langage란 단어를 이용하여 구별한 어휘 차이가 과학으로서의 언어학을 구축하기 위해 이론적으로 확정할 필요가 있었던 구별과 정확히 일치한다는 점이었다. 나아가 그는 langue와 langage의 개념적 격차가 제3의 프랑스어 용어 parole에 의해 다소 깔끔하게 메꿔진다고 주장했다. 이상한 말이지만, 그렇게 되면 프랑스어는 20세기 언어학에 가장 이상적 언어로 판명되는데, 이는 마치 18세기 정치에서 프랑스어가 이상적 언어였던 것과 같은 논리이다.

영어 번역자라면 누구라도 이 모든 사실이 우연의 일치를 지나치게 과장한 것이라고 반신반의할 것이다. 특히 번역 과정이 langue란 용어를 중심으로 소쉬르에게 특유한 구별 사항이 아마도 소쉬르 자신도 이해하지 못한 채로 개념적 난점을 보이거나 심지어 와해될 지경이라고 강조하면 그렇다. 주의력 깊은 독자라면 이 책의 번역이 이처럼 긴장된 모습을 보이는 징후를 느낄 것이다. 이러한 문제들은 여기서 제시한 것보다 더 자세하게 다룰 기회가 있겠지만, 지나면서 이들을 잠시 언급할 필요가 있는 것은 이 문제가 피치 못하게 필요하지만 불충분한 번역이 텍스트의 지적_{知的} 분석에 긍정적으로 기여한다는 것을 시사하기 때문이다. 번역이란 단순히 말을 옮기기 이전에 해석이어야 한다.

그리하여 앞서 이미 언급한 세 가지 사항에 추가해서 네 번째로 고려할 사항은 필자의 『강의』 영어 번역본의 전략과는 다른 번역 전략을 취했다는 점이다. 내 견해로는, 이 네 번째 고려 사항이 다른 세 고려 사항보다 우선한다. 이로 인해 많은 번역자들이 번역자의 타당한 영역이나 자동적인 영역으로 간주하지 않을지도 모르는 영역으로 들어가지만 말이다. 소쉬르의 자료를 번역할 가치가 있는 것은 프랑스어를 도움 없이는 정복할 수 없는 많은 사람들의 관심거리겠지만, 더 중요한 것은 번역이 소쉬르의 사상을 밝혀 해명하고, 꼼꼼히 조사하고, 거기에 깊이 관여하는 데 필요한 훌륭한 지적 도구이기 때문이다.

콩스탕탱의 장황한 노트에 나오는 소쉬르는 어떤 면에서는 바이와 세슈에의 매우 체계적인 텍스트 속 소쉬르보다 훨씬 더 흥미롭다. 이 노트에서는 몇 가지 구별 사항을 아주 의식적으로 실험적으로 제시하고, 타당성의 극한까지, 때로는 그 너머까지 밀어붙이는 이론언어학자의 모습을 엿볼 수 있다. 이 극한 지점에 가서는 번역자는 문제를 스스로 판단해야 한다. 소쉬르가 괜히 횡설수설한다거나 말하려는 것이 무엇인지를 정확히 모른다는 비난의 짐을 암묵적으로나마 지우지 않으려면 말이다.

이론적 텍스트는 이론적으로 예민한 번역을 요구한다. 그러나 그러한 번역은 그 자체로 다소 이론 중립적일 수는 없다. 현재의 번역에 내재하는 이론적 잔재에 대한 대강의 모습은 langue란 용어의 번역에서 생겨나는 여러 변동에 애로를 느끼는 독자라면 누구나 발견할 수 있다. 이 번역상의 변동에서, 번역자로서 필자가 소쉬르가 전문용어를 지나치게 강하게 밀어붙인다고 생각하는 곳이 어디인지를 발견할 것이다.

피하기 어려운 결론은 소쉬르가 (콩스탕탱에 따르면) 1911년 여름에 langue에 대한 제안으로 강력하게 주장한 내용을 langues로 표명했어야 한다는 점이다. 물론 프랑스어 텍스트에서도 이 점은 명료하지 않다. 번역을 하면서 이 점이 분명해졌다. 프랑스어 텍스트에서 정관사의 용법은 소쉬르 자신도 의식하지 못한 채 총칭적인 의미에서 개별적 특수 의미로 또는 그 반대 방향으로 너무나 쉽게 바뀌고 있음을 볼 수 있다. 어떤 때는 그러한 사항에 대한 문제가 이따금 제기된다. 예컨대 les langues는 정의상 역사를 갖지만, la langue가 어떤 의미에서 이 역사를 갖는지 불분명하다. 따라서 통시적 연구가 어느 정도 실제로 langue의 언어학에 속하는지 불분명하다. (우리가 이를 심각하게 생각한다면, 소쉬르의 체스 비유는 이 문제를 해결하기는커녕 더욱 복잡하게 만든다.) 소쉬르는 콩디야크Condillac가 아니었다. 그가 langue의 진화를 언어학의 주요 분야로 말한 것은 분명 langues의 진화를 언급한 것이고, langues의 종種으로서 la langue를 지칭한 것은 아니었다(영어 the evolution of the horse와 비교해 보라).

세 번째 강의 중 오직 les langues에만 할애한 부분에서, 다섯 장 중 세 장의 제목에 명사 langue를 단수로 사용한다는 사실에 사뭇 당혹해하지 않을 수 없다. 이는 단순히 용어상의 불일치인가? 아니면 이 장들이 제2부에서 제자리를 찾아야 할 것인가?

전자의 가능성을 지적할 수 있는 것은 la langue et l'écriture sont deux systèmes de signes dont l'un a pour mission 〈uniquement〉 de représenter l'autre언어와 문자는 두 기호체계로서 어느 한 체계는 다른 체계를 표상하는 것을 <유일한> 목적으로 한다 같은 진술을 보면 그렇다. 여기에서 사용된 정관사가 명사 écriture와 똑같이 명사 langue에도 적용된 것이라고 하면 그것은 문제이다. 왜냐하면 분명 의도적으로 단수를 사용했음에도 불구하고 그는 글쓰기문자가 언어학자로서 소쉬르에게 기호학적 종으로서의 langue를 정의하는 추상적 관계의 집합을 표상하는 방법을 개발 또는 표상한 것으로 주장할 의도가 전혀 없었기 때문이다. 그 반대로 소쉬르가 든 모든 사례에 사용된 기호는 아주 구체적인 개별언어와 관련되며, 심지어는 이러한 개별언어의 현행 특정 발음을 가리키기도 한다. 그래서 번역자로서 필자는 이 문제를 대강 얼버무리거나 아니면 명료하게 밝히거나 어느 한 가지를 택해야만 했다. 하지만 후자의 선택안은 소쉬르라면 분명 거부했을 제안을 그에게 미루는 것이고, 텍스트 표현의 표면적 충실도를 희생하는 것이다. 이 표면적 충실도로 심각하게 오도된 내포 의미가 초래될 수도 있지만 말이다.

이와 관련한 난점은 소쉬르의 널리 알려진 대립쌍인 불변성immuabilité과 가변성mutabilité에서도 생겨난다. 콩스탕탱의 텍스트에서 이 두 가지 속성은 la langue에 귀속되며, 제2부에 논의된다. 그러나 실제로 소쉬르의 주장을 보면 이 대립에 필요한 의미로 불변하는 유일한 것은 la langue가 아니라 une langue임이 분명하다. 반면 가변적인 것은 la langue의 내재적 속성, 즉 기호의 자의성에 의존한다. 여기서 우리는 언어의 미묘한 뉘앙스를 볼 수 있다. 그것은 프랑스어에서는 (영어에서처럼) 잠재적 구체성을 나타내는 가정적 단언에는 정관사를 사용할 수 있으며(le gouvernment en serait responsible = the government[... as such], or the government[... of the day]), 그리하여 진정한 의미의 총칭적 진술과 특정 사례(비록 전형적인 것이지만)에 대한 진술의 구별이 모호해질 수 있다는 점이다. 불변성과 가변성에 대한 전체적 논의는 대부분 이 용법에서 유래한다. (그렇다고 이 말이 언어이론가 소쉬르가 자기 언어의 희생자가 된 사례라는 의미는 아니다. 오히려 역설에 대한 소쉬르의 취향이 그의 뛰어난 이론적 감각보다 우위에 있는 것이 아닐까 하는 생각이 든다.)

소쉬르는 이처럼 중대한 langue와 langues의 구별 작업을 한 후에 이를 가지고 대장정을 떠난다. 아이러니한 것은 번역자의 골칫거리는 아랑곳하지 않고서 자신의 메타언어적 프레임워크를 구축하는 것이 언어이론가에게는 ── 아마도 특히 ── 아주 위험한 작업이라는 것을 자신도 모르게 증명한다는 점이다. 두 번째로 아이러니한 것은 소쉬르가 청강자들에게 때로 언어학에서는 nous nous laissons prendre aux expressions dont nous nous servons^{우리가 사용하는 표현에 몰두한다}이라는 위험을 경고한다는 점이다.

소쉬르 자신은 이 위험을 피한 듯이 보이지 않는다. 그 결과 불행하게도 애매성이 콩스탕탱 노트의 몇몇 절에 침투해서 모호해졌고, 번역자라면 이 위험에 최대한 잘 대처해야 한다. 사실상은 원문에는 아주 분명한 증거가 없는 해석이지만, 가능하면 소쉬르에게 의심의 여지를 두지 않는 해석을 제안해서 번역해야 한다.

물론 이러한 문제는 비판적 판단의 문제이지만, 번역자가 소쉬르가 청강생들에게 전달한 것으로 알려진 내용을 제대로 이해하려면 그러한 판단을 피할 수 없다. 여기에서 소쉬르의 자료집 전체에 대한 지식은 그럼에도 불구하고 때로 텍스트가 지지하는 듯한 해석에 영향을 미친다. 더욱이 그러한 판단을 하는 데 번역자가 독자를 오도할 위험이 있지만, 그것은 이 판단을 피하면서 오도할 위험성보다 크지 않다. 특히나 여기서처럼 독자에게 비교를 위해 맞은편 쪽에 원문을 게재한 경우에는 더 그렇다. 원문과 번역을 함께 제시하면 사실상 테이블 위에 모든 카드를 제시하는 것이므로 번역이 비판적 분석보다 좀 못하다고 주장하는 것은 실익이 없다.

사소한 문화적 사실로 언급할 만한 것은 콩스탕탱의 노트에는 소쉬르가 1인칭 복수 인칭대명사 nous의 용법 '편집자를 가리키는 we'나 '왕이 자신을 지칭할 때 사용하는 we'를 사용한 것으로 기록되어 있다는 점인데, 이러한 곳에서 소쉬르는 자기 견해를 해설하는 것이 분명하다. 소쉬르가 실제 이러한 표현 습관이 있는지는 분명하지는 않지만, 오늘날 영어를 사용하는 강의실의 언어로 바꾸어 보면 그것은 불가능한 표현이다. 그래서 그러한 경우 필자는 nous를 'I'로 번역하기로 했다.[1]

---

1 본 한국어판에서는 프랑스어 저본을 우선하여 'nous'를 '우리'로 옮겼다.

그래서 텍스트는 구어 강의에 어울리는 즉시성을 획득하게 된다. 더욱이 이 세 번째 강의에서 소쉬르는 아주 의식적으로 새로운 이론적 기반을 제시하는 것으로 생각하는 내 견해가 옳다면, 청강생들이 1인칭 복수의 문맥적 의미를 모두 이해하지 못했을 것이라고 가정한다는 것은 솔직하지 못하다. 여기서 콩스탕탱이 소쉬르의 강의에 참석한 것은 이번이 처음이 아니었다는 점을 염두에 둬야 한다.

마지막으로 이 콩스탕탱의 텍스트를 가독성 있는 영어 산문체로 옮기려고 시도하지 않았다. 강의를 기록한 저자들이 다시 개정하더라도 콩스탕탱의 노트는 원문의 정황을 그대로 보여 주면서 부적절하고, 반복되고, 느닷없이 사용되는, 때로는 서로 일치하지 않는 모습도 지니고 있다.

로이 해리스

일러두기

1 '†' 표시가 없는 각주는 모두 옮긴이가 추가한 것이다. 원주 아래에 별표(*)로 이어지는 내용이 있는 경우, 이 또한 옮긴이가 추가한 것이다.

2 원서에서 강조를 위해 사용된 이탤릭체는 굵은 글자로 바꾸었다.

3 원서의 인용 부호(≪≫)는 작은따옴표로 바꾸었다.

4 원어의 괄호, 대괄호, 화살괄호는 최대한 살려 번역하는 것을 원칙으로 하되, 어법상의 차이와 강의 필기라는 특성 때문에 옮기기 어려운 부분이 있는 경우 유연성을 발휘했다. 원서에서 열고 닫는 괄호의 짝이 맞지 않는 경우, 가능한 선에서 옮긴이가 수정했으며, 이러한 경우를 제외하고는 옮긴이가 임의로 괄호를 추가하지 않았다.

5 고딕체로 쓰인 절(소)제목, 번호, 외국어 단어 독음 및 뜻풀이, 참조 쪽수 등은 모두 옮긴이가 추가한 것이다.

6 단행본·정기간행물에는 겹낫표(『』)를, 논문·단편 등에는 낫표(「」)를 사용했다.

7 외국 인명이나 지명, 작품명은 2002년 국립국어원에서 펴낸 외래어표기법을 따르는 것을 원칙으로 하되, 관례가 굳어서 쓰이는 것들은 관례를 따랐다.

I

[1910년 10월 28일]

서론의 장: 〈〈언어학사 일별〉〉

이 강의는 엄밀한 의미의 언어학만을 다룰 것이며, 언어^활그나 인간언어
는 다루지 않는다. 언어과학은 부족한 점이 있지만, 여러 단계를 거치며
발달해 왔다. 그 발달 단계를 세 단계로 구별할 수 있다. 역사적으로 볼
때, 언어를 대상으로 연구한 사람들은 세 방향에서 접근했다고 볼 수
있다. 엄밀한 의미의 언어학은 그 후에 연구 대상을 명확히 인식하면서
탄생했다.

　　　이 세 단계의 첫 번째 단계는 문법으로서 그리스인이 창안했고, 큰
변화 없이 프랑스인이 계승 발전시켜 왔다. 이 전통문법은 언어 자체에
대한 철학적 견해를 전혀 포함하지 않았고, 오히려 논리학에 더 지대한
관심을 기울였다. 모든 전통문법은 규범문법, 다시 말해서 규칙을 세우
고, 어떤 언어가 올바르고 어떤 언어가 틀렸는지를 구별하는 데 몰두했
는데, 이는 언어현상이란 것이 과연 무엇인지 그 현상 전체를 바라보는
폭넓은 시각은 애당초부터 배제한 것이었다.

　　　훨씬 후대에 이르러, 19세기 초엽에 주요한 연구 동향으로서 (선

구자인 알렉산드리아의 〈문헌학〉파를 제외하면) 고전문헌학이라는 〈②〉 위대한 문헌학적 조류가 출현했고, 오늘날까지 여전히 지속되고 있다. 1777년에 프리드리히 〈아우구스트〉 볼프[1]는 당시 학생 신분이었으나, 사람들이 자신을 문헌학자로 칭해주기를 원했다. 문헌학은 새로운 방법적 원리를 도입했는데, 곧 문헌을 대하는 비판적 정신의 방법이었다.

[2] 언어는 문헌 범주에 속하는 여러 대상들 가운데 한 대상에 불과했으므로 이러한 비판적 방법에 따라야 했다. 이때부터 언어 연구는 문법적 오류를 올바로 고치는 단순한 탐구가 아니었다. 문헌에 대한 비판적 원리를 통해 예컨대 무엇이 시기별 차이로부터 생겨나는지를 조사하고, 이러한 조사 때문에 어느 정도는 역사언어학적 연구에 착수해야 했다. 플라우투스의 텍스트를 개정한 리츨[2]은 언어학자가 해야 할 작업을 한 것으로 간주된다. 일반적으로 문헌학적 동향은 언어와 관련되는 수많은 원전 자료를 찾아내고, 예컨대 명문銘文과 명문 언어의 연구처럼 전통문법의 정신과는 전혀 다른 정신으로 언어를 다루었다. 그렇지만 이 문헌학적 연구는 언어학적 연구 정신에 입각한 것은 아니었다.

세 번째 단계에서도 아직 언어학적 연구 정신은 볼 수 없었다. 이 단계는 세상을 놀라게 한 언어학적 발견이 이루어진 단계로서, 언어들은 서로 비교할 수 있고, 흔히는 지리적으로 멀리 떨어진 언어들 사이에도 연관성과 관계가 있다는 사실이 발견되었다. 또한 개별언어 외에도 방대한 어족, 특히 인도유럽어족으로 불리는 어족이 있다는 사실도 발견되었다.

---

1 Friedrich August Wolf(1759~1824). 독일의 고전학자. 근대 문헌학의 창시자로 알려져 있다.
2 Friedrich Wilhelm Ritschl(1806~1876). 독일의 고전학자로서 특히 라틴 희곡작가 플라우투스 연구로 유명하다. 니체의 고전문헌학 스승이기도 하다.

놀라운 것은 이러한 보프의 발견(1816)[3]에 뒤이어 그 후 근 30여 년 동안 언어가 무엇인지에 대해 불합리하거나 잘못된 생각을 한 적이 없었다는 점이다. 사실상 그때부터 언어학자들은 내기라도 하듯이 여러 인도유럽 개별어들을 비교하려고 시도했고, 마침내 이 언어들의 관계란 것이 정확히 무엇을 나타내는지, 이 언어관계를 구체적 언어현상으로부터 어떻게 해석해 내야 하는지 묻지 않을 수 없었다. 언어학자들은 거의 1870년경이 될 때까지 이러한 내기를 계속했지만, 언어가 생존하는 조건에는 별로 관심을 가지지 않았다.

이처럼 연구가 풍요로운 단계에 많은 저술이 출간되었고, 그리하여 이전 단계와는 분명 차이가 있었다. 엄청나게 많은 언어와 이들의 관계에 관심을 기울였기 때문이다. 하지만 그 이전의 단계처럼 언어에 대한 관점, 요컨대 정확하고 납득할 수 있는 합리적 관점은 없었다. 오로지 개별언어들을 비교만 하는 단계였다. 문헌학적 전통이 비교언어학자에게 보인 다소 비우호적인 태도를 전적으로 비난만 할 수 없다. 왜냐하면 이들 비교언어학자들이 사실상 비교 원리 자체에 기반하여 혁신한 것이 거의 없었고, 분명 공적으로 기록될 수 있는 새 지평을 제때 실질적으로 개척하지도 못했기 때문이다. 요컨대 언어 비교란 언어 사실을 인식하는 더 직접적인 방법이 없을 경우에 사용하는 방법에 불과하다는 사실을 사람들이 언제 깨달았는가? 또한 비교문법은 비교문법을 포괄하면서도 과거와 다른 새 방향을 제시하는 언어학에 언제 자

---

3 독일의 비교언어학자 프란츠 보프(Franz Bopp)의 『그리스어, 라틴어, 페르시아어, 게르만어와 비교한 산스크리트어 활용체계』(*Über das Conjugationssystem der Sanskritsprache in Vergleichung mit jenem der griechischen, lateinischen, persischen und germanischen Sprache*)를 가리킨다.

리를 내주었는가?

[4]　　　인도유럽어학자들이 시각을 더 균형되게 갖게 하고, 일반적으로 언어학 연구가 과연 어떠해야 하는지를 어렴풋이 깨닫게 한 것은 주로 로망스어 연구였다. 디츠[디엘스Diehls(삭제)]⁴에서 시작된 로망스어 연구 동향은 보프가 인도유럽어에서 발견한 규칙들보다 진일보한 것이었다. 이 로망스어 학자들은 로망스어권은 인도유럽어와 여건이 전혀 다르다는 사실을 즉각 알아챘다. 첫째, 로망스어에는 각 형태의 원시형이 실제로 존재하고, 우리가 현재 알고 있는 라틴어 덕택에 로망스어 학자들은 이 원형의 기원을 가지고 있지만, 인도유럽어는 각 형태의 원시형을 가설적으로 재구해야 했다. 둘째, 로망스어는 시기가 분명하여 언어를 문헌상으로 세기별로 추적하여 어떤 사태가 발생했는지 자세히 조사할 수 있는 가능성이 매우 농후했다. 이 두 가지의 언어 사정으로 인해 불확실한 추측의 영역은 축소되었고, 로망스어학은 인도유럽어학과는 또 다른 면모를 갖추게 되었다. 또한 게르만어의 영역도 어느 정도는 로망스어와 역할이 유사했다고 말할 수 있다. 게르만어의 영역에서는 원시형은 존재하지 않지만, 역사를 추적할 수 있을 만큼 역사 시기가 매우 길었기 때문이다.

[5]　　　인도유럽어 학자들은 모든 언어사실을 동일한 차원에서 보았기 때문에 이들에게는 역사적 관점이 결여되었지만, 로망스어 학자에게는

4　Friedrich Christian Diez(1794~1876). 독일의 고전문헌학자이자 언어학자로서 로망스어학을 창시했다. 주저로 『로망스어 문법』(*Grammatik der romanischen Sprachen*, 전 3권, 1836~1844) 이 있다. 메히야·감바라라 판에는 『로망스어 문법』(*Grammiare des langues romanes*, 1836)으로 명기되어 있다. 권두의 「콩스탕탱의 노트」에 나와 있듯, 콩스탕탱이 Diehls로 잘못 적은 것을 편집자들이 바로잡아 두었다.

이러한 역사적 관점이 필수적이었다. 더욱이 역사적 시각에 의해 언어 사실들이 서로 연계되었다. 결과적으로 로망스어 학자들은 바로 이 점에서 매우 유용한 공헌을 했다. 언어 연구라는 관점에서 볼 때, 문헌학과 비교언어학에 공통된 결점 한 가지는 학자들이 문자에만, 문어에만 내내 완전히 몰입되었기 때문에 실제로 구어에 속하는 현상과 문자 기호를 명백하게 구별하지 못한 것이었다. 그리하여 문헌학적 관점과 언어학적 관점은 서로 혼동되었고, 나아가 더 구체적으로는 문자로 기록된 단어와 발화된 단어가 혼동되었다. 그래서 서로 아무런 관계가 없는 두 기호체계가 서로 중첩되고 뒤섞였다. 이처럼 해서 언어학은 점차 과학으로서의 언어학이 될 채비를 갖추었다. 이에 대해서는 하츠펠트, 다르메스테테르[원문 오류 그대로], 토마의 『사전』[5]의 당시 언어학에 대한 정의, 즉 '개별언어에 대한 과학적 연구'를 인용할 수 있다. 이 언어학의 정의는 만족스러운 것인데, 그것은 **과학적**이란 단어로 인해 그 이전의 모든 언어 연구와 차별화되었기 때문이다.

[6] 언어과학은 ① 연구 소재로서, ② 연구 대상 또는 과제로서 무엇을 취하는가[?] ① 언어과학은 연구 소재로서 인간언어의 모든 종류의 변이를 취해 연구한다. 문학적으로 아주 빛나는 시기를 택하거나 언어 사용자들 덕택에 이름을 날리는 시기를 택하지 않는다. 언어과학은 알지 못하는 미지의 언어나 널리 알려진 특유 언어idiome[6]에도 관심을 기울이

---

5 하츠펠트(Adolphe Hatzfeld), 다르메스테테르(Arsène Darmesteter), 토마(Antoine Thomas)가 함께 쓴 『17세기 초부터 현재까지의 프랑스어 일반사전』(*Dictionnaire général de la langue française du commencement du xviie siècle ànos jours*, 1895~1900)의 2권을 가리킨다. 다르메스테테르는 수고 원문에 Darmstetter라고 적혀 있고 원서도 '[sic]' 표기로 이를 살렸으나, 올바른 표기는 Darmesteter이며 한글 표기도 이를 반영해 적었다.

며, 마찬가지로 어느 특정 시기에도 관심을 가진다. 예컨대 소위 〈고전 시기〉를 우선시하지도 않거니와, 소위 쇠퇴기에도 상고 시기에도 똑같이 관심을 가진다. 마찬가지로 한 시기 내에서도 가장 세련된 언어를 택하는 것을 삼가고, 소위 세련어나 문학어와 반대되는 대중어의 형태뿐 아니라 소위 세련어나 문학어의 형태에도 똑같이 관심을 기울이며 연구한다. 따라서 언어학은 어느 시기건 모든 시기의 이 인간언어가 나타내는 일체의 현상을 다룬다.

한 가지 지적해야 할 일은 모든 시기의 문헌을 가능하면 많이 수집하기 위해서 언어학은 반드시 문헌어를 계속해서 다루고, 특히 문헌학의 통찰력을 빌려서 이 많은 문헌자료 한가운데서 방향을 잘 잡고 연구를 진행해야 한다는 것이다. 하지만 글로 기록된 텍스트와 거기에 담긴 언어를 언제나 잘 구별해야 한다. 이 문어 텍스트에서는 언어학은 그 [7] 진정한 대상인 구어의 겉모습만을, 자신을 알리는 외적 방식만을 볼 수 있을 따름이다.

② 개별언어에 대한 과학적 연구의 소재, 과제, 대상은 가능하면 〈①〉 기존에 알려진 모든 개별언어의 역사를 연구하는 것이다. 이것은 물론 아주 소규모로, 그것도 아주 소수의 언어들에서만 가능하다.

한 개별언어의 역사를 추적하면, 즉각 그 언어가 속한 어족의 역사를 반드시 추적하게 된다. 라틴어를 거슬러 올라가면, 그리스어와 슬라브어와 공통된 시기로 소급해서 올라간다. 그러므로 개별언어의 역사를 다루면 그것은 어족의 역사도 포함해서 연구하게 되는 것이다.

---

6 『프랑스어 보고 사전』(*Trésor de la langue française*, TLF)에서는 "구체적이고 특정한 관점에서 고찰된 한 언어 공동체의 표현 수단 전체"라고 정의된다. 이 책에서는 전문적인 의미로 정의하지만, 어떤 문맥에서는 개별어(une langue)와 거의 비슷한 의미로 사용한다.

그러나 둘째 〈②〉, 이것은 아주 별개의 문제지만, 이 모든 개별언어의 역사에서 가장 일반적인 법칙을 이끌어내야 한다. 언어학은 인간 언어에 보편적으로, 아주 이성적으로 작용되는 법칙을 찾아내고, 일반적 현상과 특정 어파에 특수한 현상을 구별해야 한다. 우리가 관련지을 수 있는 또 다른 특수한 과제도 있다. 이는 언어학이 다른 학문들과 관련해서 맺는 과제들이다. 어떤 학문은 언어학에서 차용해 가는가 하면, 이와 반대로 또 어떤 학문은 언어학에 정보와 자료를 제공하고 과제를 수행하게 도와준다. 흔히 두 학문의 각 영역이 처음부터 구별되어 아주 [8]　명확히 드러나지 않는 수도 있다. 먼저 언어학과 심리학의 관계를 예로 들 수 있는데, 이 두 학문의 경계는 흔히 명확히 식별되지 않는다.

　　언어학의 과제 한 가지는 스스로를 정의하고, 제 영역에 속하는 것이 무엇인지 인식하는 것이다. 언어학이 심리학에 의존한다면, 그것은 간접적으로 의존하는 것인 만큼 언어학은 그래도 여전히 독립적인 학문으로 남을 것이다.

　　언어학을 이처럼 고찰하면, 다시 말해 인간언어의 모든 외적 현상을 다루면, 그 연구 대상은 아주 광범위한 것이 되고, 그러면 어느 시대에든 대상이 불분명했던 것을 금방 이해하게 된다. 언어학이 과연 유용한 것인지 하는 문제나 아니면 그 지위가 소위 '일반 교양'으로 부르는 영역을 다루는 연구 범주에 속하는 것인가 하는 문제이다.

　　언어학자의 활동이 개별언어를 비교하는 것으로 국한되어 버리면, 언어학의 일반적 유용성은 필시 대중 대부분의 관심사를 벗어날 수밖에 없고, 요컨대 그렇게 되면, 언어 연구는 아주 특별한 것이 되어 광범위한 대중의 관심을 끌 참된 이유가 되지 못한다. 언어학이 연구 대상을 더욱 명확하게 인식한 이후로, 즉 그 대상이 무엇인지를 완전하게

[9] 인식한 이후에, 언어학은 비로소 모든 사람이 관련되는 연구에 기여한다는 것이 확실해졌다. 예를 들면 언어학은 문헌을 다루는 그 누구와도 무관하지 않다. 언어학은 무엇보다도 언어 역사가가 음성현상, 형태현상과 그 밖의 가장 일반적인 언어현상에 대해서나, 언어가 생존하고 지속하고 시간과 더불어 변하는 방식에 대해서 나름의 견해를 갖도록 하는 데 유용하게 이용된다. 더 일반적으로는 인간언어는 인간사회에서 매우 중요한 역할을 하고, 개인이나 인간사회에나 〈똑같이〉 아주 중요한 요인이기 때문에 실질적인 인간 본성에 대한 연구는 순수히 분야 전문가들만의 소관은 아니다. 모든 사람은 인간 현상이 갖는 이러한 측면이 과연 일반적으로 무엇을 표상하는지에 대해 가능한 한 보다 정확한 견해를 갖도록 요청받는다. 더욱이 실제로 그 견해가 이성적이고 수용 가능한 것이라면 더욱 그렇기 때문에 언어학이 결과적으로 갖는 생각은 단번에 제시하는 견해와는 전혀 다르다. 언어^{현그} 영역보다 더욱 몽상

[10] 적이고 불합리한 생각을 불러일으키는 영역은 없다. 인간언어는 모든 종류의 환상을 불러일으키는 대상이다. 심리적으로 말해서 훨씬 더 흥미로운 것은 인간언어가 저지르는 오류이다. 사람들을 각기 내버려 두면, 인간언어에서 발생하는 현상에 대해 진실과는 동떨어진 생각을 스스로 품게 된다.

또한 그러한 점에서 언어학은 오늘날 많은 견해를 수정할 수 있고, 연구자 일반이 아주 쉽사리 실수하고 매우 심각한 오류를 범하는 곳에 빛을 던져 줄 수 있는 것으로 스스로 믿는 점에서도 타당한 말이다.

언어학의 대상과 그 잠재적 유용성을 다루기 위해 우리는 언어와 인간언어의 문제를 잠시 옆으로 제쳐 두었다.

[1910년 11월 4일]

전체 강의의 구분

① 개별언어   ② 언어^{랑그}   ③ 개인의 언어능력과 언어사용

언어^{랑그}와 인간언어^{랑가주}란 용어를 먼저 구별하지 않으면, 언어나 인간언어의 구체적이고 〈완전하며〉 총체적인 현상을 어디서 발견할 수 있을까? 다시 말해서 우리가 마주할 대상은 어디에 있는가? 이 대상에 일시적으로 포함되어 있으나 분석되지 않은 이 모든 특징은 무엇인가? 우리 앞에 놓인 이 언어란 소재를 다루지 않는 다른 학문에서는 이러한 어려움은 존재하지 않는다. 아주 일반적인 현상을 포착하고서 그것을 총체적이고 완전한 대상을 가진 것으로 생각하면 오산이다. 일반화 조작은 곧 추상화를 상정하는 것이며, 연구 대상 속으로 침투하여 여기에서 일반적 특징을 끌어내는 것을 상정한다. 우리는 인간언어 내의 일반적 특징을 탐구하려는 것이 아니다. 다시 말해서 즉각 주어진 대상을 탐구하려는 것은 아니다. 또한 부분적인 일부 현상에 집중해서도 안 된다.

그리하여 분명한 것은 음성기관은 관심을 온전히 끌 정도로 중요하다는 것이며, 따라서 언어의 음성 측면을 연구하면 이 음성 측면에 청각의 측면이 대응한다는 사실을 곧 깨닫게 된다. 그렇지만 음성은 여전히 순수히 질료적인 것에 불과하다. 우리는 단어가 무엇인지, 다시 말해서 이 산출된 음성과 관념의 결합체가 무엇인지는 아직 다루지 않았다. 관념과 음성 기호의 결합을 취하여 이 결합체를 개인 차원에서 연구해야 할지, 사회 내에서, 사회집단 내에서 연구해야 할지를 물어봐야

[11]

한다. 그렇게 하더라도 우리는 여전히 무언가가 불완전하다는 것을 깨 닫는다. 이런 방식으로 계속 연구를 진행하면, 언어의 극히 일부만 우연 히 취하는 것을 깨닫게 되고, 언어현상 전체를 포착하는 것이 전혀 아 님을 알게 된다. 언어를 여러 측면에서 동시에 한꺼번에 연구하게 되면, 그 언어는 동질적이 아니라, 복합적 사실들의 집체(음성의 조음, 이와 결 합된 관념)로 나타나고, 그렇게 되면 이 복합적 집체의 각 부분을 통해 서 언어를 연구해야 하기 때문에 총체적 대상을 연구하지 못하게 될 수 도 있다.

[12]

그리하여 우리가 택하려는 해결책은 이것이다.[7]

각 개인에게는 <u>분절언어 능력</u>으로 부르는 능력이 있다. 이 능력은 우선 신체기관을 통해 우리에게 주어지고, 이 신체기관들을 작동시켜 서 획득한다. 그러나 이 분절언어 능력은 한 가지 능력에 불과하므로 외부에서 개인에게 주어지는 것 없이는 그 능력을 실제로 행사할 수 없 다. 주위 사람들이 모두 우리가 언어^{랑그}로 부르는 것을 통해서 개인에게 그 실행 수단을 제공해야 한다. 여기서 우리는 인간언어와 언어가 아주 정확하게 구별되는 것을 부수적으로 알 수 있다. 언어^{랑그}는 반드시 사회 적이지만, 인간언어는 반드시 [특별히(삭제)] 그렇지만은 않다. 인간언 어는 특히 개인 차원에서 정의된다. 이것은 추상적이어서 구현되려면 인간 존재를 상정해야 한다. 개인에게 존재하는 이 언어능력은 다른 인 간능력과 비교할 수 있다. 예컨대 인간에게는 노래를 부르는 능력이 있 다. 노래는 사회집단에서 배우지 않으면 부를 수 없다. 언어는 모든 개

[13]

---

7 이하에서 나오는 논의는 소쉬르가 연구 대상으로 확정하려는 이론적인 대상으로서의 언어, 즉 랑그(la langue)이다. 이는 개별언어로서 언어(une langue, des(les) langues)와는 다르다.

인에게 음성기관이 존재한다는 것을 전제로 한다. 언어를 언어능력과 구별하면, 그것은 1) 사회적인 것과 개인적인 것, 2) 본질적인 것과 다소 우연적인 것을 구별하는 것이다. 사실상 우리는 뒤에 가서 전체 언어 구성의 충분조건이 관념과 음성 기호의 결합이라는 것을 알게 될 것이다. 음성 산출은 개인의 능력에 속하는 것으로서, 개인 능력에 귀속되어 있다. 그것은 음악의 명곡을 악기로 연주하는 것에 비유할 수 있다. 많은 사람이 이 명곡을 연주할 수는 있겠지만, 작품 자체는 이 명곡의 다양한 연주와는 별개로 완전히 독립된 것이다.

관념과 결합된 청각영상은 언어의 본질이다. 음성 산출에는 우발적 사건이 모두 포함된다. 왜냐하면 주어진 언어능력을 반복 사용하다 보면 불완전하여 엄청나게 많은 종류의 현상들, 즉 자주 일어나는 우연한 현상인 음성변화가 일어나기 때문이다.

3) 그래서 언어^{랑그}와 인간언어를 구별하면, 언어에 '산물'이란 명칭을 부여할 수 있다. 언어는 '사회적 산물'이며, 끊임없이 일어나는 음성기관의 작용과 분리된 것이다. 말하자면 우리는 실제로 언어란 대상을 소지하고 있기에 이 산물의 모습을 아주 정확히 표상할 수 있고, 이는 심지어 수면 상태에서도 〈(동일 공동체에 속하는)〉 개인의 뇌리 속에 잠재한다. 이 각자의 두뇌 속에 우리가 언어로 부르는 산물 전체가 들어 있다고 할 수 있다. 우리가 연구할 대상은 이 각자의 두뇌 속에 저장된 보물이며, 각 개인에게서 이 보물을 취해 보면, 그것은 분명 완벽한 것이 아니다. 인간언어는 반드시 한 개별언어를 통해서 실현되며, 이 개별언어 없이는 존재하지 못한다. 언어는 개인과는 완전히 독립적이므로 개인의 창조물이 될 수는 없고, 그것은 본질적으로 사회적이기 때문에 집단을 전제로 한다. 마지막으로 언어의 본질은 음성, 즉 청각영상과 관

[14]

념의 결합체이다. (청각영상은 우리에게 남아 있는 인상〈두뇌에 잠재하는 인상(D.데갈리에)〉이다.) 〈(언어의)〉 모습을 언제나 발화된 것으로만 나타낼 필요는 없다.

　세부 사실로 넘어가 보자. 언어를 사회적 산물로 간주하자. 사회적 산물 가운데 언어와 비견할 수 있는 또 다른 산물이 있는지 질문하는 것은 자연스러운 일이다.

[15]　미국 언어학자 <u>휘트니</u>는 1870년경 『언어의 원리와 생태』*Les Principes et la vie du langage*[8]로 영향을 엄청나게 크게 끼쳤다. 그는 놀랍게도 언어를 사회제도와 비교하면서 그것이 일반적으로 사회제도라는 대부류에 속한다고 말했다. 이 점에서 그가 택한 길은 옳은 것이었다. 그의 생각은 우리 생각과 같다. "결국 인간이 후두, 입술, 혀를 이용해서 말을 한다는 것은 우연한 일이다. 인간은 이런 것이 더 간편하다는 것을 알았지만, 시각기호나 손을 사용했더라도 본질은 여전히 동일했을 것이고, 변한 것이라고는 아무것도 없었을 것이다." 이는 올바른 지적이었다. 왜냐하면 휘트니는 개인적 행위를 별로 중요하게 여기지 않았기 때문이다. 이는 결국 우리가 말했던 것과 매한가지인데, 바뀐 것이라곤 우리가 지적한 청각영상이 시각영상으로 교체된 것뿐이다. 휘트니는 언어에 선천적 능력이 내재한다는 생각을 타파하려고 했는데, 사회제도는 실제로 자연적 제도와는 반대되기 때문이었다.

　그렇지만 언어^{랑그}와 비슷한 이와 비견될 만한 사회제도는 찾아볼 수 없다. 많은 차이가 있기 때문이다. 언어가 사회제도 가운데서 차지하

8　『언어의 생태』(*La vie du langage*, Paris: Germer Baillière. 1875)를 가리키는 듯하다. 휘트니가 영어로 쓴 『언어의 생태와 발달』(*The Life and Growth of Language: An Outline of Linguistic Science*, 1875)를 다소 줄여 번역 출간한 책이다.

[16] 는 아주 특이한 상황은 매우 확실하지만, 그게 무엇인지는 한마디로 말할 수 없다. 오히려 그 차이점이 이러한 비교를 더 명확히 설명해 줄 것이다. 일반적으로 사법제도처럼 사회제도, 예컨대 일련의 의식儀式, 단번에 거행하는 의례 행사는 언어와 유사한 특징이 많고, 이 제도가 시간적으로 겪는 변화는 언어변화와도 매우 흡사하다. 그러나 현격한 차이점도 있다.

1) 다른 사회제도는 개인과 늘 연관되는 것이 아니다. 다른 제도는 모든 사람에게 열려 있지 않은데, 그것은 각 개인이 거기에 참여해서 영향을 못 미치기 때문이다.

2) 대부분의 사회제도는 반복되고, 시기에 따라 바뀌고, 의지적 행위로 개혁할 수 있지만, 그 반대로 언어에서는 이러한 행동이 불가능하다. 언어 아카데미도 같은 기관도 규정을 가지고 언어란 사회제도가 나아가는 흐름을 바꾸지 못하는 것을 알 수 있다.

언어를 더 자세히 논의하기 전에 다른 개념을 소개해야겠다. 그것은 사회 내의 기호학적 현상이란 관념이다. 사회적 작업의 산물로 고찰된 언어를 다시 예로 들어 보자. 언어langue는 이 사회 구성원들의 합의로
[17] 정해진 기호들의 집합이다. 이 기호는 관념을 환기시킨다. 그러나 언어는 기호이므로 이 기호라는 것을 통해서 예컨대 의례 같은 것과 공통점이 생긴다.

거의 모든 사회제도는 말하자면 기호에 기반하고 있다. 그렇지만 이 기호는 사물을 직접 환기시키지는 않는다. 모든 사회는 여러 가지 목적으로 원하는 관념을 직접 환기시키는 기호체계를 구축하는 현상을 목격할 수 있다. 언어는 이 기호체계 가운데 하나이며, 이들 기호체계 가운데 가장 중요한 체계임은 분명하지만, 유일한 체계는 아니다. 따

라서 다른 기호체계도 도외시할 수는 없다. 그리하여 언어를 기호학적 제도에 포함시켜야 한다. 이 기호학적 제도는 예컨대 해상 신호(시각 신호), 군대 나팔 신호, 시각 장애자의 기호 언어 등과 같은 것이다. 문자도 또한 거대한 기호체계이다. 기호체계를 다루는 심리학이 존재할 수 있는데, 그것은 사회심리학에 속할 것이다 ── 다시 말해서 그 기호심리학은 오직 사회적인 것이 될 것이다. 그래서 이 심리학은 언어에도 곧바로 적용할 수 있다. 이 기호체계의 변화 법칙은 흔히 언어의 변화 법칙과 완전히 공통적인 유사점을 지닐 것이다. 이 사실은 문자를 보면 쉽게 관찰할 수 있는데, 문자는 ── 시각기호이지만 ── 음성현상과 유사한 변화를 겪기 때문이다.

[18]

언어학이 연구할 대상으로 언어는 사회적 산물로서 이러한 특징을 지니므로 인간언어는 개별언어로 엄청 다양하게 실현된다는 점을 첨언해야 한다. 언어는 사회적 산물이지만, 여러 다른 사회는 언어가 모두 동일한 것은 아니다. 이 언어 다양성은 어디서 생겨나는가? 이 다양성은 때로는 상대적이기도 하고, 때로는 절대적이기도 하다. 그렇지만 결국은 각 개인의 두뇌에 저장된 것으로 상정하는 이 사회적 산물에서 구체적 대상을 발견하겠지만, 이 사회적 산물이 지구상 어디에 위치하느냐에 따라 달라진다. 주어진 것〈대상〉은 단지 언어^{랑그}만이 아니라 개별언어도 있다. 그래서 언어학자는 맨 처음에는 다양한 개별언어들 이외의 다른 것을 연구할 수 없다. 우선 이 개별언어를 연구하고, 가능한 한 수많은 개별언어들을 연구해야 하고, 할 수만 있다면 그 지평을 널리 확대해야 한다. 그리하여 이와 같은 방식으로 언어 연구를 진행해 나갈 수 있다. 이 다양한 개별언어의 연구와 관찰을 통해서 그 일반적 특성을 끌어내고, 본질적이고 보편적인 것으로 보이는 특성을 포착하고, 특

[16] 수하고 우연한 특성은 제외시켜야 한다. 그러면 언어학자에게 언어^{랑그}라는 추상적 특성들의 집합이 남는다. 제2부 언어에서 이 문제를 요약적으로 논의할 것이다. 여러 개별언어에서 관찰할 수 있는 바를 '언어' 내에서 추상적으로 요약할 수 있다.

　　3) 그렇지만 개인을 고찰하는 일이 남아 있다. 그것은 개인이 모두 함께 협력하여 일반적 언어현상을 창조해 내는 것이 분명한 까닭이다. 따라서 인간언어가 개인에게 미치는 작용이 무엇인지를 눈으로 자세히 살펴봐야 한다. 개인이 이 사회적 산물을 실행하는 행위는 우리가 정의한 연구 대상에 속하지 않는다. 제3장에서는 말하자면 언어^{랑그}의 근저에 있는 이 개인적 메커니즘을 드러내 보이려고 한다. 이 개인적 메커니즘이 어떤 방식으로 이 일반적 산물에 꼭 반향을 초래하지는 않지만, 연구할 때는 일반적 산물과 뒤섞으면 안 된다. 그것은 이 개인적 메커니즘의 실행이 일반적 산물인 언어와는 전혀 별개의 것이기 때문이다.

[1910년 11월 8일]

제1부 : 개별언어

이 제목은 제2장의 제목인 언어^{랑그}와 대립된다. 더 자세히 서술할 것 없이 상반된 이 두 제목의 의미는 아주 자명하다. 자연과학과 비교하는
[20] 것을 남용하면 안 되겠지만, 자연사 연구에서 '식물'_{la plante}과 '식물 개체'_{les plantes}를 대립시켜 보면('곤충'_{l'insecte}과 대립되는 '곤충 개체'_{les insectes} 또한 참조), 그 의미가 즉각 명확해진다.

　　이 자연과학의 구분은 우리가 언어학에서 '언어'_{la langue}와 '개별언

어'les langues를 구별하는 의미와 거의 똑같다. 식물학자나 박물학자는 전 생애 동안 이 두 방향 중 어느 한 방향으로 연구한다. 수액의 순환을 다루지 않고서도, 다시 말해서 '식물'이 무엇인지에 전혀 관심을 기울이지 않고서도 식물 개체를 분류하는 식물학자도 있다.

언어(또한 어느 정도는 개별언어도) 관련 연구는 개별언어를 외적 관점에서 고찰하며, 언어 내적 분석은 하지 않는다. 그러나 이 구별은 절대적인 것이 아니다. 왜냐하면 한 개별언어나 어족의 역사에 대한 엄밀한 연구는 '개별언어'라는 제하에 〈완벽하게〉 잘 어울리며, 이 개별언어에 대한 내적 분석을 전제로 하기 때문이다. '언어'^{랑그}의 제2부는 '언어의 생태'라는 제목으로 강의를 전개해 나갈 예정이다. 제2부에서는 언어를 특징짓는 중요한 사상事象을 다루는데, 이들은 모두 언어의 생태에 속한 것, 즉 일종의 생물학에 속한 것이라고 말할 수 있다. 그렇지만 또 다른 사상은 여기에 속하지 않는다. 무엇보다도 언어의 논리적 측면에는 불변의 요소들이 포함되는데, 이들은 시간이나 지리적 경계에 영향을 받지 않는다. 개별언어는 언어학자가 지구상에서 접하는 구체적 대상이다. 언어^{랑그}는 시간과 공간을 통해 언어학자가 관찰한 전체 언어현상에서 추출한 〈일반적 사실〉에 부여한 명칭이다.

[21]

제1장: 언어의 지리적 다양성. 언어 다양성의 여러 종류와 정도[9]

언어^{랑그10}의 지리적 다양성은 그 종류와 정도가 여러 가지이다. 지구상

---

9 여기서는 언어(랑그)와 개별언어를 가리키는 총칭적 용법(la langue)이 다소 섞여 있다. 장 제목의 '언어'는 'la langue'로 표기되어 있다.

의 수많은 언어 형태들, 즉 어느 나라에서 다른 나라로 들어가면 사용되는 말의 다양성, 또는 더 간단하게 말해서 한 지역에서 다른 지역으로 이동할 때 나타나는 말의 다양성은 언어사실들 가운데서 가장 기본적으로 관찰되는 현상이며, 모든 사람이 즉시 느낄 수 있는 현상이다. 이 언어 다양성 현상이 생긴 원인에 대한 가정은 일단 제외하자. 언어의 지리적 다양성은 언어학자나 일반적으로 모든 이가 인정하는 일차적 사실이다. 시간적으로 변하는 언어는 관찰자가 인지할 수 없는 것이지만, 공간적 다양성은 그렇지 않고, 언어의 다양한 모습은 반드시 인지할 수 있다. 관찰자는 누구나 일정한 세대에 속하고, 이전 세대의 언어가 어떤 모습이었는지는 애초에 알지 못한다. 그는 시간적 변동은 알아차릴 기회가 없다. 반대로 공간상에 나타나는 지리적 다양성 현상은 지체 없이 명확히 눈에 단번에 드러난다. 원시 민족조차도 이 언어 다양성에 대한 개념이 있었는데, 이들은 자신들과 다른 집단어parler[11]를 사용하는 다른 부족과 접촉하지 않을 수 없기 때문이다. 이 사실을 통해 모든 민족은 문명 발달 수준이 아무리 낮아도 예민한 언어 의식을 갖고 있었다고 할 수 있다. 그리하여 각 민족은 다른 언어 사용자들과 접하면서 언어라는 현상 자체가 존재한다는 사실을 인식했다. 고대의 바벨탑 신화는 이 같은 문제가 언제나 제기되었음을 잘 보여 준다. 우리 모두가 다양하게 말하는 이 현상은 도대체 어디서 유래하는가? 원시 부

[22]

---

10 이 장에서는 단수형 la langue가 많이 사용되는데, 여기서 말하는 다양성은 개별언어의 다양성이지 언어(랑그)의 다양성은 아니다. 개별언어에 대한 총칭 개념으로서 la langue가 사용된 것으로 볼 수 있으며, 자연어의 '언어'로 번역하는 것이 자연스럽다.

11 『프랑스어 보고 사전』에는 "좁은 지역 내의 사회집단이나 일정한 언어 영역 내의 사회집단이 사용하는 표현 수단 전체"라고 정의되어 있다.

족도 이 언어 다양성 현상을 이해하려고 한 듯이 보인다는 점을 지적하자. 그런데 이들에게서 나타나는 언어 다양성 개념은 상당히 흥미롭다. 우선 이 다양성은 자기 부족을 이웃의 다른 원시 부족과 가장 명확히 구별짓는 특징이었다. 그들은 이러한 언어 특성에 관심을 기울일 수밖에 없었는데, 그것은 이웃 주민을 다른 부족으로 인식하는 한 가지 특성이 바로 이 언어 다양성이었기 때문이다. 이들은 이 현상을 어떤 방식으로 생각했을까? 마치 복장, 두발, 무기 같은 것을 자신들과 다른 관습으로 생각하듯이 이 언어를 다른 관습으로 생각했다. 이는 아주 올바른 지적이다. 이 현상은 앞에서 말한 바와 일치한다. 〈(의상, 관습 등과 비교한 점에서)〉 그렇다. 이들의 생각은 옳았다. 〈(그것을 피부색이나 인종 구성 등과 비교하거나)〉 피부색이나 신장 차이처럼 다루지 않았다는 점에서도 그렇다. 이는 인류학이 다루는 문제이기 때문이다.

[23]

여기에서 '특유 언어'[12]라는 용어가 유래한다. 특유 언어는 한 언어의 특수한 특성, 한 민족에 고유한 특성이라는 관점에서 본 언어이다. 그리스어 ἰδίωμα[이디오마]는 두 가지 의미를 지닌다. 한 민족의 습성으로서 특히 집단어 혹은 집단적 관행과 관련이 있는 것이다.

각 민족은 자신의 고유한 집단어를 우선시하는 것이 정상이었고, 심지어 원시 민족도 자신과 다르게 말하는 민족을 보통은 말 더듬는 자로 간주했다. 그리스어 βάρβαρος[바르바로스]는 라틴어 balbus와 동일한 단어임이 거의 확실하다. 힌두인도 마찬가지였다. 이들도 말 더듬는 자, 말을 할 줄 모르는 사람을 mlêchâs라고 했다. 여기에서 개화된 문명 민족이 공유하는 일반적 특징을 발견할 수 있다. 즉 어떤 언어에서나 사람

12 각주 6번 참조.

들은 언어현상에 대해 잘못된 관념을 지니고 있었다는 점이다. 이들은 자기들과 다르게 말하는 현상 자체를 말을 못 하는 능력으로 간주했는데, 이는 〈그러한 잘못된 견해 중〉 하나다.

[24]

언어학에서 가장 중요한 것은 개별언어les langues의 다양성이다. 이 다양성에 관심을 기울일 때 비로소 언어학이 존재한다. 이 언어 다양성을 서로 비교하면서 그것이 언어학의 일반적 개념으로 발전하는 계기가 되었다. 사실상 그리스인은 언어를 다른 측면에서 접근했다. 이들은 언어의 다양성이라는 현상에 관심을 지속적으로 쏟지 않았다. 그 결과, 처음에는 실제적인 이유 때문에 언어 연구에 착수했고, 그래서 문법을 연구하게 된 것이다. 실제로 언어 다양성에 대한 이들의 관심사는 한 가지 현상뿐이었다. 그들은 자기들이 사용하던 방언을 인지는 했지만, 그것은 문학에 대한 관심사에서 생겨났을 뿐이다.

여기서 부차적인 지적을 두 가지 잠깐 언급해야겠다.

1) 첫째, 방금 지적한 언어 다양성과 관련해서 언어가 발현되는 모습이 엄청나게 많다는 점을 지적해야 한다. 사실상 우리가 맨 먼저 언급한 측면, 즉 개별언어의 다양성이란 측면과 그리스인의 문법이라는

[25] 또 다른 측면 사이에는 직접적인 관계가 없다. 첫눈에는 이 두 현상이 동일 학문에 속하는지 아닌지 궁금할 수 있다. 서로 다른 양극점에서 언어에 접근했기 때문이다. 이 양극의 접근을 결합하려면 많은 순환 논리가 필요했다.

2) 둘째 지적. 언어가 먼저 지리적으로 다양한 모습을 지니는 것으로 나타나면, 종족도 다양한 것으로 간주해야 하지 않을까? 이 문제는 상당히 복잡하다. 인종이란 개념은 집단어에서 확인할 수 있는 차이와 같다. 분명 지리적 다양성을 초월해서 인종을 다룰 수 있겠지만, 언어와

민족집단ethnisme[13]의 관계는 훨씬 더 복잡하다. 언어를 인종적 특성의 문제로 간주하면, 시간상의 변화 원리나 시간적 변화를 거부하는 상대적인 저항의 원리도 도입해야 한다. 언어는 지속성을 통해서만 인종적 특성을 다소 띨 수 있다.

이 문제로 인해서 벌써 여러 가지 고려 사항이 뒤섞였기 때문에 이들이 직접 명백히 드러나지 않는다. 언어 다양성이라는 아주 기본적인 사실 다음으로 놀라운 둘째 사실은 언어 유사성이란 현상이다. 즉 두 특유 언어가 아주 비슷하게 닮은 현상이다. 누구든 비교문법을 연구하려면 시간이 많이 드는 것을 알지만, 이 언어 유사성은 생각보다는 훨씬 간단히 관찰할 수 있는 현상이다. 신기한 것은 아주 보잘것없는 시골 농부가 지역어patois[14]가 잘 보존된 지방에서 이 점을 훨씬 잘 지적한다는 것이다. 지역방언이 유사해서 자신이 사는 지역과 이웃 마을의 지역방언의 차이를 흔히 틀리게 잘못 지적한다.* 많은 사람이 이 사실에 놀라워한다. 이 지적은 때로 아주 잘못된 것도 사실이지만, 프랑스어와

[26]

---

13 민족집단은 민족(nation)과 유사한 개념이지만, 이것은 언어를 매개로 맺어진 사회정치적 문명 공동체로서 낭만적 민족주의 이데올로기의 근간이다. 오늘날에 와서는 이 용어를 거의 사용하지 않는다. 『프랑스어 보고 사전』에도 표제어로 등록되어 있지 않다. 랜프루가 사용한 아래 정의를 참조하라. "민족집단(ethnos)은 일정 영토에 역사적으로 자리 잡고, 비교적 안정된 언어와 문화 특성을 공유하면서 또한 자신의 단일성과, 다른 유사 집단과의 차이를 인식하고(자의식), 이것을 자신의 명칭(민족 명칭ethnonym)으로 표현하는 사람들의 확고한 모임으로 정의될 수 있다"(Colin Renfrew, *Archaeology and Language. The Puzzle of Indo-European Origins*, London: Penguin Books, 1987, p.216. 한국어판은 『언어고고학』, 김현권 옮김, 에피스테메, 2017). 그러나 소쉬르가 이 민족집단과 언어 공동체를 동일시했는지는 좀 더 재고해야 할 문제이다.

14 "문화적으로나 사회적으로 안정된 지위 없이 일정 지점이나 제한된 지리적 공간에서 기능하는 소언어체계로서, 음운, 형태통사, 어휘적으로 그것이 속한 방언(dialecte)과는 구별된다"(『프랑스어 보고 사전』). 하위 지역방언으로 이해할 수 있다.

이탈리아어, 프랑스어와 독일어의 유사성은 꼭 언어학자만 인지하는 것은 아니다. (*그리스인은 많은 그리스어 단어가 라틴어와 유사하다는 것을 알았지만, 이러한 관찰을 과학적으로 조사하지는 않았다.)

언어 유사성이 실질적인 것으로 판명되면, 이 언어 유사성은 언어의 친근관계parenté의 개념에 이르고, 이 친근관계를 확증하게 된다. 친근관계는 한 계통, 친족관계를 전제로 하며, 이를 통해서 과거의 기원으로 거슬러 올라간다. 그리하여 언어의 기원과 공통 기원의 개념은 언어들 간의 유사성이 일단 확립되면, 이 유사성의 개념과 즉각 연관을 맺는다. 바로 이러한 이유로 친근관계를 모든 세부사항에 걸쳐 분석하기는 불

[27] 가능하다. 선행 원리를 사용해야 하는 까닭에 선행 연구가 반드시 필요하며, 여기서는 단지 이 친근관계의 원리가 문제로 제기된다는 사실만을 지적하고자 한다.

친근관계가 있는 여러 언어들의 가족을 어족으로 부를 수 있다. 그 다음에 이 어족을 서로 비교할 수 있지만, 이 비교는 더 이상 넘어설 수 없는 한계에 도달한다. 상당히 규모가 큰 언어집단을 구축한 후에 그 한계에 도달하면, 그것을 넘어서는 아무런 유사성도 친근관계도 확립할 수 없다.

따라서 두 범주의 다양성이 생기는데 그것은 1) 친근관계 내의 다양성과, 2) 인지 가능한 친근관계를 넘어서는 다양성이다.

이 두 종류의 다양성에 대해 언어학은 어떤 입장인가? 연구 가능한 친근관계가 없는 절대적 언어 다양성에 대해 강조해야 할 점은 언어학은 엄청나게 많은 이런 절대적인 어족 다양성에 직면한다는 것이다. 다시 말해서 기원을 한 언어로 귀속시킬 수 없는 어족들이 많이 있다는 것이다.

① 이러한 절대적 다양성의 한계를 뛰어넘을 희망이 있을까? 이 한계가 더 이상 절대적이 아닐 수도 있다고 생각해야 할까? 다시 말해 서 공통의 기원에서 유래하지 않은 듯이 보이는 어족들이 모여 하나의 공통 기원을 갖는 것으로 생각할 수 있을까? 학자들은 이런 방향으로 수없이 많은 시도를 했고, 끝까지 포기하지 않은 시도도 있었다. 또한 최근에는 셈어족과 인도유럽어족을 연결하려는 시도도 있다.[15] 이탈리 아 언어학자 트롬베티[16]는 최근 저서에서 지구상의 모든 언어가 궁극적 으로 하나의 친근관계를 갖는다는 점을 증명하려 시도했다.

그렇지만 이런 종류의 모든 시도 가운데는 진리인 것과 증명 가능 한 것 사이에 큰 격차가 있다는 점을 아무 선입견 없이 기억해야 한다. 언어변화가 일어나는 방식에 눈을 돌려 보면, 지구상 모든 언어의 친근 관계가 참된 사실〈일지라도〉이를 수학적으로 증명하기란 불가능하다. 언어들이 엄청나게 많이 변했기 때문이다. 따라서 이 절대적 다양성의 한계를 극복하리라고는 기대할 수 없다.

② 이처럼 귀속시킬 수 없는 분리된 두 어족이 있을 때, 언어학자 는 이 두 어족을 관계짓는 비교 작업을 포기해야 하는가? 아니다. 역사 적 관계를 설정하기 위한 모든 비교는 실제로는 배제되겠지만, 명백히 친근관계가 전혀 없는 언어들이나 공통 기원이 아닌 언어들을 비교하 는 흥미진진한 영역은 여전히 남는다. 이는 <u>문법체계</u>의 비교 작업〈사고

[28]

[29]

---

15 덴마크의 언어학자 묄러(Herman Møller, 1850~1923)가 대표적이다. 묄러는 인도유럽어 와 셈어 간의 친족관계를 주장했으며, 주저로 『셈어와 인도유럽어』(*Semitisch und Indo-germanisch*, 1906), 『인도유럽어와 셈어 비교사전』(*Vergleichendes indogermanisch-semitisches Wörterbuch*, 1911)이 있다.

16 Alfredo Trombetti(1866~1929). 이탈리아의 언어학자로서 언어의 단일 기원설을 주장했다. 주저로 『언어 기원의 단일성』(*L'unità d'origine del linguaggio*, 1905)이 있다.

와 언어의 가능한 결속 관계를 비교하는 작업〉이다. 친근관계가 전혀 없는 언어들이라도 아주 유사한 문법 메커니즘을 가질 수 있다.[17]

　　친근관계에 의해 연관된 것으로 인지된 언어군 내부의 연구와, 인지된 어족 내의 친근관계가 없는 언어군 사이의 연구는 전혀 다르다. 그리하여 이러한 대상의 경계를 넘지 않아도 연구 영역은 무한하게 많다. 이 언어군 내에서도 언어군에 따라 물론 불가능한 현상도 출현한다. 예컨대 언어 다양성의 정도 같은 것이다. 쉽게 확인되는 유사성을 넘어서면, 언어 다양성에도 여러 등급이 있다. 그리스어와 라틴어를 산스크리트어와 비교해 보면, 전자의 두 언어는 산스크리트어보다 훨씬 더 서로 유사한 것으로 간주된다. 이런 방식으로 계속 비교해 나가면, **방언** dialecte까지 비교할 수 있다. 그러나 이 '방언'이란 용어를 말한다고 해서 [30] 이것이 '언어'란 용어와 비교해서 절대적 개념이라고 간주하면 안 된다는 점을 첨언해야겠다. '언어'란 명칭 대신 '방언'이란 명칭을 사용할 수 있는 정확한 지점은 없다. 우선 방언으로 생각되는 대상이 어떻게 해서 '언어'로 부를 정도로 차이가 아주 현격하게 벌어지는지를 살펴볼 것이다. '특유 언어'보다 '방언'이란 명칭이 필요한 절대적 위계를 지닌 층위에서는 결코 방언 차이를 구분할 수 없다.

　　각종 현상으로 인해 흔히 이 지리적 다양성이 나타나는 형태는 복잡하다. 다음 장은 도중에 삽입된 장으로서, 앞선 장과 뒤에 오는 장을

17　기존 어족들, 예컨대 인도유럽어족, 우랄알타이어족, 셈어족의 비교를 통해 이 어족보다 더 상위의 대어족(macro-famille) 구성의 가능성을 지금도 연구한다. 예컨대 노스트라틱 대어족 같은 것이다. 이들 언어학자는 언어 선사고생물학자들이 연구하듯이 주로 어휘를 대상으로 친근관계를 연구한다. 또한 친근관계가 없는 언어들의 문법구조 비교는 유형론 연구의 주요 대상이다.

연결하는 장이다. 그 제목은 다음과 같다.

제2장. '지리적 다양성을 복잡하게 만드는 각종 현상'

[1910년 11월 11일]

우리는 가장 단순한 형태의 지리적 다양성을 생각해 보았는데, 복잡한 사실은 일반적 현상에는 실제 그리 본질적인 것이 아니기 때문이다. 실제로 지방별로 나타나는 언어의 지리적 다양성을 논의했는데, 우리는 이 현상을 마치 단지 영토의 다양성인 것처럼 가정한 것이다. 그러한 소재에서 긍정적으로 재고해야 할 것이라고는 아무것도 없다는 점 [31] 은 맞다. 왜냐하면 언어 차이는 어떤 방식으로든 항상 장소의 차이에서 유래하기 때문이다. 그러나 언어는 인간과 더불어 이동하고, 인간은 언제나 이동을 많이 한다. 그리하여 어느 한 지역에 다양한 언어들이 공존하는 현상은 전혀 예외적이 아니다. 앞에서 일정한 규모의 넓은 공간에서 관찰되는 언어 통일성을 상호적인 것으로 가정했지만, 이 통일성은 실제로는 흔히 입증되지 않는 수가 많다. 그렇지만 적어도 이러한 언어 현실은 지적하고, 앞 장에서처럼 뒤 장에서도 그러한 언어 현실은 제외할 수 있다.

　여기서 특유 언어들의 혼합을 말하려는 것은 아니다. 왜냐하면 언어 혼합은 언어의 내부 형태에 영향을 미치는 현상이기 때문이다. 물론 스위스의 경우처럼 두 특유 언어가 한 국가의 정치적 국경 내에 지역적으로 분리되어 공존하는 경우를 가리키는 것도 아니다. 여기서 말하는 혼합은 단지 두 개의 다른 특유 언어가 병존하면서 지역적으로 서로 중

첩되는 경우만 가리킨다. 이런 경우는 표면적으로는 비정상적이지만,

[32] 역사를 통해서는 흔히 볼 수 있는 일상적 현상이다. 둘 또는 다수의 경쟁적인 특유 언어가 두세 가지 현저히 다른 방식으로 동일한 한 영토에 이입되는 것을 목격할 수 있지만, 역사는 이 공존 관계가 어떻게 생겨났는지 전혀 알려주지 않는다. 식민 지배자나 외래 지배자의 언어가 토착 주민의 언어와 중첩되는 경우는 매우 흔히 볼 수 있는 현상이다.

그리하여 트란스발[18]에서는 흑인 방언, 네덜란드어, 영어가 사용되었는데, 후자의 두 언어는 식민 지배로부터 생겨났다. 멕시코에서 에스파냐어가 사용되는 것도 마찬가지다.

이 현상은 근대에만 국한된 것이 아니다. 고대에도 이미 이런 현상이 있었고, 역사의 모든 시기에 걸쳐서 일어났다.

현재의 유럽 지도를 보면, 아일랜드에는 켈트어와 영어가 사용되고 많은 주민들이 이 두 언어를 사용하는 국가라는 것을 알 수 있다.

〈(프랑스의)〉 브르타뉴 지방에서는 프랑스어와 브르타뉴어가 사용된다.

바스크 지역에서는 바스크어, 에스파냐어, 프랑스어가 사용된다.

핀란드에서는 스웨덴어, 핀란드어, 러시아어가 사용된다.

쿠를란트와 리보니아에서는 러시아어, 독일어(중세 시대에 독일 식민 지배자들이 한자동맹의 기치 아래 들어왔다), 레트어가 사용된다.

[33] 리투아니아에서는 리투아니아어, 폴란드어, 러시아어가 사용된다.

프로이센의 포즈난에서는 폴란드어와 독일어가 사용된다.

보헤미아에는 체코어와 독일어가 공존한다.

---

18 1902년에서 1910년까지 영국이 지배한 남아프리카의 식민 지배지.

헝가리에는 여러 언어가 공존해서, (트란실바니아의) 특정 마을에서 마자르어, 루마니아어, 크로아티아어, 독일어 중 어떤 언어가 사용되는지는 거기 사는 국민만 알 수 있다.

마케도니아에도 여러 언어가 공존하는데, 터키어, 불가리아어, 세르비아어, 루마니아어, 그리스어, 알바니아어이다.

흔히 언어들이 공존할 때 이 언어의 사용 지역은 어느 정도 정해져 있다. 예컨대 영토상으로는 도시와 시골에 서로 달리 분포한다. 하지만 이들 언어의 지역적 경계가 늘 분명한 것은 아니〈라는 것이〉다.

때로는 더 강한 정복자가 경쟁어를 들여오는 것도 아니다. 예컨대 유목 민족이 어느 국가에 들어가 정착하는 수가 있다. 집시들은 특히 헝가리에 정착해서 밀집 촌락을 이루었다. 이 집시들은 〈아마도〉 인도에서 이동해 온 주민일 수도 있는데, 언제 이곳에 들어왔는지는 알 수 [34] 없다. 이 사례는 정복과 식민 지배의 경우는 아니다.

또한 러시아 남부와 도브로제아의 루마니아 지역에 흩어져 있는 타타르인 마을도 있다.

로마제국의 지도가 있다면, 거기서 이와 유사한 언어 공존 사례를 관찰할 수 있고, 훨씬 더 놀라운 사실을 발견하게 된다.

예를 들어 보자. 아주 간단한 사례로, 로마 공화정 말기에 나폴리에서는 어떤 언어가 사용되었고, 그 이웃 지방에서는 어떤 언어가 사용되었는가[?] 분명 이러한 언어들이 사용되었을 것이다. ① 오스크어(폼페이에서 나온, 일부가 오스크어로 기록된 명문 참조), ② 그리스어(나폴리를 식민 지배한 에우보이아인의 언어),[19] ③ 라틴어, ④ 에트루리아어. 로

---

19 에우보이아는 그리스 본토의 동북쪽에 나란히 위치한 커다란 섬이다.

마인이 오기 전에는 에트루리아인이 (정복으로) 이 나폴리 지방을 지배했다.

카르타고에서는 과거 어느 시기부터 라틴어가 사용되었고, 카르타고어(페니키아어)도 잔존해 있었다.[20] 700년에 아랍인은 자신들의 아랍어와 유사한 집단어가 거기서 사용된다는 것을 알았다. 누미디아어도 [35] 분명 카르타고 지방에 널리 퍼져 있었다.

고대에 지중해를 중심으로 한 주변 지역에서 단 하나의 언어만 사용된 지방은 거의 없었다.

문헌어langues littéraires.[21] 많은 나라의 언어는 다른 의미에서 이중적인데, 이는 다른 종류의 현상 때문이다. 그것은 문어가 그 기원이 동일한 자연언어와 중첩되는 현상으로서, 두 언어는 서로 병존해서 사용되기 때문이다. 이 현상은 상당한 문명 수준과 관련 있지만, 이는 정치적 상황이 뒷받침되면 거의 어김없이 반복 출현하는 현상이다.

문헌어는 때로는 이 명칭을 그대로 지니지만, 때로는 다른 명칭을 지닐 수 있다(공식어, 교양어, 공통어, 그리스인의 κοινή[코이네]). 이들은 결국 같은 현상을 가리킨다. 국가 전체가 사용할 수 있는 의사소통 도구의 필요성 때문에 생겨난 것이다.

자연언어에는 방언만이 존재한다. 언어는 그대로 방치하면 무한히 잘게 나뉜다. 하지만 이러한 무수한 방언 가운데서 어느 한 방언을 선 [36] 택할 필요성이 절실하게 생긴다. 그리하여 선택된 방언은 국가 전체의

---

20 [236]쪽 참조.
21 구어(langue parlée)가 아니라 글로 적힌 문어(langue écrite) 차원의 문헌어로서 규범에 의해 정착된 형태로 사용되며, 의사소통의 매개로 사용된다. 그래서 좀 더 형식적인 의미로 문헌 어로 번역하였다.

모든 사안의 소통 수단이 된다. 보통 어떤 정황으로 인해 한 방언이 선택되는데, 문명이 가장 진보한 지방의 방언일 수도 있고, 세력이 강한 지방, 권좌나 국가 수반, 왕궁이 위치한 지방의 방언일 수도 있다.

문헌어가 된 이 방언은 순수한 방언 형태로 그대로 남아 있는 경우는 드물고, 다른 지방의 요소들이 섞여 복합적이 된다. 그렇지만 일반적으로는 그것이 유래하는 출처를 알 수 있다. 예컨대 프랑스어는 일드프랑스 지방의 방언에서 유래한다.

다른 방언은 여전히 그대로 방언 상태로 남아 있기 때문에 결과적으로 국가는 자연히 두 언어를 병용하고, 개인은 이언어 병용자가 된다. 이 개인은 자신이 사는 지역의 특유어(소지역어)와 일반어langue générale로 선택된 방언을 같이 사용한다. 프랑스의 경우가 그렇다(사부아 〈등〉). 프랑스어는 마르세유, 제네바, 브장송에 이입되었다.[22]

[37] 독일도 마찬가지인데, 이곳에서는 지역어들이 프랑스보다는 훨씬 잘 보존되어 있지만, 점차 사라지는 경향을 보인다. 이탈리아도 그렇다. 그래서 나폴리 같은 곳에서 주민들은 밀라노 방언으로 공연되는 연극은 이해할 수 없다.

이 현상은 그리스어에서도 출현하는데, 그리스어는 이오니아 방언에서 유래한 방언, 즉 κοινή[코이네]가 발달한 것이다. 그리스 명문은 κοινή와는 다른 수많은 지역 집단어를 보여 준다. 그리스인은 또한 공식어인 바빌로니아어[23]를 인지할 수 있는 것으로 생각했다.

---

22 마르세유는 프로방스 방언권, 제네바는 사부아의 이탈리아어권, 브장송은 부르고뉴 방언권에 속해 있고, 일드프랑스 방언이 표준 프랑스어 역할을 하며 문어로서 확산되어 침투했다.
23 기원전 2000년경부터 바빌로니아에서 사용된 아카드어의 방언으로서 근동 지방에서 문헌어와 외교어로서 널리 사용되었다.

이러한 현상은 상당히 높은 수준의 문명 발달과 관계가 밀접하다.

그러면 일반어는 반드시 문자를 전제로 하는가?

호메로스의 언어그리스어는 시어詩語이며, 아주 광범위한 사람들이 이해할 수 있도록 규약에 의해 만들어진 언어이다. 〈그런데〉 이때는 문자가 거의 사용되지 않았다.

[38]   이후로는 이러한 사례에 더 신경을 쓰지 않을 것이다. 브뤼셀에서는 어떤 언어가 사용되는가? 우리는 브뤼셀이 플랑드르어 지역에 속하는 것으로 생각하는데, 그것은 이 도시가 벨기에의 플랑드르 지방에 있기 때문이다. 프랑스어는 여기에 이입된 언어인데, 우리로서는 거기에는 프랑스어가 부재한 것으로 본다. 리에주24에서도 프랑스어는 제네바에서처럼 이입된 것이다. 우리는 문헌어와 상관없이 발달한 언어현상만 고찰할 것이다. 마찬가지로 독일 북부 전역(베를린)에서는 고지 독일어가 사용되지만, 우리로서는 저지 독일어 지역으로 간주할 것이다.

우리는 이차적 현상을 제외한 언어의 지리적 다양성, 즉 현재의 외적 상태를 제외한 지리적 다양성을 다룰 것이다.

그러면 지리적 다양성의 발생 과정을 살펴보자.

[1910년 11월 15일]

제3장. 원인의 관점에서 본 언어의 지리적 다양성

지리적 다양성 현상이 맨 먼저 눈에 띄는 놀라운 사실이라는 점은 앞서

24 벨기에 동부의 도시 및 그 도시를 포함하는 주. 프랑스어권 지역이다.

살펴보았다. 이 지리적 다양성은 무엇 때문에 생기는 것인가[?] 우리가
I) 절대적 언어 다양성을 다루게 되면, 한 가지 문제에 직면한다. 즉 세
계의 모든 언어가 한 언어로 귀착되지 않는다는 점이다. 이 문제는 사
변적인 문제이고, 접근할 수 없는 가마득한 옛 시기로 거슬러 올라가며,
또 다른 문제인 언어의 기원 문제와 연관된다. 이 문제는 이 논의에서
제외할 것이다.

[39]

〈II)〉 언어의 친근관계가 있는 다양성은 문제가 다르다. 우리는 관
찰이 가능한 영역을 다루기 때문이다. 이런 다양성이 생겨나는 것을 목
격할 수 있고, 그 결과를 확실히 제시할 수도 있다. 예컨대 우리는 프랑
스어와 프로방스어, 프랑스어와 에스파냐어의 다양성이 어떻게 생겨났
는지 알 수 있다.

우리는 ① 멀리 이동한 언어가 새로운 이주지에서 독특하게 발달
하는 경우를 생각할 수 있다. (예컨대 대륙 게르만어와 기원이 동일한 앵
글로색슨어의 사례나 캐나다에 이입된 프랑스어 〈등)). 한마디로 이는 지
리적 불연속의 사례이다. 이 지리적 불연속 현상은 역외 이주 이외의
방식으로도 일어날 수 있다. 예컨대 루마니아어는 지리적으로 고립된
결과로 생겨났다(분파된 루마니아어는 슬라브어 내에 고립된 섬이다).

[40]

지리적 불연속으로 인해 정말 이론적으로 중요한 사례는 발생하지
않는다는 점을 살펴볼 것이다. 언어의 지리적 고립의 조건을 판단하고,
고립의 정확한 영향이 무엇인지 판별하는 것은 그리 쉽지만은 않다. 그
러나 지도상에 위치가 아주 분명한 두 지점을 취해 보면 훨씬 분명해진
다. 이 현상을 한 가지 살펴보자.

이처럼 지리적으로 분리되어 시간이 상당히 흐른 후 어느 해안에
위치한 특유 언어와, 여기서 분리되어 이제 상당히 멀리 떨어져서 분파

된 언어 사이에 차이가 확연히 생겨나는 것을 확인할 수 있다. 이처럼 지리적 고립으로 생겨난 언어의 차이는 종류가 아주 많다. 용어적이거나 어휘적인 차이(단어의 다름), 문법적인 차이, 음성적인 차이(발음에서의 차이)로 분류하는 것이 타당하다.

이입된 특유 언어가 변하고, 다른 언어는 변하지 않고 그대로 남아 있을 것으로 생각하면 안 된다는 점을 우선 지적하자. 반대의 경우는 더더욱 아니다. 흔히 각 세부 사실이 변하는 것은 때로는 이입된 언어거나 때로는 토착어⟨(또는 이 둘 모두)⟩일 수 있으며, 이로 인해서 언어 차이가 생겨나는 데는 큰 문제가 없다.

$$A\textcircled{A} \quad A\textcircled{A} \quad A\textcircled{A}$$
$$A\textcircled{B} \quad B\textcircled{A} \quad B\textcircled{C}$$

[41] 어느 섬의 특유 언어의 분화 과정을 연구할 것으로 생각하면, 별로 쓸모가 없다. 하지만 두 특유 언어의 ⟨(분화)⟩ 차이는 연구해야 한다.

음성현상에서 섬의 지리적 집단어(앵글로색슨어)가 때로 혁신되는 사례가 있다. 예컨대 a는 ä의 음가를 얻었다(Mann[사람] → Men). 여기서도 변한 것은 정복 식민지의 언어이다. 또 다른 곳에서는 그 반대 사례가 나타난다. 영국인은 음성 Θ⟨(þ)⟩를 보존했고, 이를 th로 표기했다. 반면 독일 전역에서는 이것은 t[원문 오류 그대로][25]로 변했다. 음성 혁신이 일어난 곳은 유럽 대륙이었다.

영어 w도 마찬가지인데, 그 원시음은 영국 섬에는 남아 있지만, 독

---

25 메히야·감바라라 판에는 d로 수정되어 있다. [65]쪽의 게르만어 자음추이 참조.

일인은 이를 v로 변화시켰다(Wind^{바람}).²⁶

〈원래 음성〉

wife = Weib^{아내}

무엇이 이러한 차이를 만들어 냈는가? 장소의 차이(공간상의 거리)인가? 우리는 그렇게 생각하는 경향이 있다. 그러나 곰곰이 생각해 보면, 이 공간 차이는 오직 시간에 의해서만 생긴다는 점을 매우 잘 알 수 있다. 언어변화는 일정한 시간이 흘렀음을 의미한다. 색슨인과 앵글인이 영국 섬에 도착한 직후에 이들은 유럽 대륙에서 과거에 사용했던 언어를 그대로 사용했다. 언어 분리가 지리적 현상에서 기인한다고 하는 [42] 것은 일종의 비유적 표현이다. 시간 요인은 유럽 대륙과 영국 섬 양쪽에서 다 일어났으므로 시간 요인은 상쇄시키고, 우리가 사용하는 공간적 표현은 그대로 이용하게 둔 것이다. 더 나아가면 오직 시간의 작용만이 이 언어 차이를 만들어 낸다고 해야 한다.

예컨대 mejo/medzo^{중간}는 지리적 차이이다. mejo에서 medzo로 변하거나 반대로 medzo에서 mejo로는 결코 변하지 않는다. 그러면 어디에서 하나의 통일 형태가 다양한 형태로 바뀌었는가? 과거의 원초적 형태를 복원해야 한다. medio에서 mejo로 변화했고, medio에서 medzo로 변화했다. 이를 이용해 지리적 분화 도식을 다음처럼 그릴 수 있다.

---

26 독일어 발음은 [vɪnt]이다. 아래 예에서도 독일어는 Weib[vaɪp]로 발음된다.

이 도식은 두 방향으로 나뉘기 때문에 두 개의 축이 생긴다. 수직축은 시간의 축이고, 수평축은 공간의 축이다.

지리적 분화를 다룰 때는 분화 현상의 산물, 즉 그 결과적 차이를 포착하지만, 정작 분화 현상 자체는 다른 곳에 있다. 이는 마치 표면적[43] 으로 용적을 계산하려는 것과도 같다. 또 다른 차원인 시간의 깊이도 고려해야 한다.

변화 현상은 공간 차원이 아니라 전적으로 시간 차원에서 일어난다는 점을 알 수 있다. 지리적 분화는 시간 차원에 투사될 때 비로소 그 완전한 모습을 갖는다. 지리적 분화는 시간 차이로 직접 환원될 수 있다——또 환원되어야 한다. 언어 분화 현상은 시간 축에 위치해야 한다. 마치 물이 지하층에서 지표로 솟아올라 오듯이 강물이 흐르는 것을 상류로 솟아오른다고 말하면 틀리는 것과도 같다.

노트 – 지적. 하지만 언어 분화에 영향을 미친 것은 환경 차이(기후나 나라 유형(산악, 해안)이 만들어 낸 관습의 차이)라고 전제하면 자연스럽지 않은가? 그러면 이 지리적 다양성의 영향을 너무 쉽게 배제하는 것은 아닌지? 아마도 이와 어떤 관계가 있거나 어떤 영향은 있겠지만, 그것은 현재로서는 생각할 수 없는 아주 모호한 것이고, 정의하기가[44] 불가능하다고 봐야 한다. 변화 방향을 결정하는 변동이 환경 탓일 수도 있겠지만, 차이가 어떤 방향으로 일어날지는 결코 예측할 수 없다.

그래도 지리적 각 지점에서는 시간의 변화 이외의 다른 변화는 없다. 지리적 분화는 언어 통일의 개념을 요구한다. 이 언어 통일성은 어디서 발견되는가? 그것을 추상적인 것으로 만들지 않는 한, 그 언어 통일은 과거에서 나타난다.

그리하여 우리는 지금까지 예측하지 못했던 영역으로 들어간다. 즉 언어의 지리적 차이 대신에 언어진화로 생겨난 차이를 대하게 된다.

언어진화는 언어학의 중요한 분야이다. 지리적 분화는 언어진화 현상의 〈특수한〉 적용에 지나지 않는다. 이 지리적 차이는 언어진화 현상 내에 완전히 흡수된다.

그러나 지리와 역사의 결합에 대해 얘기할 더욱 중요한 사항은 앞에서 살펴본 사례와 아무 관련이 없다. 정상적인 사례를 조사해야 한다. 언어진화가 지리적 연속에서 일어나는 경우가 그것이다.

[1910년 11월 18일]

[45]　지리적 연속에서 일어난 언어진화. 정상적인 경우와 핵심적인 경우

이제 일정한 시기에 정착 주민들이 동일한 특유 언어를 사용하는 연속된 지역을 생각해 보자. 250년경의 갈리아 지방을 예로 들어 보자. 이 시기에 라틴어는 확고히 자리를 잡았다. 그래서 이 지방에는 통일된 언어가 사용된 것으로 간주할 수 있다.

확실한 첫째 현상으로 오직 시간만 고려한다면, 이 라틴어는 시간이 얼마 경과한 뒤에는 더 이상 같은 라틴어가 아니라는 점을 확신하며 확인할 수 있다. 이를 어떤 근거에서 알 수 있는가? 보편적인 경험이 알려주기 때문이다. 모든 사례가 이 사실을 증명한다. 절대적으로 고정된 사례란 없다. 절대적인 것은 시간의 변동이다. 어떤 것도 시간 변동을 막을 수 없으며, 그것은 불가피한 것이다. 이 변동은 더 빠르기도 하고, 더 강력하기도 하다. 전시戰時나 위기 때 이 변동은 가속화되지만, 그 원리에는 영향을 못 미친다. 이 요인들이 이 변동을 재촉하는 원인이다.

[46]

지속적으로 일어나는 이 변동 현상은 흔히는 은폐된다. 그것은 우리가 문헌어만 상대하기 때문이고, 또한 이 문헌어가 머리에 가장 먼저 떠오르는 언어이기도 하기 때문이다.

사실상 문헌어는 한번 성립되면, 어떤 정황 때문에 (문자로 고정한 기록 언어에 의존하므로) 생존을 보장받는다. 그렇지만 문헌어는 생동하는 언어langue vivante[27]의 변동은 전혀 알려주지 않는다.

문헌어는 대중어langue vulgaire[28]에 중첩된 산물인 까닭에 그것은 다른 조건에도 종속된다. 우리는 현재 문헌어의 규범 없이 자유로이 발달하는 언어만을 상대로 한다.

---

27 사용 화자들이 있고 생활에서 실제 사용되는 구어 변이체.
28 한 언어집단의 사람들 대부분이 사용하는 구어 변이체.

추가해야 할 두 번째 사항이자 확실한 사실은 언어 형태는 전 지역에서 똑같은 방식으로 변하지 않는다는 점이다.

우리가 방금 인정한 이 두 단계의 현상을 대조해야 한다.

[47]

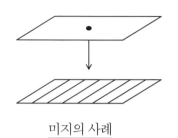

미지의 사례

(해당 지역의 모든 지점에 동일한
결과를 초래하는 시간상의 진화)

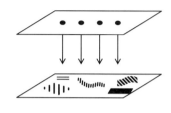

실제의 사례

(해당 지역에서 다양한 결과가
생겨나는 시간상의 진화)

(이곳저곳에서 생겨난 다양한 결과들)

시간은 어느 한 지점에 국한되더라도 변화를 일으킨다. 그렇다고 해서 언어변화가 우리가 살펴보았듯이 오직 시간에만 관계하는 것은 아니다.

두 번째 관점을 고려해야 한다. 즉 수많은 방언 형태를 생성시키는 이 언어 다양성은 어떻게 시작되고, 그 모습은 어떻게 형성되는가? 이 점은 실제보다 더 간단한 문제인 것 같다.

각 지점의 언어변화는 다음과 같이 일어날 것이다.

① 연속으로 일어나는 미세한 혁신을 통해. 그 결과, 그 혁신만큼이나 많은 세부 사실이 생겨나며, 우리는 이들을 정의할 수 있다. 크고 작은 요소들을 구별할 수 있고, 이 요소들은 아주 다양하다. 형태론 차원의 gëbamês^{우리는 주었다}, gebamês[원문 오류 그대로][29]나 음성 차원의 s → z.

[48]   ② 둘째, 이처럼 일어난 언어 혁신 각각은 물론 **장**aire으로 불리는 영역을 갖는다. 다시 말해서 이 혁신은 일정한 지역 전체에 걸쳐 일어난다.

이때 두 경우가 있다. a) 이 혁신이 전 지역을 포괄하는 경우. 이 경우는 아주 드문 사례로서, 언어변화를 일으키지만 차이를 만들 정도의 큰 변화는 생성하지 않는다. 아니면 b) 그 혁신의 장이 아주 제한된 소지역인 경우. 이는 가장 빈번히 나타나는 경우이다. 방언 차이와 관련되는 모든 현상의 핵심은 바로 이 경우이다. 각 혁신적인 사건 각각은 각자의 장을 갖는다.

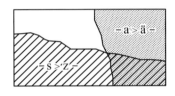

예컨대 갈리아 지방에서 일어난 주요 변화는 pórta른같이 무강세 음절의 a가 묵음되었다(pórta > porte). 이 언어 혁신은 론강 전역에 영향을 미치지 않았다(fenna – femme여자).[30]

이 변화의 장은 미리 정할 수 있다. 영향을 받은 장이 어느 곳인가

[49]   확인만 하면 된다. 실제로 이들(〈이 장들〉)은 모습이 다양하기 때문에, 엄청나게 복잡한 지도상에 장들이 중첩된 형상을 만들어 낸다.

한쪽 지역만 영향을 입지 않을 수도 있다. 예컨대 라틴어 ca의 tša, š

---

29 메히야·감바라라 판에는 gēbamēs, gēbam(ēs)이다. ē는 장음이자 개음을 나타낸다.

30 프랑스 남부 오크어권의 동남부 방언인 프랑코프로방스어와 프로방스어 지역에서 fenna는 이 지역의 방언형으로 어말의 a가 묵음되지 않고 그대로 남아 있다.

로의 변화(프랑스어 chant^{노래} < cantus, char^{수레} < carrus)를 예로 들어 보면, 이 변화는 프랑스 북부 지방에서만 일어났고, 남부에서는 일어나지 않았다. 하지만 북서쪽 극단 지역(노르망디의 피카르디 방언)은 이 영향을 받지 않았다(vacca – vaque^{암소}).[31]

이런 이유로 프랑스어에 (chage 대신) cage^{새장}가, reschappés 대신 rescapés^{생존자들}(쿠리에르 대참사[32]에서 살아남은)가 생겨났다.[33]

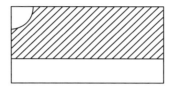

방언이 일정하게 범위가 정해진 폐쇄된 일련의 언어 유형을 의미한다면, 이들 방언은 다른 지역의 해당 방언의 기초가 되는가? 그리하여 그 결과 이와 같은 방언 모습을 갖는가?

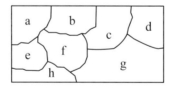

31 고대 프랑스의 북부는 오일어권인데, 이 북부 방언권의 주요 특징 중 하나가 k, g의 구개음화이다. 그러나 피카르디 방언은 오일어권의 북서 지역인데도 구개음화가 일어나지 않았다. 라틴어 vacca의 k가 방언형 vaque에서 k로 여전히 남아 있다. 피카르디어 keval, gambe와 고대 프랑스어 cheval(말), jambe(다리) 참조.

32 강의 4년 전인 1906년 3월, 프랑스 북부의 쿠리에르 광산에서 일어난 폭발로 약 1100명이 사망하는 사고가 있었다.

33 피카르디 방언 형태가 일드프랑스어(프랑스어)에 차용되어 k가 남아 있다.

이 모습대로라면 그것은 아주 간단하다. 그러나 이러한 방언의 개념은 신랄하게 공격을 받았다. 각 변화 현상의 장들을 연구한 후로는 이 개념을 더욱 복잡한 개념으로 교체하지 않을 수 없었다. 따라서 방언의 개념은 매우 불분명하게 되었다. 그러나 우리가 말할 수 있는 바는 이와 같다. 예컨대 500년이나 1000년 후에는 어느 지방의 양극단 지역 사람들은 말을 서로 이해 못 할 수도 있다. 반대로 어느 한 지점을 선택하면, 그곳에서는 모든 인접 지역들의 말을 서로 이해할 수 있다.

[여백 그림]

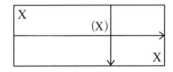

여행객이 어느 지역의 한쪽 끝에서 반대쪽 끝까지 매일 자기 방언을 조정해 가면서 이동하면, 그 여행객은 그 여정에서 아주 미세한 언어변화를 겪겠지만, 마침내 자기도 눈치 채지 못하는 사이에 알지 못하는 언어권에 들어서게 된다.

몇몇 지역에는 한 곳에서 다른 곳으로 이동하면, 새로운 특성을 보여 주는 경계를 지나게 된다. 그러나 〈(이 혁신의)〉 특성들 전체 합은 방언의 중심에서 아주 멀리 가지 않으면, 결코 크게 변하지 않는다.

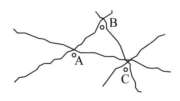

단순한 지리적 관찰(여기서부터 출발해야 했다) 결과를 다시 살펴보자. 일정한 마을에서 어떤 방언적 특성을 발견할 수 있다. 이러한 방언 특성 각각은 이웃 지역에서도 재발견되겠지만, 어느 정도까지 멀리 떨어지면 더 이상 발견할 수 있을지 알 수 없다.

[51]

예컨대 프랑스 두뱅에서는 ðenva(제네바) 같은 단어에서 ð를 볼 수 있다. 나는 프랑스로도 발레주로도, 두 방향으로 갈 수 있다. 그러나 레만호수를 건너면 dz를 발견하게 된다.[34]

레만호 이남 방언을 한 방언으로 생각해서는 안 된다. 사람들은 deux[숫자 2]를 다음처럼 발음하기 때문이다.

두뱅에서는 daüe[원문 오류 그대로][35]이지만,

살레브산[36] 근처에 가면 벌써 dûe로.

어떤 변화 현상은 범위가 아주 광범위하지만, 또 다른 현상은 그 범위가 아주 좁다.

여기서 다음과 같은 결론이 나온다. 즉 방언 특성의 명확한 경계는 추적할 수 있지만, 한 방언의 경계를 추적하는 것은 불가능하다는 것이다. 국립고문서학교의 폴 메예르Paul Meyer는 "방언적 특성들은 있지만 방언은 없다"라고 말했다.

---

34 스위스의 제네바는 레만호 남서끝 자락에 위치하며, 동쪽으로는 프랑스의 오트사부아주와 접한다(두뱅은 이 주에 속한 소도시다). 양국의 국경이 태극무늬처럼 서로를 감싸고 있어서 제네바에서 두뱅을 거쳐 동쪽으로 더 가면 다시 스위스의 발레주가 나온다. 한편, 두뱅에서 레만호를 건너면 스위스 땅이다.
35 메히야·감바라라 판에도 똑같이 daüe로 되어 있다.
36 알프스산맥에 속한 산으로 제네바의 남쪽에 맞닿은 프랑스 영토에 있다.

[1910년 11월 22일]

추가 지적 : 각 방언 특성, 즉 (원시어의 상태와 관련해서) 각각의 언어 혁
[52]　신이나 각종 언어 혁신은 언어변화의 장 지도에 표시할 수 있다.

k

tš ∣ ts ∣ š

　　프랑스와 독일에서 이와 같은 종류의 다양한 언어지리학적 연구를
많이 수행했다.

　　질리에롱[37]의 위대한 『프랑스 언어지도』*Atlas linguistique de la France*와
벵커[38]의 『독일제국의 언어지도』*Sprachatlas des Deutschen Reichs*가 있다. 시기
에 상관없이 대★지도 전집이 항상 필요하다. ① 나라를 지방별로 조사
해야 한다. ② 각 지방에서 방언 특성이 복잡한 경우에는 한 지도에 한
두 가지 특성만 표시할 수 있다. 따라서 같은 지도를 여러 번 반복해서
그려야 한다.

　　더욱이 이 방언 특성은 종류가 다양하다. 그 특성은 형태론적이거
나 음성적 〈등〉일 수 있다.

　　예컨대 질리에롱의 언어지도의 사례[들] 중 하나는 벌[蜂]인데, 이
단어가 apis, apicula, 〈mouche à miel〉 같은 형태 중 어느 것에서 유래하
느냐에 따라 지도상에 이를 표시했다.

37　Jules Gilliéron(1854~1926). 스위스 출신의 프랑스 방언학자.
38　Georg Wenker(1852~1911). 독일의 방언학자.

이와 같은 언어지도 작성 작업에는 많은 지적 훈련을 받은 협조자들과 더불어 아주 체계적인 설문조사가 필요하다. 또한 각 지역의 전문조사자도 필요하다. 고샤 교수[39]는 〈방언을 연구했고〉 스위스의 로망드 지역[40] 방언을 대상으로 이와 같은 방식으로 방언 조사를 실시했다.

[53] 이들은 각 방언 특성의 경계선을 '등어선'lignes isoglosses / lignes d'isoglosses(등온선isothermes(동일한 평균 온도를 지닌 지역들)에 기초해 만든 모호하고 어색한 용어)으로 불렀다. isoglosses는 동일한 언어를 가진다는 뜻이다. 그러나 이것은 이 방언 경계선 양쪽에서 서로 다른 언어가 사용됨을 의미하는 것은 아니다. 단지 언어의 세부사항이 다르다는 것만을 가리킨다. 다른 용어가 필요한 것 같다. 그리하여 '언어소glossèmes나 등어소론isoglossématiques'〈으로 부르는 것〉이 더 나을 것 같다.

더욱이 등어선보다는 지리적 구역을 특히 고려해야 하는데, 등어선은 단지 경계로서만 중요성이 있기 때문이다.

'등어소의 띠'bandes isoglossématiques로도 말할 수 있으나 너무 부담스러운 표현이다.

어떤 방언 현상이 지배하는 영토는 물결파에 비유될 수 있다. 이 언어파 또는 혁신파는 때로 물결이 퍼지는 과정에서 일치할 수 있다.

39 Louis Gauchat(1866~1942). 스위스의 언어학자이자 로망스어 학자. 저서로 『스위스 로망드의 지역방언 어휘집』(*Glossaire des patois de la Suisse romande*, 1899)이 있다.
40 프랑스어를 공용어로 사용하는 스위스 서부 지역을 일컫는다.

그러한 등어선으로 분리되는 두 지점(A와 B)은 반드시 명확하게 언어가 분화될 것이다.

[54]　　　이러한 현상이 일상적으로, 언어 경계선 전체에 걸쳐 일어나면, 방언이 생겨난다.

방언 특성의 장들이 이처럼 서로 겹쳐 맞물리면, 방언 개념은 명확해질 것이다. 일정한 방언은 모든 지점에서 주변 방언의 모든 특성과 차이를 보이기 때문이다. 그렇지만 그러한 일은 발생하지 않는다. 등어선들은 어떤 장소에만 집중될 것이다.

방언이 존재하려면

① 단 한 가지 특성만으로 한 방언을 충분히 특징지을 수 있다는 점에 동의하거나 ② 모든 방언 특성을 방언 지도의 단 한 지점에만 국한시켜 그 지점의 마을의 방언에 대해 말하거나 해야 한다.

이러한 제한 조건을 설정하지 않으면, 〈그리고 어느 지역을 고려하여 다수의 특성에 의지하려고 한다면,〉 난관에 봉착하게 되고, 이로 인해서 방언은 없다고 생각하게 된다.

우리가 dz를 가진 방언에 대해 말할 수는 있지만, 그 방언에 고유한 두 번째의 또 다른 특성이 있는지는 확신할 수 없다.

가능성이 훨씬 큰 경우는 다음과 같은 것이다. 즉 ô/â란 〈또 다른〉 방언 특성을 취하면, 그 지역의 단지 일부 구역만 이 변화에 영향을 받을 수 있다는 것이다.

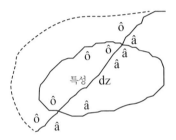

샤블레[41] 방언이 통일성이 상당히 크다고 생각하여 세 지점을 택하면, 상당히 많은 공통 특성을 발견할 수 있다. 그러나 네 번째 지점을 취하면, 그 지점에는 발레주와 연관되는 특성이 있다는 것을 알게 된다. 이처럼 방언 특성 목록을 계속 작성해 나가다 보면, 통일성을 확인하기가 불가능하다는 점을 알게 된다.

---

41 사부아 백작의 옛 영지였던 지역을 가리킨다. 현재는 프랑스의 오트사부아 샤블레(신샤블레), 스위스의 발레 샤블레(구샤블레)와 보 샤블레의 세 지역으로 나뉜다. 통일성도 크지만 세부적으로 차이도 있다.

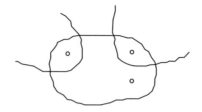

어떤 지방이라도 그곳은 주변의 다른 모든 지방과 다소간 겹치는 전이지대가 된다.

방언 문법은 단 한 지점의 문법만 될 수 있다. 대부분의 방언 연구자의 실제적인 결론은 방언 통일성을 발견하려면, 어느 마을 한 곳에만 국한해서 연구해야 한다는 것이다. 마을이 아니라 아주 작은 촌락만 인정하는 연구자도 있다.

[56]

중세 작가에 대해 말하자면, 그 작가는 노르망디 방언형을 사용하지만, 일드프랑스의 방언형과도 관련 있는 형태를 사용한다고 해야 한다.[42] 그 작가가 어느 방언형을 취해 사용했다고 설명할 필요는 없고, 어느 지점의 특정 언어를 사용했다고만 말하면 된다. 이런 설명은 아주 자연스러운 것으로, 노르망디 방언이 다수의 여러 방언으로 구성되었기 때문이다.

실제적으로 방언이란 용어는 우리가 살펴본 지적 사항을 준수하는 조건에서만 사용해야 한다.

다른 사실들도 방언의 통일에 기여한다(교통 등). 그러나 우리는 지역 전체에 거주하는 주민만을 그 방언 통일의 요인으로 인정하였다.

---

42 일드프랑스 방언(프랑치어어Francien)과 노르망디 방언은 고대 프랑스의 북부 방언권인 오일어의 방언들이다. 전자는 오늘날 표준 프랑스어의 모체가 되었고, 후자에는 고대 영어, 고대 스칸디나비아어 등의 잡다한 요소가 섞여 있다.

방언으로 구분된 영토에 적용되는 사실은 언어들이 나뉜 훨씬 광범위한 넓은 지방에도 적용된다. 지방 주민이 수 세기 동안 정착해서 거주한 정주 지역만 고려한다면, 소규모로 살펴본 현상이 여기서는 대규모로 일어나는 것을 관찰하게 된다. 동일한 언어현상이 재출현한다.

[57] 　　그리하여 다수의 언어가 사용되는 넓은 지역에 물결파를 그릴 수 있다. 인도유럽어처럼 광범위한 지역에 걸쳐 사용된 통일 언어 내에도 일련의 언어들을 지나가는 등어선의 물결이 있다.

　　예컨대 가장 유명한 사례가 원시 인도유럽어 k의 처리이다. 이것은 인도유럽어의 서부 지역 모든 언어(그리스어, 라틴어, 켈트어, 게르만어)에는 경음 k로 그대로 남아 있다. centum$^{\text{숫자 100}}$와 he-katon$^{\text{숫자 100}}$. 반면 동부 전역(슬라브어, 이란어, 힌두어)에서는 마찰음 š가 되었다.

šnitas	šuto	šatem	śatam$^{\text{숫자 100}}$
(슬라브어)	(고대 슬라브어)	(젠드 이란어)	(산스크리트어)

　　이 언어 분화 현상은 엄청나게 오래된 것이며, 인도유럽어 내의 가장 중요한 방언 차이 가운데 하나이다.[43] 이 분화로 인해 원시어로서의

43　원시 인도유럽어의 방언군은 서부의 켄툼군(centum)과 동부의 사템군(satem)으로 나뉘는데, 그 명칭은 지리적으로 서부의 언어들이 라틴어 centum에서처럼 k가 유지되는 반면, 동부의 언어들은 이란어 satem에서처럼 s가 유지되기 때문에 생겨난 것이다. 그러나 토카라어처럼 동부 지역에 위치하나 서부 방언의 특성(예컨대 k의 유지)이 나타나는 경우도 있어 절대적인 구분은 아니다.

인도유럽어는 두 언어군으로 나뉜다. 그 후에 다른 변화 현상도 생겨나서 점차 더 많은 언어들이 분화되었다.

[58]   그리하여 이처럼 엄청나게 넓은 광범위한 지역에서도 방언의 분화 과정이 동일한 방식으로 전개된 것을 알 수 있다.

둘째로, 방언의 경계선을 설정할 수 없다는 점도 살펴보았다.

마찬가지로 주민의 이동이 없다면, 친근관계가 있는 두 언어 사이에도 경계가 없다.

프랑코프로방스어(사부아 지역과 보주州의 방언)와 이탈리아어의 경계를 설정하려는 시도도 있었다. 프랑스와 이탈리아의 국경에서 멀리 떨어진 두 지점을 취하면, 국경 이쪽에서는 프랑스어가 사용되고, 저쪽에서는 이탈리아어가 사용된다고 말할 수 있다. 그러나 이 두 지점 사이에는 전이 방언들이 사용된다. 그래서 모든 지역이 전이지대로 간주될 수 있다는 것을 잊어서는 안 된다.

A
_____

전이지대
_____

B

그러나 이 전이지대는 특수한 곳이 아니다. A 지방 자체도 전이지대이기 때문이고, B 지방도 마찬가지로 전이지대이기 때문이다.

오직 전이지대들뿐이다. 어떤 방언이라도 그것은 다른 두 방언 사이의 전이지대이며, 이는 어느 방향에서 보더라도 그렇다.

[59]   두 언어 사이에 정확한 경계가 없다는 것과, 언어의 방언 구분을

지배하는 원리는 동일하다.

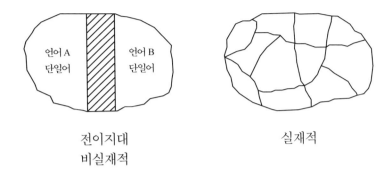

전이지대
비실재적

실재적

① (통일된) 한 언어 A와, 다른 언어로 추정되는 언어 B가 있다고 가정하면, 전이지대가 있다는 것은 놀라운 일이다. 언어 A는 내부적으로 서로 연결되는 방언들의 군집이고, 언어 B도 마찬가지로 이 방언들의 군집이다. 이 지역의 한쪽 끝에서 반대쪽 끝까지 모두가 방언의 전이지대이다.

② 방금 제시한 이 구절에서 방언을 폐쇄된 방언이라는 식으로 말했지만, 실제로는 방언은 모든 방향으로 개방된 방언뿐이며, 이들 방언에 관여하는 물결파들이 합쳐져 방언이 형성된다. 언어 A와 언어 B 사이에 경계선을 가정해서는 안 된다.

한 언어에서 다른 언어로 바뀌는 것을 거의 알아차리지 못하거나 인식하지 못하는 것은 어찌된 일인가? 언어가 바뀌는 것을 인지하려면 역사적 조건이 양호해야 한다. 언어변화가 일어나더라도 금세 바뀌지 않아야 하고, 모든 여건이 안정된 상태여야 한다. 그렇지만 거의 모든 지역에서 수 세기 동안 인구 이동이 계속 축적되어 사람들이 엄청나게 많이 뒤섞였다는 점을 고려해야 한다. 그 사례를 인도유럽어족에서 볼

[60]

수 있다. 이 어족에서 어느 특유 언어가 주변의 다른 언어들과의 중간에 전이지대가 있음을 아주 잘 보여 준다. 슬라브어의 특성은 한편으로는 이란어와 공통점이 상당히 크고, 다른 한편으로는 게르만어와도 공통점이 있음을 보여 준다. 게르만어는 그 지리적 위치 때문에 슬라브어

[여백 그림]

[61]   와 켈트어의 연결고리로 간주될 수 있다. 또한 이탈릭어⁴⁴와도 관계가

[여백 그림]

밀접하다. 켈트어는 게르만어와 이탈릭어의 중개 역할을 한다. 이탈릭어는 켈트어와 그리스어 사이의 전이지대이다. 그 결과 지도상에서는 언어 경계를 인지하지 못한 채 단지 그 특성만 대하기 때문에 언어학자

---

44 이탈릭어(italique)는 선역사 시대에 이탈리아반도에 살던 다양한 족속들이 사용하던 원시 공통어로서 다양한 언어들이 속한 어군이며, 인도유럽어에 속한다. 근대 이탈리아어(italien)와는 별개의 공통어이다.

는 여기에 기초해서 각 특유 언어에 그것이 차지하는 위치와는 지역적 차이가 거의 없이 지위를 부여할 수 있다. 하지만 슬라브어와 게르만어의 경계 지대에 갑작스러운 현격한 차이가 나타난다. 거기에는 사부아 지방처럼 전이지대를 이루는 방언이 없다. 그렇다고 해서 이 전이 방언이 존재하지 않았다는 말은 아니다. 이 전이 방언들이 까마득한 과거에 사라졌다. 이 방언들이 소멸된 원인들 중 하나는 두 민족의 주민 이동 때문이다. 게르만족과 슬라브족은 한 곳에 정착했던 것이 아니라 그 반대로 이동을 했다. 그렇기 때문에 현재 서로 접촉하는 민족들은 과거에

[62] 원래 접촉했던 민족들이 아니다.

칼라브리아 지방의 이탈리아인이 피에몬테 지방에 정착한 것으로 가정하면,[45] 프랑스어와 이탈리아어 사이에는 중간의 전이 방언이 없었을 것이다.

대립되는 다른 방언 경계들이 원래의 공통의 경계를 넘어서 서로 합쳐질 수도 있다.

주민 이동만이 중간의 전이 방언을 소멸시키는 것이 아니다. 문헌어, 공식어의 영향으로 전이 방언이 소멸할 수도 있다.

예컨대 이탈리아어와 게르만어 사이에는 왜 전이 방언이 없는가?

---

45 칼라브리아 지방은 시칠리아섬과 면한 이탈리아 최남단 지역이고, 피에몬테 지방은 프랑스, 스위스와 접경한 이탈리아 최북단 지역이다. 두 지역은 방언 차가 너무 심해 전이지대가 형성되지 않는다.

(이탈리아어, 프랑스어뿐만 아니라 독일과도 접촉하는) 오늘날의 이탈리아어는 이탈리아의 한 방언에서만 유래하며,[46] 따라서 공식어에서 유래한다.

서부 알프스 지방에 전이 방언이 잔존하는 것은 우연히 일어난 일이다.

*[1910년 11월 29일]

[63] 사회적 확산이나 지리적 전파와 관련하여 고찰한 언어파

이 견해는 한 지방을 가로지르는 등어선을 고찰하면 떠오르는 생각이다. 모든 종류의 인간 관습(의상 〈등〉)이 생긴 원인과 거의 원인이 동일하다. 모든 인간 집단에는 두 가지 끊임없는 요인이 양극에서 반대 방향으로 동시에 작용한다. ① 지역주의 힘[47]과 ② 사람들 사이의 소통, 교섭, '상호 교류'intercors[원문 오류 그대로][48]의 힘이다.

① 지역주의 힘. 즉 제한된 소공동체(마을, 소주小州) 내에서는 강력한 언어 관습이 발달하는데, 그것은 개인의 유아기부터 몸에 밴 것이기 때문이다. 이 영향을 그대로 두면 결과적으로 이 관습이 매우 다양하게 많이 생겨난다.

② 그러나 사람을 정착시키는 힘 외에 사람들을 서로 뒤섞고 접촉

---

46 현대 이탈리아어는 토스카나 지방의 방언을 모태로 한다

47 옮긴이의 다른 번역판인 『일반언어학 강의』(지만지, 2012)에서는 '지방색(의 힘)'으로 번역하였다. 지역주의는 곧 지방색을 형성한다.

48 intercourse의 오표기.

시켜 유사하게 만드는 힘이 있다. 이 두 번째 힘은 첫 번째 힘의 균형을 바로잡는다. 어느 마을에는 타지에서 들어온 여행객도 있을 것이고, 그 마을 주민이 축제나 장을 보러 인근 지역으로 이동하는 경우도 있을 것이다. 또 전쟁의 영향으로 여러 지역의 사람들이 모여들기도 한다 〈등〉.

[64]

첫 번째 힘은 언어를 구분하는 원리가 될 것이다.

두 번째 힘은 언어를 통일시키는 원리가 될 것이다.

상당히 넓은 지역에 언어가 결속되는 것은 '상호 교류' 때문이다. 이 지역은 아주 광범위한 광대한 곳일 수도 있다. 언어 영토 내에서 아주 멀리 떨어진 두 지점이 서로 관계가 있다는 사실에 놀랄 수도 있다. 그것은 마을들이 사슬 연쇄를 이루면서 서로 연결되기 때문이다.

'상호 교류'의 영향은 두 가지 형태로 나타날 수 있다. 때로는 어느 한 지점에서 생겨난 새로운 언어 특성이 '상호 교류'의 영향으로 경쟁하다가 무無로 소멸하기도 한다. 그러나 새로운 언어 특성들 중 어떤 특성이 사라질지는 예측할 수 없다. 이것이 보존과 저항의 과정이다. 또 다른 어떤 경우에는 어느 지점에 새로이 생겨난 언어 특성이 상호 교류의 영향으로 전파되고 전달된다. 그 결과 이런 곳에서는 언어 통일과 평준화를 지향하지만, 보다 활발하고 적극적인 힘이 작용해서 비슷하게 된다.

지적 : 우리가 조사하려는 것은 상호 교류의 영향력으로 언어가 전파되는 형태이다. 이 언어 전파는 시간이 걸린다. 때로는 어떤 언어현상의 시기별 경계를 자세히 구체적으로 설정할 수 있다.

[65]

대륙 게르만어에서 일어난 언어 변동 가운데 하나는 음성 β가 d로 변한 변화이다. 이러한 음성변화는 마침내 게르만어가 사용되는 유럽의 경계 지대에서 유럽 대륙 전역에(심지어 네덜란드어에까지) 퍼졌다.

영국인은 그러한 음성변화를 일으키지 않았다. 한꺼번에 모두 그렇게 변하지 않았다. 800~850년경 이 변화는 독일 남부 지방에서 종결되었다. 프랑크어[49]에서는 여전히 β로 표기되었다. 그 후에 가서야 그것은 사라졌다.

또 다른 사례. 게르만어 음성추이Lautverschiebung라는 대변화(무엇보다도 t가 z로 변화)[50]는 결코 일반적인 현상이 되지 못했다. 그러나 추후에 그것이 확산된 장場에서는 이 변화의 확산에 시간이 상당히 오래 걸렸다. 이러한 음성변화 현상의 일부는 선역사적인 것이고, 또 다른 일부 변화는 역사 시기 이후에 일어난 변화이다.

[66] **[노트 II의 시작]**

이 음성추이는 600년경 알프스 남부 지방에서 일어났고, 북부로 확산되었다(알프스 남부의 롬바르디아족도 이 영향을 받았다). 튀링겐에서는 8세기 헌장들에서 t가 관찰된다. 그 음성변화는 750년경에는 가장 멀리 떨어진 경계 지역(뒤셀도르프, 튀링겐)에 도달했다.

장모음 i와 장모음 u의 이중모음화(Rhīn이 아니라 Rhein라인강 - ūf가 아니라 auf위에). 이 음성변화는 1400년경에 시작하여 300년 후에는 변화가 일어난 지역이 확실해졌다. 〈따라서 이는 전파에 의해 확산된 것이다.〉 모든 언어 혁신파는 어떤 지점에서 일어나서 거기서 사방으로 퍼

---

49 고대와 중기 고지 독일어 시기의 게르만어 서부 방언군을 가리킨다.
50 고지 독일어에서 일어난 주요 변화로 남부 방언의 자음을 전체적으로 변화시켰다. 무성 폐쇄음은 마찰음(p>f, 예컨대 ship/Schiff)과 파찰음이 되었고, 유성 폐쇄음은 무성 폐쇄음으로 바뀌었다(d>t, 예컨대 door/Tür).

진다.

원래 제시했던 원리, 즉 지리적 다양성은 오직 시간 축에서만 생겨 난다고 한 원리를 수정할 필요가 있다. 그런데 이 수정은 어떤 의미에 서는 타당하다.

사례 : medio 둘로 나누다

$$\text{medzo} \mid \text{medžo} \mid \text{mežo}^{51}$$

*	medzo

〈여기서 *는 특정 시기에 지역적으로 생겨난 형태이며, 지리적 요 인에 의해 실제로 확산되었다.〉[52]

이 공간적 다양성을 시간에 투사해야만 이 변화 현상을 인지할 수 있다. 이 원리는 언어 혁신이 일어난 곳을 살펴보면 타당하게 적용된다.

〈그러나 지리적 확산도 있다. 앞서 말한 두 가지의 힘이 서로 경합 하는 곳은 지리적으로 확산된 지역이다. 언어 혁신이 일어난 곳에서 이 혁신은 사람들이 어느 정도 확실히 인지할 수 있는 음성 요인에 의해 일어난다.〉[53]

[67]   주변 지역에서 일어나는 변화는 모방을 통해 일어난다. 이 변화는 지리적으로 확산되면서 진행되고, 최초의 원시형에 의존하지 않는다.

이 언어 전파를 고찰하면, 지리적 요인이 시간적 요인에 추가된다.

따라서 모든 언어변화를 시간과 관련짓는 법칙은 혁신이 일어난

---

51 medio>medžo는 구개음화로 인한 파찰음화이고, medžo>mežo는 자음군의 단순화로 인한 마찰음화이다.
52 메히야·감바라라 판에서는 위 그림의 * 부분에 x 표시가, 전체 표에 *가 붙어 있으며, 화살 괄호 안의 문장은 콩스탕탱이 나중에 추가한 것으로 보고 편집자 각주에 기록되어 있다.
53 이 문장 역시 메히야·감바라라 판에는 위 각주와 동일한 각주에 기록되어 있다.

곳에만 적용된다.

[여백 그림]

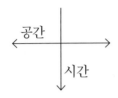

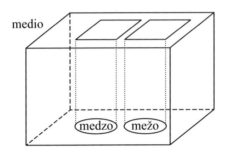

우리의 제1원리는 지리적 분화는 시간으로 온전히 환원시킬 수 있다는 것이었다.

이는 오직 다음 사실을 고찰해야 한다는 것을 의미한다.

역사적 발달은 장소에 따라 제약 없이 자유롭다. 이 도식은 일반적 견해로는 여전히 타당한 것이다.

그러나 medzo 지방은 지리적 정복으로 mežo에 접근, 이동하여 mežo를 흡수할 수 있다.

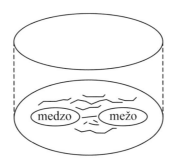

*[1910년 12월 2일]

[68]   〈음성학자의 관점에서〉 오직 시간축에 의존하는 언어 혁신의 원래 지점과, 시간과 공간의 확산이라는 두 개념을 요구하는 전파의 장을 구별할 이유가 있다. 〈이 언어 확산은 음성 사실을 다루는 이론에서는 다룰 수 없다. 그것은 음성변화가 원시형에서 일어나는 것이 아니라 모방을 통해 일어나기 때문이다.〉

언어 혁신의 발생지에서 일어나는 변화는 고유한sui generis 형태지만, 주변 지역에서 점진적으로 확산되는 변화는 모방을 통해 차용하면서 일어난다.

testa흙으로 구운 단지 같은 단어를 예로 들어 보자. 이 단어는 어떤 방언에서는 têβa이고, 또 다른 방언에서는 teta이다. 분명한 것은 st가 β로 바뀐 음성변화는, teta 사용 지역이 모방을 통해 têβ로 따라하면서 일어난 것이 아니라는 점이다.

[여백 그림]

지적 : I) 어느 한 마을을 대상으로 고찰하면, 두 가지 힘(지역주의
와 상호 교류)은 구별이 아주 단순하다. 우리가 이 한 지점에만 관찰을
국한하는 경우에 그렇다. 〈이 둘 중 어느 한 가지 힘이 작용한다.〉 이처
럼 말하기는 쉽다.

다른 지역과의 공통된 특성의 합　＝　상호 교류의 영향

(통일시키는 힘)

고유 특성의 합　　　　＝　지역주의 영향

(분화시키는 힘)

[69]　　　그러나 규모가 작은 주의 경우, 넓은 지역을 한 지점으로 대치하면,
그러한 변화가 어느 힘의 요인에서 기인하는지 더 이상 알 수 없다.

두 힘 모두 현상에 관여한다[속한다(삭제)]〈각 특성과 연루된다〉.

이 작은 주에서는 분화 특성이 여러 지점에 공통으로 나타난다. 이
러한 분화된 차이 가운데는 공통점도 늘 있다.

〈지역 특성 특성　　　　분명한 것은 특성 a는 지역 b와

a ／ b　　　　관련하면 분화된 것이지만, 지역 a와

관련해서는 공통적이라는 것이다.〉

94　소쉬르의 3차 일반언어학 강의: 1910~11

분화 특성의 차이를 결정하려면 응집된 통일이 필요하다. 광범위한 지역이 문제시되면, 이 광범한 지역에서 일어나는 변화에는 두 가지 힘이 있다고 말할 수 있다. 그러나 이 두 힘 중 어느 힘이 어떤 변화에 작용하는지는 알 수 없다.

(알프스산맥부터 북해〈에 이르는〉) 게르만어 영역에서 β가 d로 바뀐 단순한 변화는 전 지역에서 완벽한 응집력을 보였다. 〈통일시키는 힘이 전 지역에 영향을 미쳤다.〉

이와 반대로 〈남부에서만 일어난〉 t가 z로 변한 음성변화에서는 이 응집력이 완벽하지 못했다. 이 변화 현상은 남부에만 국한되었지만, 응집력(남부 전체)이 상당히 강했다는 것을 알 수 있다. 〈t → z의 변화는 첫째 변화와 분리되지 않는다. 이 두 힘의 강도가 기본적으로 달랐기 때문이다.〉

어느 한 지역을 고찰하면, 개별적으로 언어를 분화시키는 힘을 무시하고, 오직 언어를 통일시키는 힘만 고려해야 한다.

[70]

이 통일시키는 힘이 전 영토에 영향을 미칠 만큼 강하지 못하면, 그 결과로 언어가 분화된다.

모든 것이 단 한 가지 힘으로 귀착된다. 가장 강력하거나 가장 미약한 응집력이 각 언어 혁신에 나타나기 때문이다. 〈타 지역의 응집력 저항을 받지 않을 때에만 그렇다.〉

두 번째 지적. 등어선 지역의 주민 집단에 전반적으로 언어 혁신이 일어나지만, 많은 혁신이 여전히 부분적이라는 것을 고려해야 하고, 또한 언어 차이를 유발시키는 지리적 연속이 미친 여러 〈가능한〉 결과를 고려한 후, 〈이 경우에만〉 지리적 불연속 상황(해당 지역의 주민에 의해서 원래 지역과 분리된 식민 지배지)을 조사해야 한다. 이 두 번째 경우를 먼저 고려하는 것〈지리적 불연속(부분적인 불연속의 경우)으로 인해 생긴 언어 차이를 연구하는 것〉이 더 간단하다고 생각하면 안 된다. 첫째 경우〈(지리적 연속의 영향)〉를 알기 전에 둘째 경우〈(지리적 불연속의 영향)〉를 미리 판단해서는 안 된다. 〈가능한 지리적 연속 현상인데 이를 왜 지리적 불연속 현상으로 귀속시키는가[?]〉

〈인도유럽어〉학자들은 특이하게도 지리적으로 분리된 경우만 계속 관심을 기울였다. 인도유럽어족이 보여 주는 언어 차이에 대해, 이 언어 차이가 실제적으로 분리된 결과라는 이유 이외의 다른 요인은 생각하지도 않았다.

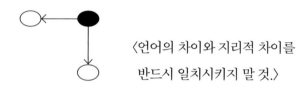

〈언어의 차이와 지리적 차이를
반드시 일치시키지 말 것.〉

[71]   〈켈트인〉, 게르만인, 슬라브인은 상당히 멀리 이주한 것으로 생각했다.

그래서 언어의 차이가 이주에 의해 생겨난 것으로 결론지었다(마치 벌떼가 벌통에서 빠져나와 분봉하는 것처럼).

이 견해는 유치하고도 무익한 생각이다.

인도유럽어가 〈어느 지역 단 한 곳에〉 밀집해 있었던 것으로 가정하면, 이와 유사한 결과가 생겨났을 것이다. 1) 이 인도유럽어는 시간이 흘러도 똑같은 언어로 변하지 않고 그대로 남았을 것이다. 2) 인도유럽어는 여러 언어의 형태로 분화했을 것이다.

이러한 측면〈(언어 확산의 연속 가능성)〉에 관심을 기울일 것을 촉

구한 것은 요하네스 슈미트의 저서(베를린, 1877)였다.[54] 〈이 현상에 대해 논의하려면 추가할 사항은〉 인도유럽어의 개별언어들은 전이의 사슬 연쇄를 이룬다는 것이다. 지리적으로 연속하는 상황에서도 언어변화가 일어난다는 것을 생각해야 한다.

이제부터 이 이주移住 이론과, 지리적 연속에 의한 변화 이론(파상이론Wellen Theorie - 물결의 이론)이 대립된다. 〈따라서 지리적 분리로 인해 생겨나는 변화는 지리적 연속에 비해 이차적인 경우이다.〉

언어변화의 지리적 불연속의 효과는 오직 지리적 연속의 효과에 비추어서 평가할 수 있다. 지리적 연속 자체는 언어 분화의 효과가 있다. 〈이때부터 언어 고립과 관련한 고찰은 지리적 연속의 효과와 관련해서 평가된다.〉

[72] 〈지리적〉 분리가 언어변화에 주요 영향을 행사하는지를 평가하려면, 이 지리적 분리의 영향이 영어와 유럽 대륙의 독일어에서도 〈이처럼 분리되지 않고〉 지리적 연속으로 생겨난 것인지도 질문해야 한다.

[여백 그림]

---

54 슈미트(Johannes Schmidt)는 인도유럽어의 친근관계에 대한 슐라이허(August Schleicher)의 수지설(樹枝說)을 보완하여 파상설(波狀說)을 주장했다. 수지설은 주민의 지리적 이주로 생긴 불연속적 언어 분화를 전제하고, 언어 분지 이후에 생겨나는 상호 교류에 의한 영향을 설명할 수 없다. 반면 파상설은 연속적 언어 전파를 가정하고, 언어들의 상호 영향과 연계를 주장한다. 슈미트 파상설의 요체는 『인도게르만어의 친근관계』(*Die Verwandtschaftsverhältnisse der indogermanischen Sprachen*, 1872)에 나온다. 본문에 나온 1877년 책은 실제로 이 1872년의 저서를 가리킨다.

앵글로색슨족이 영국 섬이 아니라 유틀란트반도[55]를 점유했다고 가정해 보자. 그러면 지리적 연속 상황이었을 것이다.

영어의 특성 가운데 하나는 β가 d로 변화하지 않았다는 점이다. 이 β가 유지된 것은 지리적으로 분리되었기 때문인가? 그렇다면, 지리적 연속으로 인해〈유럽 대륙에서 일어난 연쇄적인 변화로〉β → d의 변화가 일반화되었을 것이다. 남는 문제는 이와 같은 변화 현상이 영어 공동체가 지리적 연속 상태에 있었다면 과연 불가능했을까 하는 것이다. 전혀 그렇지 않다. 영어 β는〈지리적 연속에도 불구하고〉변하지 않고 그대로 잔존했을 것이다.

이 현상은 vacca → vache암소의 변화와 유사한 현상인데, 이 변화는 피카르디 지방에서는 일어나지 않았다(그곳에서는 la vaque라고 말했다).[56]

놀라운 사실은 지리적 연속선상의 변화가 지리적 분리로 인한 변화와 거의 차이가 없다는 점이다.

〈게다가 지리적 연속으로 일어난 변화로 인해 언어가 여러 개별언어로 분화될 수도 있다. 예컨대〉네덜란드어가 독일어와 분화된 것은 지리적으로 온전히 연속해 있던 상태에서 일어났다.〈이 사례는 언어 분화에는 고립된 섬이 필요 없다는 사실을 잘 보여 준다.〉독일어와 네덜란드어 사이의 전이지대 방언들이 림뷔르흐 지방[57]에 여전히 남아 있

[73]

---

55 독일 북부에서 튀어나와 스칸디나비아반도와 마주보고 있는 반도. 남쪽은 독일, 북쪽은 덴마크 영토다.
56 피카르디 지방과 인접한 일드프랑스 지방에서는 k는 a 앞에서 구개음화되어 č/ʧ/가 되었다. 그러나 피카르디에서는 k가 변하지 않고 그대로 잔존했다.
57 네덜란드 남동부 극단 지방으로 벨기에와 독일 사이에 좁게 끼어 있다. 역사적으로 림뷔르흐는 이들 언어의 전이지대다.

었다.

〈우리는 필수적으로 제기되는 첫 번째의 분명한 현상, 즉 언어의 지리적 다양성으로부터 논의를 시작하길 원했다.〉

이제 친근관계가 있는 어족을 검토하려고 하는데, 이 검토에 앞서 이 어족들과 인도유럽어족을 연결하는 매개물인 문자écriture를 조사하는 것이 필요하다. 이 문자를 이용하면, 이 여러 언어를 알 수 있다. 〈멀리 떨어진 곳의 언어라면 문자로 기록한 문헌자료가 필요하다.〉 어느 언어 영역 전체를 개인적으로 탐구하는 사람은 누구라도 청취한 발화를 글로 기록하고, 기록한 노트를 이용하지 않을 수 없다. 〈시간적으로 오래된 과거 언어의 발화를 들을 수 있는 방법은 없다. 글로 기록한 증거를 이용하는 도리밖에 없다.〉

〈모어의 경우에도〉 우리 눈앞에 나타나는 것은 언제나 언어를 기록한 문자 영상image écrite이다. 〈언어가 기록된 문헌자료를 확보하려면, 빈에서 착수한 작업을 언제나 수행해야 한다.〉 빈Wien 대학은 〈모든 언어의〉 구어형을 음성문자로 기록하고 수집했다.

〈우리들은 문자를 배제할 수 없다.〉

우리가 이용하는 이 문자 수단은 무엇인가[?] 이 문자 수단이 어떤 점에서 유익한가, 또 문자의 함정 때문에 야기되는 오류로 인해 어떤 점에서 위험한가[?]

그리하여 언어를 문자로 표상하는 방식에 한 장을 할애해야 한다.

[1910년 12월 6일]

〈제4장. 언어의 문자 표상〉

보프가 지은 『비교문법』[58] 같은 저서에서〈조차〉도 모어와 구어, 문자와 음성의 차이를 구별하는 것을 보기 어렵다.

[74]   이것은 문자의 마법적 힘이며, 이로 인해 글로 쓰인 것과 발화된 것 이 두 가지를 혼동하게 된다.

언어^{랑그}에 대한 우리가 지닌 일차적 개념은 두 가지 사상_{事象}으로 구성된 복합적인 전체 언어이다. 이와 관련해서 문자와, 문자의 본래 제 위치 정립에 관심을 기울이면, 언어 자체에 대한 우리 관념은 바로잡힌 다. 〈언어가 문자에서 벗어나지 않으면, 그것은 정의되지 않는 대상이 다.〉 언어와 문자는 두 가지 기호체계이며, 문자는 언어를 표상하는 〈유 일한〉 기능을 지닌다. 이들이 각자 지닌 상호 가치는 오해받을 소지가 없는데, 문자는 단지 언어의 시녀이거나 형상이기 때문인 것 같다.

그러나 실제로 이 문자 형상은 우리 정신 내에서 사물 자체와 밀접 하게 연관되고, 거기에 주요한 자리를 차지한다. 마치 사람을 찍은 사 진이 이 인물의 용모를 보여 주는 가장 확실한 증거로 간주되는 것과도 같다. 그래서 실제의 사물 자체보다 그 형상에 더 큰 중요성이 부여되

---

58 『산스크리트어, 젠드어, 그리스어, 라틴어, 리투아니아어, 고슬라브어, 고트어, 독일어의 비 교문법』(*Vergleichende Grammatik des Sanskrit, Zend, Griechischen, Lateinischen, Litthauischen, Altslawischen, Gotischen und Deutschen*, 1833~1852)을 가리킨다. 미셸 브레알(Michel Bréal) 은 라이프치히에서 보프 문하에서 비교문법을 연구하고, 프랑스로 돌아와 이 저서를 프랑 스어로 번역했다. 『인도유럽어 비교문법』(*Grammaire comparée des langues indo-européennes*, 전 5권, 1868~1874).

기 때문이다.

여기에는 몇 가지 이유가 있다. ① 첫 번째 이유는 문자표기로 고정된 단어 형상은 영속적이고 확고한 대상으로 우리에게 인상이 남기 때문이다. 이 단어 형상은 고정되어 있다. 〈②〉 두 번째 이유는, 대부분의 사람들은 청각인상보다는 시각인상을 우선시하기 때문이다. 시각적 문자 영상은 고정되고, 만질 수 있고, 볼 수 있는 물질적 사물처럼 보이지만, 발화는 음성이 멈추는 순간 포착되지 않고 사라지는 듯이 보인다. 〈③〉 세 번째 이유는 문자표기 자체만 아니라 기록 언어의 모든 구성요소를 고려해야 하기 때문이다. 모든 〈세련된〉 문헌어는 〈인간의 입이라는 정상적 영역과는 분리되어 있는 별개의 존재 영역인〉 책을 통해 분리되어 독자적 전달 영역이 있다. 문헌을 위한 언어 용법이 정착되고, 문헌을 위해 정서법 체계가 확립된다. 〈책은 대화만큼이나 위대한 제 역할을 한다.〉

공식 사전辭典은 이 〈문헌〉어를 위해 작성된다. 학교에서는 책에 근거해서, 책을 통해서 언어를 가르친다. 글로 적힌 단어 개념에는 단어가 정확하다는 개념이 있다.

〈④〉 네 번째 이유는 언어와 정서법이 불일치할 경우, 이 불일치 사실은 언어학자 이외의 다른 사람은 해결이 어렵기 때문이다. 상당히 풍부한 지식이 있어야 이 문제가 해결된다. 제시되는 해결책을 〈적절히〉 결정하려면, 기록 형태로부터 출발해야 한다.

중요한 문자표기 체계로는 두 종류가 알려져 있다.

① 상형문자 체계. 이는 단어를 구성하는 음성을 고려하지 않고 단어를 표상하며, 〈(그렇지만 개념이 아니라 단어로 표상한다는 의미가 있고)〉 따라서 단어는 단일 기호를 이용하여 표상하고, 거기에 포착된 관

[75]

념에만 관계한다. 전형적인 유형은 중국 문자이다. 단어를 형상으로 그릴 수 있어도 그 형상은 중요하지 않다.

'집' ⌂ 또는 ⋏

② '음성'문자 체계. 이 문자체계의 목적은 단어(더 엄밀한 의미로 〈음성적〉 단어) 내에서 연속되는 음성연쇄를 표상하는 것이다(이는 음성을 정확히 재생하는 것을 목적으로 하는 합리적 체계가 될 것이다).

이 표음문자는 음절적이거나 음성의 최소 요소에 기초한 것일 수 있다.

〈지적.〉 거의 모든 상형문자 체계는 부분적으로 음절문자이다. 상형문자를 음성 가치를 지닌 것으로 사용하기 때문이다.

[77] 발화 단어보다 우위를 점하는 문자로 기록된 단어의 영향은 여러 문자체계에 공통적인가? 그렇다. 상형문자 체계는 훨씬 그 영향력이 강하다. 중국의 각 지방에서 동일한 표기의 한자 기호는 발음은 서로 다르지만, 문자로서 한자는 모든 곳에서 똑같이 사용한다.

표음문자에 국한해서〈(여기에 관심을 집중하자)〉, 〈오늘날 사용되는 문자체계로서 음성의 최소 요소를 구별하는, 우리가 사용하는〉 그리스어 문자체계를 모델로 가정하자.

알파벳이 만들어졌을 당시 거기에 논리가 도입되었다. 〈그 당시에〉 이 알파벳을 이웃 민족에게서 차용하지 않았다면,[59] 그것은 〈일반적으로〉 언어를 표상하는 좋은 수단이었을 것이다.

---

59 알파벳은 기원전 8~9세기에 만들어졌는데, 이전의 페니키아 문자를 차용해서 만들었다.

원시 그리스 알파벳은 놀랄 만하다. 각 단일음에 대응해서 〈동일한 한 음성에 대해서〉 하나의 불변의 표기 기호를 이용했다. 따라서 연속하는 두 음성을 나타내는 단일한 기호는 없었다. 이 원리는 엄밀한 의미의 모든 표음문자에 적용된다.[60]

예를 들면, š 같은 단일한 음성을 나타내는 sh(= 두 개의 표기 기호)나 ch(= 두 개의 표기 기호) 같은 기호는 없었다.

[78] 동일한 하나의 음성을 어떤 때는 k로, 어떤 때는 q로 나타낼 수도 없다. 두 음성에 값하는 단일한 기호(우리 알파벳의 x처럼. 이는 두 음성에 해당한다)도 없다. 〈(x = ks)〉

그리스어 알파벳이 두 음성을 하나의 동일 기호로 표상한다고 비난할 수도 있다. X(kh), Θ(th), Φ(ph).

그러나 이들을 처음부터 그렇게 표시하지 않았다(상고 시대 명문의 KHAPIΣ 기품[케아리스][61]).

이중자음 dz는 ζ〈단일 기호〉로 표시되는데, 이것도 마찬가지였다.

상고 시대의 알파벳에는 k와, o 앞에 쓰는 코파(ϙ)가 있었다.[62] 그러나 이 ϙ는 이른 시기에 소실되었다.[63]

그러면 어떻게 해서 〈(이 정서법이)〉 곧 쇠퇴하〈여 발음되는 음성을 더 이상 정확히 표상하지 못하〉게 되었는가? 여러 가지 이유가 있다.

① 언어들 전체와 문자표기법 전체를 조사해 보면, 〈전통적 알파벳

---

60 표음문자의 이상(理想)은 하나의 음성을 하나의 문자로 표상하는 것이다.
61 x를 kh로 발음대로 표기한 그리스 단어로서 '외모의 우아함'을 뜻한다.
62 카파(k)는 모든 환경에서 사용되었고, 코파(ϙ)는 o 앞에서 사용하여 순음화된 k^w를 나타낸다. /k^w/는 원순모음의 영향으로 입술을 둥글게 하고 k를 발음한다.
63 현재에도 s에 대해 어말에는 ς로 표기하고, 그 외의 위치에는 σ를 쓴다.

의〉 문자들이 모자라서 이중 문자를 이용하여 이 난점을 해소시키지 않으면 안 되었기 때문이다.

예를 들면, 게르만 민족에게는 음성 β가 있었다. 이들이 라틴 알파벳을 채택했을 당시에는 이 음성이 존재하지 않았다. 〈(이 음성에 상응하는 기호를 도입하려 한)〉 킬페리크[64]의 시도에도 불구하고, 몇몇 민족은 이중 문자 th를 채택했다.

마찬가지로 프랑스어에는 š를 표기하는 sh가 있었다. 영어에는 자음 oué를 나타내는 uu(vv)〈w〉가 있었다〈(라틴어에는 oué 음가를 나타내는 기호가 없었다. 왜냐하면 이 시기에 라틴어 v는 프랑스어에서처럼 w로 발음되었기 때문이다.)〉

[79] 중세 영어에서 sẹd〈씨앗〉에는 폐음 e가 있었고, lẹd에는 개음 e가 있었다. 그래서 사람들은 seed와 lead로 쓰려고 생각했다. ea = 개음 ẹ. 따라서 이중문자를 사용했고, 문자와 발음이 불일치했다.〉

② 〈어떤 시기에는〉 (예컨대 르네상스 때처럼) 언어 관용을 결정하는 사람들은 어원만 고려하려고 했다. 게다가 틀린 어원도 아주 빈번했다. 〈어원 원리 자체도 잘못된 것이었다.〉 예컨대 틀린 어원을 보면, pensum[양모의 무게]에서 유래하는 poids[무게]에 d가 삽입된 것이 그 사례다〈(그것이 pondus[무게]에서 유래하는 것으로 잘못 생각했기 때문이다)〉.

③ 또 다른 시기에는 이 어원의 원리가 똑같이 적용되지 않은 이상한 철자들도 볼 수 있다. 〈예컨대 근대 시기의 독일어에서〉 tun[하다]으로 쓰지 않고 thun으로 쓴 것이 그 사례이다.

---

64 6세기 메로빙거 왕조 출신의 프랑크족 왕 킬페리쿠스 1세를 가리킨다. 알파벳을 게르만어 발음에 맞추기 위해 여러 문자 대신 단일 문자를 이용하여 라틴어 알파벳으로 발음을 표기하려고 했다.

〈h는 자음 뒤에 오는 기음氣音에서 유래한다고들 한다. 그러나 당시에는 모든 위치에 h가 필요했다.〉

그러면 왜 Tugend덕로 단어를 썼는가[?]

④ 아주 중요하고, 아주 흔히 볼 수 있는 이유는 문자표기와 언어 격차가 여기서는 비의지였기 때문이다. 표기와 발음의 불일치는 시간에 의한 언어의 발달에만 기인시킬 수 있다. 이 현상은 언어가 시간적으로 변하기 때문에 생겨난 것이다. 언어변화가 변하지 않는 문자 불변성과 결부될 때마다 〈문자는 구어와 더 이상 일치하지 않는다.〉 음성은 변했지만, 거기에 맞춰 문자표기를 바꾸는 것을 등한시했던 것이다. 여러 사례 가운데서 프랑스어 역사에서 한 예를 들어 보자〈(예컨대 이는 11세기에 일어난 변화이다)〉.

[80]		언어현상발음		문자표기
11세기	1.	rei lei	→	rei왕 lei법
13세기	2.	roï loï	→	roi loi
	3.	roè loè		roi loi가 유지
	4.	roa loa		roi loi가 유지
19세기	5.	rwa lwa		roi loi가 유지

이 사례는 왜 문자가 정말 틀렸는지를 잘 보여 주며, 언어가 문자와 독립적임을 드러내 보여 준다.

우리에게는   언어   —   문자뿐만 아니라
언어사 〈대〉   문자표기도 있다.

위의 여러 변화 단계를 살펴보자.

① 시기 2까지는 프랑스어사의 각 단계에서 일어난 발음 변화를 고려하여 거기에 대응하여 문자표기가 바뀌었다.

② 시기 2부터 언어변화가 지속적으로 일어난 것을 볼 수 있다. 반면에 문자표기는 과거 그대로 고정되었다.

③ 이 시기부터 문자표기와 그것이 표상하는 발음이 일치하지 않았다.

[81] ④ 문자와 발음의 불일치가 확실하지만, 이 두 가지를 완전히 분리된 것으로 말하면 틀릴 것이다. 불일치하는 이 두 사항을 연관지어 계속 결부 지으려고 애썼기 때문이다. 그러자 문자표기가 영향을 받았다. 문자 표현 oï[원문 오류 그대로][65]는 거기에 포함된 발음을 나타내지 않고, 특수한 가치를 갖게 되었다. 이는 문자에 영향을 행사하려는 의도 없이 자발적으로 일어났다. 〈그 후 문법에 반향이 나타났다. 이 현상은 이 두 사항을 바꾸어도 설명된다(이것은 불합리하다).〉

⑤ 이는 다음 사실을 가르쳐 주는 것을 볼 수 있다. 즉 wa는 이제 oi 로 표기되며, oi는 wa로 발음된다는 것이다〈(하지만 이처럼 말해야 한다. 즉 기호 oi는 계속 사용되었지만, 이것을 음성 wa와 대응시키는 것은 잘못이다)〉.

방금 분석한 원인은 〈소실된〉 음성의 표상과 현존하는 음성의 관계가 서로 구속되었기 때문이라고 할 수 있다.

문자표기가 갖는 대부분의 비논리적 측면은 이러한 이유에서 기인

---

65 메히야·감바라라 판에는 oi이다. 트레마 ï는 i를 o와 분리해서 발음해야 하므로 o, i가 각각 고유 음가로 발음된다.

한다. 즉 어떤 시기의 문자체계는 변하지 않았지만, 언어변화는 계속 진행되었기 때문이다. 〈예컨대 mais를 보자. 음성 é를 기호 ai로 표상하려고 했다는 말은 들은 적이 없다.〉

<u>음성적으로</u> : maïs, faït[66] | <u>문자표기로</u> : mais^{그러나}, fait^{사실}

〈그 후 이들은 mès, fèt로 발음되었고, 지금은 mé, fé로 말한다.〉

여기에서 표기 기호 è는 ai를 나타낸다[원문 오류 그대로].[67]
〈옛날에는 sa uter로 이중모음으로 발음되었던 단어 sauter^{뛰어오르다}도 마찬가지다.〉

sauter - au

ǫ   표기 기호 au

[82]   〈c는 왜 s로 발음되는가? 그것은 라틴어 정서법이 그대로 간직되어서 프랑스어 발달 과정을 통해 변하지 않고 내려왔기 때문이다.〉[68]

	c[k]ivitatem^{도시}	cité^{도시} (certain)
〈최초 발음〉	ki-	
〈다음 단계〉	tsi-	ts
〈마지막 발음〉	si-	s

---

66 여기서는 이중모음 ai로 발음한다. 그 후 이중모음이 단모음(개음)으로 변화했다.

67 메히야·감바라라 판에는 è가 아닌 é이다. ai가 개음 è를 표시하는 기호였으나 후에 폐음 é를 표시하는 기호로 바뀌었다.

68 고대 프랑스어에서 구개음화로 인해 k는 ts로 파찰음화되었고, 그 후 ts는 s로 단순화되었다.

영어 표기에서 문자 i는 왜 흔히는 음성 ai를 나타내는가[?]

life, time   lîf, tîm(15세기에는 이처럼 발음했다.)

　　　　　　　　　　장음 î는 오늘날 ai를 표시한다.

　　　　　　　　　　〈(이 장음 î가 이중모음 ai가 되었다.)〉

정서법은 아주 다양한 시기의 고어적 관행들로 점철되어 있다.

évéyer, mouyer로 쓰지 않고, éveiller^{깨우다}, mouiller^{적시다}로 쓴다.

여러 종류의 비논리적 문자표기는 더 이상 들지 않겠다. 〈온갖〉 종
류의 비논리적 표기법이 있다. 〈한 가지만 지적하자.〉 예컨대 하나의 동
일 음성을 여러 가지 표기 기호로 나타낸다.

프랑스어에서　음성 ž　-　표기 : j, g, ge(gêole^{누옥})

　　　　　　　음성 z　-　표기 : z, s

　　　　　　　음성 s　-　표기 : s, c, ç, t(nation^{국가}), ss(chasse^{사냥})

　　　　　　　　　　　　　　　sc, x, ce(arceau^{아치형})

　　　　　　　음성 k　-　표기 : c, qu, k, ch, cc, cqu(acquérir^{획득하다})

　　　　　　　음성 f　-　표기 : f, ff(étoffe^{옷감}), ph

또한 하나의 동일 표기 기호는 여러 음성 가치로 발음된다. 〈(g는 g,
[83]　　ž로 발음된다.)〉

또한 글자 t는 t나 s의 발음 값을 갖는다.

표기법의 수많은 비논리적 측면 가운데 다음과 같은 것이 있다.

간접적 표기법

예컨대 독일어에서 〈하나의 자음으로만 발음되는〉 중복자음은 〈앞에 있는(또는 뒤에 오는. G.D.데갈리에?)〉 모음이 짧다는 것을 의미한다.

Zĕttel^{종잇조각}

Tĕller^{접시}   이것은 불합리하다.

영어에서 mǎd ┃ māde.

어말에 첨가된 e는 선행 모음이 길다는 것을 나타내는 간접적 표기이다.

① 문자는 언어에 존재하는 것을 은폐하기도 한다. 문자는 언어 연구에 보조적인 수단이지만, 연구에 방해물이 되기도 한다.

프랑스어에서 oi |s|eau   〈(이 중 어느 기호도 구어와

         wazǫ^새   대응하지 않는다.)〉

프랑스어에서는 중복자음(자음의 겹침)이 발음되지 않는다.

다음의 옛 미래형 je courrai^{나는 달릴 것이다}, je mourrai^{나는 죽을 것이다}를 제외하고 말이다.[69] 그런데 글자에는 중복자음 표기가 아주 많다(bonne^{좋은}).

프랑스어에서는 기음 h가 발음되지 않는다. 그러나 수많은 단어가 문자 h로 시작된다.

---

69 이 두 형태에서만 중복자음으로 발음된다. courrai[kuʀʀɛ], mourrai[muʀʀɛ].

② 문자는 표기하는 음성과 대응하지 않으면, 그만큼 더 문자에 기
[84] 초해서 표기하려는 경향이 있다. 문자는 이해가 되지 않을수록 문자를
더 확실한 기반으로 삼는다.

모든 규칙이나 공식은 문자체계와 결부되어 있다. 〈예컨대 이 글자
는 이렇게 발음해야 한다.〉

발음이란 단어는 문자와 언어의 합법적이고 실제적인 관계를 변화
시킨다. 어떤 음성이 '이처럼 발음된다'라고 말하는 것은 그 기반이 문
자, 시각영상이라는 것이다. oi는 wa로 발음된다고 말해서는 안 된다.
마치 oi가 이미 구어에 있는 언어사실에 기인하는 것, 그 존재를 나타
내는 명칭인 것처럼 말이다. 음성 wa는 문자 oi로 쓴다고 말해야 한다
〈(oiseau^새에서 음성 wa는 두 기호 oi로 표상된다)〉.

발음은 변한다고들 한다. 이 표현에는 〈문자에 대한〉 언어의 열등
성과 의존이란 개념이 내포되어 있다. 사람들은 문자를 근거 삼아 발음
을 참조한다. 〈문자가 당연한 권리를 가진 것 같아 사람들은 문자표기
기호를 규범으로 생각한다.〉

또 다른 표현 : 영어 th를 나타내는 음성. 실체^{음성}를 관습^{문자}에 의존시
키는 또 다른 방식이다. 그것은 음성 β를 표상하는 방식이다.

때로는 문자 기호를 모든 것에 선재하는 허구적 존재로 만들기도
한다. 프랑스인은 an〈(비모음) ã〉을 α으로 발음한다. 이 기호는 신화적
존재인 양 언어의 영역을 거의 초월해 있다.

[1910년 12월 9일]

[85] 이러한 여러 가지 허구는 문법 규칙에서도 드러난다.

예컨대 프랑스어 기음 h의 규칙을 보자. 프랑스어에는 h가 없는 단어가 상당히 많다.

예컨대 단어 homme^{사람}는 고대 프랑스어에서 (h)omme로 표기되었다. 그러나 다른 단어들에서는 h가 나타난다(haubert^{쇠사슬갑옷}, heaume^{투구}, héraut^{군대의 사자(使者)}. 이것들은 독일어 aubert, eaume, éraut에서 차용한 단어들이다).

그래서 다음처럼 발음되었다.

le haubert	l'omme
premié haubert^{첫째 갑옷}	premier omme^{첫째 남자}

오늘날 h에 대한 발음 규칙을 세우기는 불가능하다. "기음 h 앞에 관사 le는 모음이 탈락되지 않는다〈연음되지 않는다〉." (이는 이해가 안 되는 말이다.) 기음 h도 없고, 다른 음성도 없다. 유음 h는 h의 일종으로서, 그 앞 관사의 모음은 탈락되지 않는 것으로 간주된다. 이것은 악순환이다.

이처럼 문자로 기록된 단어 형태가 최고 지배자라는 사실을 알 수 있다. 〈이 주제와 관련한 모든 논의에서〉 단어의 역사, 언어의 역사, 〈언어의 조상〉을 망각하고 있다.

〈반드시 정확한 경로를 따라 나아가야 하며, 각 발달 단계는 그 앞의 선행 단계에 의해, 나아가 어원에 의해 결정된다. 하지만 이는 단계별 연속 과정을 의미하는 것이지 갑자기 라틴어로 도약하는 것을 뜻하는 것은 아니다.〉

gageure^{내기}와 gajure^{내기} 중 어느 것으로 발음해야 할까? 단어 heure^{시간}나 j'ai eu^{나는 가졌다}를 근거로 사용할 수도 있다.[70] 문자표기 geai(ge-u)^{어치}에

의거해서, ge가 ž e로 발음되므로 jure라고 발음할 수도 있다.[71]

[86] 단어의 형태론적 구성에 의거해서 결정할 수도 있다.[72]

tourner돌리다 | tournure표현방식   gajer내기하다 | gajure내기

언어 문제를 문자에 의존한다는 것은 정말 무익하다. 제르주州에 있는 도시명 오슈Auch(Auche : õš로 발음한다)를 보자.

어말의 ch가 š로 발음되는 유일한 예이다.

〈유일한 논거는〉 라틴어 Auscii[73]가 프랑스어 õš로 변할 가능성이 어느 정도인가 하는 것이다. 하지만 문자표기를 준거로 삼아서는 안 된다.

Genevois제네바의냐 Génevois냐? 이 문제는 폐음 é를 쓰는지 여부를 아는 것이 아니다. 프랑스어에서 두 개의 연속하는 묵음 e의 첫 e가 é 로 변하는지의 여부이다(이에 대한 [반증] 사례가 많다. devenir되다[74]).

Genabensis게나붐 사람 [75]

이것은 더 멀리까지 영향을 미쳐 주민 집단에도 영향을 미쳤고, 그

---

70 heure [œʀ]와 j'ai eu[ʒεy]에서 eu의 발음이 다르다.

71 ga-geure에서 geu가 œ/y 중 어느 것으로 발음되는가는 heure를 따르면 [œ], j'ai eu를 따르면 [y]로서 미결정이다. 그러나 geai에서 ge-는 ž로 발음되므로 ge-ure는 žyr(jure)로 발음되어 gajure가 된다.

72 유추에 의해 tourner: tournure = gajer: x에서 x = gajure가 된다.

73 오슈의 옛 라틴어 지명은 Ausci이며, Auscii는 오슈 사람들을 뜻한다.

74 devenir에서 첫 e는 ə로 발음되고, 둘째 e는 묵음된다.

75 게나붐은 로마인들이 현재의 오를레앙 지역을 부르던 명칭으로서 라틴어 Gĕnăbum (Genabensis) > Génabum에서 e가 연속하지 않는데도 e는 폐음 é가 되었다. 메히야·감바라 라 판에서는 Genalensis로 오표기되어 있다(p.149).

영향이 프랑스어에도 반영되어 형태들이 바뀌었다.

그리하여 널리 퍼진 문헌어에서도 이 문자는 여러 언어현상을 일으킨다. 프랑스어에는 이와 같은 종류의 변화 현상이 많다. (이들은 비정상적 언어현상이다.) 〈문자 형상이 언어에까지 영향을 미쳤다.〉

[87]   예컨대 Lefèvre(장인匠人)를 보자. 어원 때문에 이를 Lefebvre로 썼다. 〈두 가지 문자표기 febvre(식자어)(어원은 라틴어 faber일꾼)와 fèvre가 있었다.〉 우발적으로 문자표기에서 v와 u가 혼동되어 Lefebvre나 Lefebure로 쓰게 되었다. 여기서 단어 Lefebure가 생겨났다. 〈틀린 문자 규약에서 생겨난 이 형태가 이제는 실제로 발음되는 형태가 되었다.〉

예컨대 프랑스어 어말 r은 어느 시기에 가서 더 이상 발음되지 않고 묵음되었다.

부정법 nourri는 chanter노래하다에서처럼 발음되었다.

그러나 r이 복원되어 nourrir기르다로 말했다.[76] 이는 과거에 존재했던 발음이 복원된 것이다. 과거 발음으로 회귀했다.

프랑스어가 미래에 가면 이러한 변형이 훨씬 더 많아질 것이고, 철자에 따라서 발음하게 될 것이다.

〈파리에서는〉 sept femmes여자 일곱 명로 발음하고, sè femmes로 말하지 않는다〈(자음 탈락)〉. 예컨대 (각 철자를 모두 발음하여) vingt숫자 20로 말할 것이다. 다르메스테테르[원문 오류 그대로][77] 참조.

따라서 이들은 언어학에 속하는 언어현상이지만, 비정상적인 현상(기형학)이다. 이런 기형적 사례들을 라틴어에서도 발견할 수 있다.

---

76 –er의 r가 묵음되듯 이 단어의 끝 r는 묵음되었으나 –ir에 대한 유추로 발음된 사례이다.

77 [5]쪽에서와 마찬가지로 이름의 철자를 오기했다.

그러므로 문자표기가 언어에 이르기 위한 수단이라고 한다면, 이를 조심스레 다뤄야 한다는 점을 잊으면 안 된다. 문자표기 없이 과거의 언어를 연구할 수는 없지만, 이 기록된 문헌을 통해서 언어를 알려면 해석이 필요하다. 〈각각의 경우〉 특유 언어의 음운 체계를 구축하는데, 이 음운 체계는 실체이며, 표기 기호는 이 실체의 영상이다. 언어학자의 관심을 끄는 유일한 실체는 바로 이 음운 체계이다. 〈이를 연구하는 작업은 특유 언어와 상황에 따라서 다르다.〉

과거의 어느 언어 시기를 〈오늘날의〉 구어 시기와 구별해야 한다. 그 과거 시기가 지금과 아주 가까운 때라고 하더라도 과거 시기의 언어는 직접 청취할 수 없다.

〈음운 체계를 구축하기 위해〉 우리가 가진 재원은 다음과 같다.

① 문법가들이 언어를 연구했는데, 자신들이 들은 음성을 우리에게 제시했다. 예컨대 16세기에 프랑스어를 영국인에게 가르치려고 한 문법가들의 경우이다. 그러나 아무도 음운을 연구하려고 생각하지 않았다. 이들은 용어를 되는대로 사용했다(이 단어는 어떤 다른 단어처럼 발음된다). 〈따라서 문법가의 이런 증거는 비판적 분석이 필요하다.〉

〈음성에 붙인 명칭에 의거해서 거기서 음운 정보를 얻을 수도 있다.〉 그리스 문법가들은 β, γ, ζ를 '중간' 자음으로 부르고, π, k, τ를 Ψιλαί[프시라이][78]로 불렀는데, 이 명칭은 모호하기 짝이 없다.

이들 문법가의 증거는 비판적으로 조사해야 한다.

② 아주 다양한 종류의 증거들의 결합〈을 통한 비판적 결정〉〈에 대한 제안은 이것이다.〉

---

78 무기 무성 폐쇄음을 가리킨다. 유기 무성 폐쇄음 φ(ph), χ(kh), θ(th)와 대립한다.

a) 음성진화에서 상정하는 규칙에서 끌어낸 〈증거〉. 두 경우가 있다. 출발점만 있으면, 무엇인가가 이미 존재한 것으로 결정한다. 예컨대 힌디어 마찰음 ꞔ가 어떤 종류의 마찰음인지 정확히 확정되지 않았다.

인도유럽어에서 그 출발점은 k임이 분명하다. k에서 발달할 수 없는 음가는 배제해야 한다.

젠드 아베스타어[79]에서 많은 철자는 어원에 의해서만 결정된다.

-tr-와 pr-의 비교

-θr-와 fr-의 비교

가 몇 가지 암시를 준다.

b) 그러나 흔히는 출발점과 도착점이 동시에 있다. 이 두 지점 사이의 중간 선상에 있는 것을 결정하는 것만으로도 충분하다.

[90]　　　예컨대 중세 때 사용된 기호의 음가를 모를 때.

사례 : au(이중모음이었는가 아닌가[?]). 출발점은 *al(au)이다.

도착점에 *au가 있으면, au는 그 중간 어느 시기에 이미 존재했다.

〈고대 독일어에서 z가 정확히 어떤 음성이었는지를 모른다면 (음성 z는 t와 ss 사이의 발음 선상에서 발견해야 한다.)〉

$$
z \begin{cases} \text{water}^{물} \\ \text{wazer} \\ \text{wasser} \end{cases}
$$

79　조로아스터교의 『아베스타경』을 해설한 주해서를 기록한 언어를 가리킨다.

출발점과 도착점을 알면 많은 가설이 배제된다. 이 두 지점 중 어느 지점과도 양립할 수 없기 때문이다.

[1910년 12월 13일]

〈문자표기를 검토하려면〉해당 시기 자체로부터 끌어내야 할 또 다른 종류의 원자료도 있다.

① 동일한 음성을 나타내는 다양한 문자표기들의 비교.

예컨대 wazer에서 z는 zehan〈(숫자 10)〉의 z와 동일한 것인가[?] zehan은 때로 cehan으로 쓰기도 하지만, wacer로는 결코 쓰지 않는다.

ezan⁽먹다⁾의 마찰음 z가 s와 분명히 구별되었는가? (철자 es(s)an, was(s)er, tz 참조.) 〈또한 esan이나 essan도 발견한다면, z는 모든 경우 s와 아주 유사한 음성이었다고 결론지을 수 있다.〉

② 어느 시기의 기념비적 시가가 남아 있다면, 그 작시법에 상관없이 거의 대부분 이로부터 문자의 정확한 음가 정보를 끌어낼 수 있다.

[91]   음절 수는 묵음 e의 음가에 대한 정보를 준다. tāle과 māke 참고. 오늘날 이들에 e가 묵음된다. 〈영국인들이 그 이전 시대에는 tale, make를 두 음절로 계산했는지 궁금할 수 있다. 그런데 초서[80]는 tale을 두 음절로 계산했다.〉

또 다른 작시법 규칙은 음량을 고려한다〈이는 문자로 표시되지 않은 음성의 장단에 대한 정보를 준다〉.

---

80 Geoffrey Chaucer(1343?~1400?). 중세의 가장 유명한 영국 시인이자 작가. 대표작으로『켄터베리 이야기』(*Tales of Caunterbury*)가 있다.

각운이나 두운 같은 작시법 수단이 있다면, 그것은 아주 중요한 정보원이고, 문자표기를 정확히 조사하는 수단이 된다.

〈예컨대 faz^{나는 한다}와 gras^{살찐}로 각운을 맞춘다면, 이 마찰음은 발음이 같거나 아주 유사하기 때문이다.〉

gras   gras

faz   faβ

예컨대 고대 프랑스어에서 <u>라틴어 a에서 유래하는</u> e(mer^{바다}, cher^{귀한}, telle^{그러한})⁸¹는 다른 e(vert(viridis^{녹색의}), elle^{그녀}(illa^{저것}))와는 각운을 맞추지 않았다. 문자표기는 이들을 혼동했다. 〈이 구별은 오직 각운으로만 드러난다.〉

말놀이도 역시 발음에 대한 단서를 제공한다.

현대에 와서도 문자표기 기호들이 언어의 정확한 모습을 거의 보여 주지 않는다는 것을 잊어서는 안 된다.

모든 문법 교재는 문자표기에서 출발했고, 화자가 발화하는 실제 음가를 제시하지 못할 정도로 아주 부족하다. 〈이들 교재에서는 다음과 같이 말한다 : j는 이처럼 발음된다.〉

우리는 a) 음성체계와, b) 음성을 표기하는 불합리한 기호체계도

[92] 구축해야 한다.

피에토르(독일)⁸²와 폴 파시(프랑스)⁸³는 올바른 문자표기법에 대한 견해를 혁신했다.

---

81 라틴어 어원은 각각 mare, carus, talis이다.

82 Wilhelm Viëtor(1850~1918). 독일의 언어학자이자 문헌학자.

83 Paul Passy(1859~1940). 프랑스의 언어학자이자 음성학자. 소쉬르의 파리 시절의 제자이다.

이러한 문자표기에 대한 고찰은 언어학자들에게 그랬듯이 표음문자 체계로 안내한다. 〈(이 체계는 모든 모호한 것, 부정확한 것을 제거하는 수단이다.)〉

중요한 것은 정서법을 개혁하고 문자와 음성의 일반적 문자표기법을 변경시키는 것이 아니라, 과학적 목적에 맞는 문자체계를 만드는 것이다. 많은 언어학자들이 이 문제에 몰두했다. 그러나 표음문자 체계를 확립하기 전에 먼저 음성학을 연구해야 한다. 수용 가능한 문자체계를 구축하기 전에 인간 발화의 요소들을 구별하고 분류해야 한다.

이제 이 문제를 다룰 수 있는 학문이 생겨났다. 많은 음성학자들이 아주 다양한 방법을 이용하여 가장 완벽하고, 가장 보편적인 것으로 생각되는 음성체계를 구축했다. 영국 음성학파, 독일 음성학파, 프랑스 음성학파(사제 루슬로[84])를 들 수 있다.

이 연구 분야는 어떤 명칭일까? 독일 학자들이 사용한 명칭은 음성생리학Lautphysiologie〈(발화 음성의 생리학)〉이었다. 흔히 그것을 **음성학**phonétique이란 명칭으로도 불렀는데, 〈(이와 완전히 독립된 별도 연구와 혼동을 피하기 위해)〉 명확한 이해를 위한 유보 조건이 필요하다. 음성학은 원래 여러 개별언어의 음성진화(예컨대 dolore^고통가 douleur로 변하는 역사적 변화)를 다루었다. 이 〈시간의 흐름에 따른 음성변화에 대한 연구〉는 인간 발화의 음성 분석과 아무 관계가 없다. 음성학〈(진화 음성학의 의미로)〉은 전적으로 언어학에 속하는 연구이다.

이 발화 음성의 생리학은 언어학에 속하지 않는다.

---

84 Jean-Pierre Rousselot(1846~1924). 프랑스의 음성학자이자 방언학자. 실험음성학의 창시자로 간주되며, 그의 『실험음성학 원리』(*Principes de Phonétique Expérimentale*, 1897, 1901)는 과학적 음성학의 출발이 되었다.

이것은 **음운론**phonologie이란 명칭으로 부르거나, 발화 음성의 분석이라고도 부를 수 있다. 이 연구는 언어과학의 명칭을 지닐 수 있는가? 이 명칭들 중의 하나(음성생리학Lautphysiologie)가 나타내듯이 이는 해부학, 생리학과 직접 결부된다. 그것은 각종 음성이 산출되는 메커니즘을 관찰한다. 발성적 측면 외에 청각적 측면도 있는데, 이 연구도 생리학에 속한다. 이것은 음운 연구에 속하지 않는 현상(청각인상)이다. 이 청각인상은 분석할 수 없다. 이는 음성기관의 운동을 분석하는 것으로 귀결되며, 생리학physiologique[원문 오류 그대로][85]이 요구되는 분야이다. 음성은 언어학의 제1부로도 생각할 수 있다. 언어langue는 분석할 수 없는 청각인상(f와 b의 차이)에 기초한 체계이다. 그런데 그것에 대한 〈(발성의)〉 분석은 언어학자의 관심사가 아니다.

[94] 언어를 융단과 비교해 볼까? 음색의 결합은 융단의 직조의 짜임새를 구성한다. 그런데 염색업자는 염료를 어떻게 배합했는지 알 필요 없다. 〈중요한 것은 일련의 시각인상이지, 직물의 실을 어떻게 염색했는지 등을 아는 것이 아니다.〉 〈따라서 중요한 것은 청각인상이지 이 청각인상을 나타내는 수단이 아니다.〉

언어를 구성하는 여러 형태는 청각인상이라는 수단을 이용하여 만든 다양한 결합체이다. 언어를 제대로 작동시키는 것은 이들 청각인상의 대립이다. 〈(각 음성인상을 얻기 위해 음성기관이 실행하는 모든 조음운동은 언어를 전혀 설명해 주지 않는다.)〉 언어는 체스 놀이에 비유할 수 있다. 대립된 가치들이 작용한다면, 체스 말을 만든 재료(상아, 나무)

---

85 메히야·감바라라 판에는 physiologiste로 되어 있으며 프랑스어 원문에 따르면 이 교정이 올바르다. 원문 구조대로 이 절을 번역하면 "생리학자가 당연히 연구를 요구할 수 있는 분야이다"가 된다.

[95]   가 무엇인지 아는 것은 중요하지 않다.

따라서 음성생리학은 언어학에 속하지 않는다.

음운론은 음성을 기계적 관점에서 분류하기 위해 필요하다. 〈청각인상은 분석할 수 없고, 그 기계적 측면은 분석할 수 있기 때문이다.〉

그러면 발화의 가능한 요소들의 체계를 세울 수 있고, 이는 모든 합리적인 문자표기의 기초가 된다.

모든 음운론자는 연구 과제에서 두 가지 원리를 조사해야 한다.

① 언제나 청각인상에서 출발해야 한다. 청각인상에서 출발하지 않으면 〈달리〉 단위를 구별할 수 없다. 〈단위의 수를 헤아릴 수 있는 것은 청각인상 때문이다.〉 fal에는 세 단위가 있고, 네 단위나 두 단위가 아니라는 것을 무엇으로 확정하는가?

음성이 무엇을 표상하는지를 모르고서는 음성생리학자는 몇 개의 단위가 있는지 알 수 없다. 음성생리학자는 청각인상이 인도하는 대로 분할을 해야 할 것이다.

|f|a|l|

1 1 1

귀를 통한 음성 청취를 통해 음성이 시간상으로 동질적으로 전개되는지 그러지 않는지 알 수 있다.

[96]   이 단위들이 주어지면(전체 발화연쇄는 청각인상에 의해 구분되기 때문에), 〈이제부터 음운 연구가 시작된다.〉

음성생리학자는 음성 f가 발생되는 동안 발성운동이 어떻게 일어나는지를 조사해야 한다.

[1910년 12월 16일]

최초의 알파벳을 창시한 이들은 발화연쇄를 동질적 시간으로 분해하는 것 외에 다른 방도로 처리하지 못했다.

청각발화 연쇄

조음발화 연쇄

〈첫 번째 연쇄에서 우리는 분할체가 처음부터 끝까지 동일한 것인지 아닌지를 즉시 구별할 수 있다.〉

하나의 동일한 분할체가 인접 분할체와 다른 것이 확실하면, 청각연쇄의 최소 분할체가 생겨나고, 〈어떤 분할체는 짧고 어떤 분할체는 긴데,〉 이러한 분할체는 지속 시간과는 아무 상관이 없다. 단지 그 최소분할체〈각 분할체〉가 〈처음부터 끝까지〉 동일한 것인지, 동질적인 것인지가 중요하다. 〈중요한 것은 분할체이지 시간은 아니다.〉 오직 차이로만 설정되는 이 분할된 단위에 그리스인은 문자 기호를 부여했다.

T A I   K Ω

〈그리스인은 〈아마도〉 음운론자들이 조작하듯이 어쩔 수 없이 분할 조작을 했을 것이다.〉

알파벳을 창안했던 모든 민족이 이 원리〈단 하나의 진정한 음운론적 원리〉를 알았던 것은 아니다. 상당수의 민족은 **음절**syllabes로 부르는

[97]

[95] pa, ti, ko 같은 단위로만 분할하였다〈(그러나 음절은 pak처럼 더 많은 단위를 포함할 수 있다)〉.

그리스인은 정체가 불분명한 셈어 문자를 가지고 연구하면서도 이 점을 분명히 이해했다(〈셈족〉은 〈오직〉 자음만 표시했다).

〈문자는 이에 상응하는 조음 운동을 표시할 필요가 없었고, 청각적 표기법만으로도 충분하다.〉

음운론자는 이 같은 문제를 스스로 제기해야 한다. 예컨대 T로 표시하는, 청각적으로 동질적인 분할체에서 일어나는 조음 운동은 정확히 무엇인가[?]

음운론자에게는 조음연쇄에 청각 운동을 투사하는 〈그리고 거기서 무슨 일이 일어나는지를 파악하는〉 과제가 부과된다. 그렇지만 그는 청각연쇄에서 출발해야 하고, 이것만이 이 단위를 분할할 수 있게 해준다. 〈청각연쇄 없이는 오직 균일하게 연속되는 조음 운동만 있고, 단위를 구성하는 근거가 없다.〉 반면 이 청각연쇄를 구성하는 청각인상은 분석이 불가능하다. 조음연쇄에서 조음 운동을 분할할 수 있는 것은 단위가 주어지기 때문이다. 한편 청각인상 자체 내에서는 어떤 것도 분석할 수 없다.

음소phonème는 상당히 많은 조음 운동의 집합과 더불어 일정한 청각 효과로 구성된다. 우리에게 음소는 발화연쇄의 분할체 수에 상응한

[98] 다. 이것들은 연쇄고리이다. 더 작게 분할되지 않는 최소 단위에서는 시간의 운동을 배제할 수 없다. 〈ta 같은 복합 단위는 언제나 이처럼 분할된다.〉

연쇄고리 ＋ 연쇄고리

분할체 ＋ 분할체

이와 반대로 더 분할할 수 없는 연쇄고리 t는 연쇄고리나 분할체로 더 이상 간주할 수 없고, 시간을 벗어난 추상적인 것으로 간주해야 한다. f는 種으로서의 f, i는 종으로서의 i를 의미하고, 오직 변별적 특성과 결부되므로 시간적 연속에 의존한 것으로 전혀 고려하지 않는다. 이것은 일련의 음표와도 같다. do-ré-mi는 추상적으로 생각할 수 없고, 발화연쇄에서 동질적인 최소 분할체 do를 취해서 시간을 완전히 배제할 때, 이것을 말할 수 있다(진동을 분석할 수 있다).

그러면 이제 우리는 음소를 분류할 수 있다. 이 분류는 음운론자의 [99] 과제 가운데 하나이지만, 그는 여기에만 관심을 집중하지 않는다.〈이들은 무수히 많은 다양한 음소를 보여 주었지만, 상당히 많은 음소의 수를 중요한 음소로 줄이지 않았다.〉

음운론의 영역에 대한 개념을 가지면 유익하다. 음소의 수를 줄일 수 있는 도식은 아주 단순하다. 네 요소를 고려하면 된다.

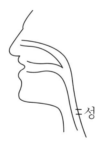

1) 호기呼氣 : <u>균일한 항정적</u> 요소〈(필수적)〉

2) 성 : <u>균일한 임의적</u> 요소〈(성문에서 나오는 후두음)〉

3) 비강의 개방 : <u>균일한 임의적</u> 요소 (〈청각적 관점에서〉 비음성)

4) 구강 조음 : <u>다면적 항정적</u> 요소(필수적)

① 호기는 어떤 음소라도 발성하기 위해서는 필요하다. 따라서 항정적이다.

② 성은 음소에 따라 임의적 요소이다. (〈시간의〉 연쇄에서 간헐적이다.)

예컨대 p나 f에는 후두음이 수반될 수 없다.

성은 균일한 요소이며, 고저 변동은 있으나 그 자질은 일정하다. 성을 변경시키는 것은 구강이 만드는 공명강이다.

③ 비음성. 우리 의지로 비강을 개방하거나 폐쇄 상태로 만들 수 있다. 따라서 비강은 음성 산출에 기여하거나 기여하지 않을 수도 있다. 비음성은 균일하다. 이것은 변동할 수 없다. 코에는 다른 발음기관이 없기 때문이다. 〈비음성의 정도만이 있다.〉

④ 구강 조음. 발음기관에 상관없이 구강이 취하는 조음 위치이다. 그러나 이 조음 위치는 무한히 가변적이다. 여기에서 다양한 구강 형태가 생겨난다. 항정적인 이유는 구강기관이 임의로 어떤 위치를 취할 수 없기 때문이다.

구강 조음을 제외한 모든 요소는 균일하며, 분류의 근간으로 사용하는 다양한 특성을 보여 주지 않는다.

구강 조음은 음소 분류의 핵심 기반이다.

그러나 한 걸음 더 나아가자. 아무 변화를 초래하지 않는 날숨은 무시할 수 있다〈(균일하고 일정하므로)〉.

우리는 성과 비음성이 갖는 다소의 증감만 고려한다.

구강 조음은 구강 간극이 동일한 음소들을 자연적으로 구분한다,

구강 폐쇄를 여섯 단계로 구별해야 한다. 이를 개구도開口度로 부르는 것이 더 편리하다. 개방 또는 폐쇄가 자리하는 위치는 아주 가변적

이다(입술, 구개). 그러나 개구도는 정할 수 있다.

〈그리하여 가능한 모든 음소 목록을 즉각 작성하기보다는 먼저 음소를 분류할 것이다.〉

〈이 작업의 처리 방식을 바꾸어 개구도로 표현할 수 있다.〉

조음 : 개구도 0(= 완전 폐쇄)

〈폐쇄음〉

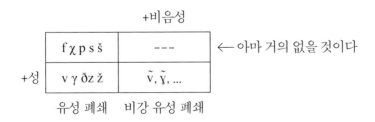

	+비음성	
p, t, k 등	---	알려진 언어에는 없다.
+성 b, d, g 등	m ṅ n 등	
유성 폐쇄	비강 유성 폐쇄	

〈이 빈칸에 들어갈 음소가 실현되는 것은 아니지만, 빈칸으로 그대로 두는 것이 유익하다.〉

[102]　　　p에 후두음을 더하면, p는 b가 된다.

b와 m의 유일한 차이는 m은 비강 통로가 열려 있다는 점이다.

조음 : 개구도 1

〈마찰음 또는 치찰음〉

	+비음성	
f χ p s š	---	← 아마 거의 없을 것이다
+성 v γ ðz ž	ṽ, γ̃, ...	
유성 폐쇄	비강 유성 폐쇄	

첫째 표에는 <u>폐쇄음</u>(유성 폐쇄음과 비강 유성 폐쇄음)이 있다. 둘째 표에는 마찰음과 치찰음이 있다. 이들은 개구도가 아주 좁다. 공기는 마찰을 일으키며 빠져나간다. 발음기관들이 서로 접촉한다.

조음 : 개구도 2

세 번째 표 : 이는 **유음**liquides으로 부르는 음성이다. 구강은 이미 상당히 크게 개방된다. 이 유형은 보통 유성음으로 나타난다.

[103]   그러나 〈성이 없는〉 무성 유형도 잘 알려져 있다(p 뒤에 오는 l 같은 것이다. 예컨대 pleuvoir^{비 오다}).

많은 사람들이 성聲 없이 l을 발음하는데, 이것이 강한 l이다. (프랑스 연극에서 발화하는 l에는 성이 있다.)

*[1910년 12월 20일]

구강 조음 : 개구도 3

	+비강성
(i u ü)	---
i u ü	i̯ u̯ ü̯

+성

이로써 자음[모음(삭제)]이 끝났다. 〈이제 모음이 나온다.〉 그러나 이 체계에서 자음과 모음의 구별은 필수적이 아니다.

유일한 정상적 유형은 +성과 (+성+비음성) 유형이다. 때로는 무성도 발견된다. 그러나 후두음이 없는 언어에서는 i, u, ü로 전사해서는 안 되는 것 같다. 성이 없는 i가 있다.

hi, hu로 쓰는 것은 이와 전혀 다른 표기 방식이다. hi, hu는 무성 i + 유성 i를 쓰는 방편에 불과하다.

칸 1의 괄호 속의 i, u(ou로 발음), ü는 h(i), h(u) 등으로 표시된다. 〈마찬가지로 hu에서도 h는 무성 u를 가리킨다.〉

[104] 구강 조음: 개구도 4

	+비강성
(e o ö)	---
+성 e o ö	ẹ ọ ö̧

이런 종류의 e o ö는 i, u, ü보다 더 개방한다. i(강한 긴장)나 u(더 약한 긴장)를 발음하면서 입안에 손가락을 넣어 보면, 이를 확인할 수 있다. ẹ, ọ, ö̧는 in, on, un으로 표기되는 프랑스어 비모음이다.

성이 없는 유형으로 he, ho 〈역시 생각해 볼 수 있다〉.

조음: 개구도 5

+비음성

	(a)	−
+성	a	ą

오직 a로만 표상할 수 있다. 비음화된 a가 있는데, 프랑스어 an이 ą[86]
이 되었다.

이 도표의 장점은 모든 것을 구강 조음이라는 단 하나의 원리와 관
[105] 련짓는다는 것이다. 다른 요소들은 단지 그것을 변경한 것에 불과하다.

〈구강 조음 내에서〉 모든 것이 구강 폐쇄 정도를 나타내는 단계와
관련된다.

〈구강 조음이 청각인상에 미치는 영향 가운데 두 가지 사항을 유
념해야 한다.〉

(무성:) 〈1〉 구강 폐쇄가 심할수록 구강 통로에서 발생하는 소리
는 더 크다. 성이 첨가되는 경우에 조음은 더 폐쇄되고, 성은 더 희미해
지고, 귀에 도달하는 데 방해를 받는다. 이는 부정적 효과이다. 다른 한
편 개구도의 아래로 내려갈수록 소리가 더 자유로이 잘 들린다. 〈2〉 자
음과 모음을 분리시키는 외부의 〈신비스러운(G.D.데갈리에)〉 경계는 없고,
이 요소들은 모두 동일하다, 개구도가 증가할수록 성의 요소가 더 자유
로이 역할한다. 따라서 개구도 각 단계에서 정상 유형은 개구도가 증가
하면서 +성의 방향으로 나아간다. 사실상 모음은 본질상 우발적 사실

---

86 국제음성기호로는 ã이다.

로 간주된다. 그러나 모음을 우발적 사실로 간주하는 조건에서만 음운을 단일 체계로 분류하는 데 장해가 없다. 흔히 음운론 교재는 이러한 구별(자음과 모음의 구별)을 지나치게 자세하게 나누어서 아주 난감한 경우가 있다.

[노트 III의 시작]

[106]   이는 이론적인 사례에 관심을 제대로 기울이지 않아 생긴 〈그리고 현재 실현 가능한 사례만 관찰했기 때문에 생겨난〉 일이다.

실제로 확실한 것은 폐쇄 조음은 성을 포함할 수 있으며, 개방 조음은 성의 부재와 화합하기 어렵다는 것이었다. 더 개방된 조음은 성의 도움이 필요하다. 그렇다고 그 결과 음소의 성질이 모음이나 자음이어야 하는 것은 아니다. 모음과 자음 간에 장벽을 둬서는 안 된다.

이론적으로는 어떠한 개구도라도 이 네 가지 가능성을 지닌 분류표를 만들 수 있다.

각 개구도에서 일어날 수 있는 모든 〈구강기관상의〉 변화를 포함하면〈이는 음운론자의 작업이 될 것인데〉 음성 분류는 무한하게 확장된다.

그러나 이 도표에 가능한 모든 종류의 음성을 분류할 수 있다.

이러한 [분류(삭제)] 결정은 각 언어의 발음을 아는 데 유용하지만, 이론적으로는 중요하지 않다.

[107]   이는 음운 종류에 대한 형태적 분류를 나타내기 때문이다. 그러나 음운론[형태론(삭제)]은 발화연쇄의 종합, 즉 우리가 분석한 발화연쇄의 재구성을 목표로 해야 한다. 그 목표는 최소 요소들이 발화에서 어

떻게 서로 연쇄를 이루는지를 보여 주는 것이다.

이 목표는 흔히는 아주 쉽게 달성된다.

이에 유의하자. 즉 발화연쇄를 재구성하기 전에 최소 단위를 분석했다고 확신해야 한다. 요소가 복합적이면, 이 목적은 달성할 수 없다.

사실상 단위들은 최소 단위가 아니다. 〈앞의 표에서 우리는 최소 단위까지 분석하지 않았다.〉

예를 들면 다음 같은 것이다.

a	p	a

여기서 최소 단위 가운데 하나가 p〈라고 말한다〉. 그러나 이 p가 항상 동일한 p가 아니라는 것이 밝혀지거나, 그것이 동일하지 않은 음성들의 연속음이라는 것이 드러나면 〈그것은 분석 불가능한 최소 단위가 아니다〉. 더 이상 분석되지 않는 최소 요소를 얻으려면, 〈다른 고려 사항을 추가해야 한다.〉

appa로 쓰면, 문자표기상으로는 p가 두 번 나오는데, 이는 맞는 말이다. 단지 둘째 p는 첫째 p와 동일한 p가 아니다. 사실상 첫째 p에서 조음기관은 폐쇄된다. 〈폐쇄 운동〉: —〉». 첫 p는 폐쇄 p를 나타내고, 둘째 p는 개방 p이다. « —〉. 〈(조음기관은 다시 열린다. 개방 운동이다.)〉

[108]

마찰음에서 치찰음으로 옮겨 가도 똑같은 현상을 관찰할 수 있다. r 과 l도 마찬가지다. al>l<a(폐쇄 l과 개방 l).

한 단계 한 단계씩 계속 분석해 나가면, 개방음과 폐쇄음을 언제나 발견한다. ai의 i는 폐쇄이고, ia의 i는 개방이다. 〈개구도 4에 대해서도 역시 이것이 가능하다.〉

a는 하나뿐이다. 따라서 개구도 5를 제외하고 다른 모든 요소는 개

방음과 폐쇄음으로 발음될 수 있다.

이는 다음 기호로 나타낼 수 있다. i<i>.

자음의 폐쇄형은 **내파**로 부르고, 개방형은 **외파**로 부른다. 각 음소 (a 제외)는 내파형과 외파형을 가질 수 있다. appa 같은 요소를 합리적으로 표기한다면, 다음처럼 두 가지 기호가 필요하다. ap>p<a.

내파형을 대문자로 쓰는 것에 동의하면, aPpa, aLla와 같이 쓴다.

[109] 이러한 의미에서 〈글에서〉 중복 표기되는 문자는 두 개뿐이라고 말해 왔다.

$$i \ - \ j(y)$$
$$u \ - \ w$$

앞의 음은 내파음이고, 뒤의 음은 외파음이다.

$$i \ - \ j(y) \ = \ i> - \ i<$$
$$u \ - \ w \ \ = \ u> - \ u<$$

appa에서 두 p가 연속하지만 내파와 외파가 반드시 연속으로 나오는 것은 아니다. 〈내파만 있거나 외파만 있을 수도 있다.〉

음성연쇄의 가능성과 관련한 모든 문제는 여기에 달려 있다.

그러나 우리는 최소 단위에 이르지는 못했다.   p = p>
                                                          p = p<

〈(단지 그냥)〉 p라고 말하면, 그것은 추상적인 것이 된다.

〈만일 p>와 p<를 취하게 되면, 그것은 실재하는 개체가 된다.〉

a를 제외하고 발화 요소 계열을 두 배로 증가시킬 필요가 있다. 〈이

들 요소는 연쇄고리로 사용될 수 있고, 발화연쇄에서 연속하는 분할체로 표시할 수 있다. 음절 단위는 기본적으로 외파와 내파에 의존하기 때문이다.〉

사용된 기호의 성질이 어떤 것이든 상관없이 합리적인 정상적 표음문자는 언제나 발화연쇄를 고려해야 한다.

각 분할체는 그것을 표상하는 기호가 필요하고, 각 분할체는 하나의 기호로 표기해야 한다.

[110]   〈음성의 분석보다는 분류에 몰두한〉 영국 음운론자들은 이 규칙을 어기고, 하나의 음성을 나타내기 위해 둘 또는 세 개의 표기 기호를 사용하기도 했다.

어떤 표음문자도 지금까지 이 원리를 고려하지 않았다고 말할 수 있다. 〈나아가 각 음성에는 폐쇄 기호와 개방 기호가 필요하다.〉 변이가 없는 a를 제외하면, 모든 종류의 음성요소에 이와 동일한 원리를 적용해야 한다.

정서법을 개혁하여 언어를 표음문자로 표상할 근거가 있는가? 이 질문을 둘러싼 수많은 우발적인 사례들이 있으며, 이들을 단일한 원리로 해결할 수 없다. 이런 방향으로 지향하는 것이 언어학자의 목표는 아니다. 음성을 완벽하게 표상하는 것도 그렇게 바람직하지 않을 듯하다. 〈실제로 영어, 독일어, 프랑스어에 동일한 하나의 음운체계를 설정한다는 것은 지나치다.〉

〈실제 우리가 바라는 것은 단지 가장 심각한 비정상적 작업이 없어야 한다는 것이다.〉

잊어서 안 될 것은 글로 쓰인 단어는 관습적으로 결국은 상형 기호가 되게 마련이라는 점이다. 단어는 전체적 가치를 갖는다. 〈단어를 구성하는 글자와는 무관하므로〉 우리는 단어를 두 가지 방식으로 읽는다. 모르는 단어는 글자를 하나씩 읽지만, 아는 단어는 글자들을 한꺼번에 읽는다.

표음문자로 인해 상당한 장점이 상실된다. 음성이 혼동되는 단어가 철자로는 구별될 수 있다. 〈예컨대 tant^{그처럼 많이}과 temps^{시간}의 구별.〉 (이는 예컨대 전보電報에는 아주 유용하게 쓰인다.)

[111]

〈모든 언어를 포괄하는 음성체계에 의거해서 만든〉 합리적인 표음문자 표기는 인쇄된 지면에는 곤란하기 그지 없다. 글자 기호의 수가 너무 많기 때문이다.

ont^{그들은 가진다}이란 문자표기를 구별 기호를 이용하면, ð이나 ǫ으로 써야 한다. 〈(이는 눈에도 성가시고) 글자에도 과중한 부담을 준다.〉

예컨대 파시 씨의 『음성학 교사』〈(간행물)〉[87]는 어느 언어의 음성과 다른 언어의 음성과의 완벽한 관계를 보여 준다. 이는 교육에는 이로울지 모르지만, 일상의 문자표기에 도입하는 것은 바람직하지 않다.

---

87 국제음성학협회(International Phonetic Association)가 1886년 창간하여 폴 파시가 편집자로 있던 학술지 『음성학 교사』(*Le Maître Phonétique*)를 가리킨다. 현재는 『국제음성학협회지』 (*Journal of the International Phonetic Association*)로 간행되고 있다.

〈제5장〉 지구상 〈개별언어의〉 가장 중요한 어족의 지리역사적 현황

① 어족이 있는 경우, 그것은 과거에 언어들이 통일되었던 현황을 분명히 나타낸다. 어족이 보여 주는 이 언어 다양성은 과거의 언어 통일 상태의 반영이라고 생각한다. 이 과거는 10세기, 20세기 이전이라고 말할 수 없지만, 과거의 언어 통일의 개념은 어족 개념과 분리할 수 없다. 몇 세기만 거슬러 올라가더라도 언어 다양성은 이미 확 줄어든다.

[112]

그러므로 지리적 다양성만이 흔히 어족을 환기시키는 유일한 개념은 아니다. 역사라는 개념도 거기에 함께 섞여 있다. 어족의 지리적 다양성의 요소에는 역사적 요소가 포함된다.

② 둘째, 형용사 **역사적**은 훨씬 더 많은 외적 개입을 의미하는데, 때로는 수 세기에 걸친 문헌자료를 통해 어족의 여러 시기를 다행히 알 수 있다는 의미에서 그렇다.

③ 이 역사적 자료는 인도유럽어족에서도 분명 아주 단편적이며, 까마득히 먼 과거로 거슬러 올라가지는 않는다. **역사적**에는 흔히 선사적이라는 의미도 있다는 것을 잊으면 안 된다. 역사적인 것에 역사 이전의 것도 포함시키는데, 이를 진화적으로 부를 수도 있다.

이는 내적 재구再構의 방법을 요구한다.

---

88 여기서부터 노트 VI까지는 저본인 고마쓰·해리스 편집본에서는 '일반언어학과 무관한 것으로 생각하여' 생략한 부분이다. 그러나 소쉬르가 첫 번째 강의(1907)와 두 번째 강의(1908/09)에서도 밝히고 있듯 인도유럽언어학이 일반언어학의 서론 격임에 비추어 메히야·감바라라 판을 저본으로 번역하여 삽입했다.

[113]   현재의 언어 다양성이 생겨난 원시형을 가능한 한 가깝게 확정해야 하는데, 〈이 일은 언어학자의 과제이다.〉

지구상의 어떤 어족이라도 역사적 재구 작업을 필요로 한다. 왜냐하면 라틴어를 원시형으로 가진 로망스어도 예외가 아니기 때문이다. 달리 말해서 귀납적 방법을 통해서만 재구할 수 있기 때문이다.

④ 흔히 각 어족에 고유한 언어 특성의 기술은 이 어족에 대한 개괄적 조사 작업과 연관된다고들 생각한다. 그러나 이 점에는 주요한 유보 조건이 있다. 어족을 말하면서 거기에 속한 언어들의 특성을 기술해야 한다는 전제는 문제 제기가 잘못된 것이다.

[114]   어족의 진화 과정 전체를 통해서 언어 특성이 변하지 않고 그대로 남는다고 인정하면, 출발이 잘못된 것이다. 그래서 시간 경계가 실제로 존재하지 않는데도 그것을 설정하고자 한다면, 시간의 작용을 인정하지 않는 것이다. 이 시간의 작용은 엄청나게 중요하기 때문에 기원에서 일정 시기까지 언어 특성이 완전히 바뀔 수도 있는 어족도 상정할 수 있다. 〈흔히 몇 가지 특성은 어족이 존재하는 한 그대로 유지되지만, 이 특성은 강요되거나 미리 정해진 것은 아니다.〉 이들을 명백하게 잘 구별해야 한다.

어족의 특성이 무엇인지 물을 수 있을까? 어족의 원시형에 대해, 그 원초적 시기의 특성에 대해 말할 수 있을까? 그렇다고 할 수 있다. 우리는 한 특유 언어와 한 시기를 대상으로 다루기 때문이다. 계기적인 시대 전반에 걸쳐 변하지 않는 영원한 특성이 있다고 인정하면, 그것은 시간에 따른 언어진화의 기본 원리와 배치된다. 어떤 특성이 없어지지 않고 끝까지 남는다면, 그것은 우연이다. 변치 않는 영원한 언어 특성이란 없기 때문이다.

예컨대 인도유럽어에만 당연히 속하는 특성 중 한 가지는 인도유

[115] 럽어가 굴절어(표현 방식으로 굴절을 이용하는 언어)라는 것이다. 그런
데 오늘날 영어는 굴절이 거의 상실되었지만, 격格은 훨씬 더 많은 특유
언어에 남아 있다.

원시 인도유럽어는 굴절어였는가를 물으면, 이 질문은 적절한 것
이다. 우리가 어느 어족에서 끌어낸 모든 사례에서 나타난 공통 특징이
원시형에는 없던 것으로 생각할 수도 있기 때문이다.

예컨대 몇 가지 특징을 보면, 모음조화는 우랄알타이어족의 모든
특유 언어에서 발견된다. 그것이 후대의 [현상]에서 생겨난 특징이라고
증거하는 것은 없다. 모음조화는 이 우랄알타이어족의 특징이지만, 그
원시형의 특징은 아니라고 말하는 것이 정확할 것이다. 또한 중국어의
특징을 보면, 중국어의 단음절성은 단어의 마모로 생겨난 것이다. 〈아
마도 원시형의 특징은 아닐 것이다.〉 그것은 중국어의 진화 과정에 나
타난 어느 한때의 특징이다.

[116] 언어의 주요 구조를 굴절어, 교착어 등으로 분류 작업을 하면서, 여
기에 여러 언어를 분류하면 충분하다고 생각했다. 그러나 하찮은 사건
으로 모든 것이 뒤집어질 가능성이 있다. 근본 특성이 변할 수도 있다.

〈언어에 나타나는 인종의 문제는 해결하기 매우 힘든 문제이다. 이
문제는 언어학자만큼이나 인류학 역사가들도 깊이 관련된다.〉 인류학
적으로 게르만 인종의 특징(장두형長頭形, 금발, 〈장신〉)〈이 있는데〉, 스
칸디나비아인의 인종 유형에서 전형적으로 잘 드러난다.

이 종족 유형은 알프스 산악지대에는 전혀 발견되지 않는다. 〈(하
지만 게르만어를 사용하는 독일인에게는 발견된다.) 아무도 알프스 산간
의 주민에게 게르만어가 강제된 것으로는 생각하지 않는다.〉 하지만 이

러한 이질성이 생기려면 장기간의 지배가 필요하다.

실제로 인종이라는 인류학적 사실에 대해 문제를 제기하면 안 된다. 〈인종이라는 인류학적 사실 외의〉 민족집단[89]이라는 〈사회정치적〉 현상, 〈다시 말해서 정치적으로 국가는 없지만 위기, 방어, 문명의 공동체가 역사적으로 채택한 집단 유형〉도 잊어서는 안 된다.

주민을 특정 민족집단과 결부 짓는 힘 같은 것도 있다. 〈혈통 문제를 제기하는 것은 아니지만,〉 야만인에 맞서 〈중세에〉 〈로망인은〉 정치적 통일이 없이 다양한 인종으로 구성되었지만 로망드 민족집단을 형성했다. 언어 연계는 민족집단을 확인해 주는 한 지표이다. 〈언어는 이에 대한 가장 중요한 지표이다. 따라서 이런 관점에서 언어는 일차적 가치가 있다.〉

[117]

[1911년 1월 13일]

인도유럽어족

이 어족은 여러 종류의 다양한 관심을 끄는데, 〈주요 언어들과 관련해서〉 〈①〉 그 규모로 볼 때 지구상의 가장 중요한 어족 중 하나이고, 〈②〉 그 특유 언어들은 무엇보다도 문명 민족이 사용했고, 문학적으로 일련의 명작에서 여전히 사용되고 있다. 〈③〉 다른 한편, 인도유럽어는 아주 다양한 시기에 걸쳐 파악할 수 있다. 〈(아주 오래된 유적에서.)〉 ④ 기원에서 출현한 그 모습대로 유지된 언어 유형은 인도유럽[어]가 가장 괄목할 만하며, 지구상에서 우리가 아는 가장 훌륭한 언어 유형이다. ⑤

---

89 [25]쪽의 각주 13번 참조.

지난 한 세기 전부터 언어학자들이 연구한 비교문법이 이룩한 성과는 언어 연구의 토양을 잘 닦아 놓았다. 따라서 이 인도유럽어란 건물로 들어가기는 훨씬 더 편리하다.

지구상의 다른 언어들은 오래된 고문헌이 없고, 언어군은 그렇게 깊이 연구되지 않았다. 〈하지만 휘트니처럼 인도유럽어 외의 다른 어족을 아주 부차적인 것으로 생각하면 안 된다. 원리상으로 볼 때 어떤 어족도 다른 어족보다 우선시하면 안 된다.〉

[118] 　모든 개별언어는 인간언어 일반에 대한 개념을 가지는 데 기여해야 한다.

현재 지리적으로 인도유럽어족은 아이슬란드로부터 벵골만까지 단절이 없는 사슬을 형성한다. 2000년 전이나 그보다 더 과거로 올라가도 사정은 마찬가지이다. 〈단지〉 그 언어 사슬이 시기에 따라 아주 다르게 형성되었을 뿐이다. 〈큰 나라가 작은 나라들을 포섭했다.〉 사슬고리의 수가 사슬고리의 크기에 비해 감소한 것이다.

〈아드리아해　　예컨대, 라틴어, 움브리아어, 베네치아어, 일리리아어,
북부 지방〉　　　마케도니아어, 그리스어. 〈(고리의 수가 훨씬 많다.)〉
　　　　　　　　오늘날 이탈리아어는 슬라브어와,
　　　　　　〈그 후에는 그리스어와〉 접촉하고 있다.

그리하여 중간 고리들이 사라진 것을 알 수 있다. 언어학적 관점에서, 과거에 이 언어 사슬은 다른 면에서 흥미를 끌었다.

이 어족에 붙인 명칭은 지리적 여건에서 따온 것이다. 맨 먼저 인도게르만어란 명칭이 생겨났고, 그 후 인도유럽어란 명칭이 생겨났다.

〈이 명칭에서 이 어족의 양극 지방에 대한 표시를 볼 수 있다.〉

[119] 최초의 언어학 저술에서 사용된 **아리아인**Aryen(âryas: 인도유럽 인종에 속하는 힌두인)이란 용어가 상실된 것이 아쉽다. 오늘날 **아리아어**aryen는 인도이란어와 동의어이다. 그래서 때로 아리아–유럽어aryo-européen로 부르기도 한다.

인도유럽인의 원고향, 즉 이 인종의 요람이 어디인지를 사람들은 궁금해했다. 이 궁금증은 〈언어 파상설 이후로〉 즉 민족 이동이 언어변화의 원인이 아니라고 생각하게 된 이후로 그렇게 중요한 사실로 부각되지 않았다.

민족 이동에 의한 언어 발달

현장에서 발달하거나 단순한 팽창으로 인한 발달

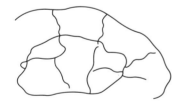

그러나 장소가 더 좁게 한정된 원거주지 문제는 배제되지 않는다.

이 문제를 해결하려고 노력한 학자들(히르트,[90] 『인도게르만인』*Die Indogermanen* 참조)은 무엇보다도 이와 같은 종류의 연구와 결론에 입각했[120]고, 인도유럽인의 문명 발전 정도를 결정하는 데 적용한 방법, 즉 단어에 의거해 사물을 재구하는 방법을 이용했다. (아돌프 픽테,[91] 『언어 선사 고생물학 시론: 원시 아리아인』*Essai de la paléontologie linguistique: Les Aryas primitifs* 참조.) 하지만 이런 종류의 연구는 크게 신뢰를 받지 못했다.

하지만 히르트는 이 방법을 자주 이용했다.

최초의 언어학은 인도유럽인의 요람을 파미르고원(아시아)으로 위치를 설정했다. 오늘날 이 요람은 유럽에 위치한다. 〈그 까닭은〉 모음 체계의 특징이 아시아인보다는 유럽인에게서 훨씬 더 충실히 관찰되는 것으로 밝혀졌기 때문이다. 히르트는 독일 북부(브란덴부르크)〈(베를린)〉를 인도게르만인의 요람으로 설정했다!!!

〈우선 인도유럽어의 가장 서쪽에 있는 첫 번째 사슬고리를 살펴보자.〉

A. 켈트어파

켈트어파는 그 주민과 언어가 겪은 재난으로 주의를 끈다. 〈이들이 간신히 잔존해 있던 곳도 다른 민족의 지배하에 들어갔다.〉 브리튼제도, 프랑스 일부, 벨기에, 스위스를 포함하는, 원시 켈트어가 점유했던 곳의 크기와 상관없이 단지 그 일부만 지금 남아 있다. (〈갈리아의〉 남부는 특 [121] 히 리구리아인의 고장이었다.) 라인강〈과 알프스산맥〉을 넘어서는 갈리

---

90 Hermann Hirt(1865~1936). 독일의 문헌학자이자 인도유럽어 학자. 라이프치히대학 교수로서 브루크만의 인도유럽어 연구에 크게 기여했다. 저서로 『인도게르만어 문법』 (*Indogermanische Grammatik*, 전 7권, 1921~1937)이 있다.

91 Adolphe Pictet(1799~1875). 스위스의 문헌학자, 언어학자, 인종지학자. 젊은 소쉬르에게 학문적으로 큰 영향을 끼쳤고, 낭만주의적 언어관을 지녔다. 독일에서 슐레겔, 헤겔, 괴테 등의 대학자들과도 교분을 가졌다.

아 키살피나[92]와, 다뉴브강 상류부터 하구까지에 켈트 부족이 쭉 분산 거주했다. 이곳에서 출발해서 켈트인은 3세기에 그리스에 침입했고, 갈라티아왕국(소아시아 중심부)에도 침입하여 켈트어는 여기서 오랫동안 사용되었다.[93]

이 모든 지역에서 현재 남아 있는 켈트어는 도서島嶼 켈트어뿐이다. 사실상 프랑스의 브르타뉴어는 이 도서 켈트어에서 수입된 브르타뉴어에 다름 아니다. 아르모리카[94]는 이미 로마화되었고, 따라서 브르타뉴어는 〈이곳에 앵글로색슨인이 이주하자〉 피난 갔던 주민이 가지고 들어온 언어이다. 30여 개의 골어 명문과 골어 고유명사가 있다.

도서 켈트어는 두 어파로 나뉜다. [1] 브리태인어파britannique, 브르타뉴어파 또는 브리튼어파brittonique. 이는 잉글랜드에서 사용되던 언어이다. [2] 아일랜드에서 사용되던 게일어.

브리튼어파는 오늘날까지 게일 지방의 언어로 남아 있다. 콘월 방언은 18세기에 소멸되었다. 또한 프랑스의 브르타뉴에서도 사용되었다.

다른 어파로는 오늘날 〈①〉 많은 사람들이 〈〈많이〉〉 사용하고, 〈〈(대다수가)〉〉 이해하는 아일랜드어, 〈②〉 스코틀랜드의 켈트어〈고대의 켈트인이나 스코트인의 켈트어는 아니다〉. 이는 언어 분지로 생겨났거나 아일랜드의 게일어로부터 근대에 수입된 것이다. 〈③ 맨섬의 방언(소수

[122]

---

92 기원전 3~4세기에 켈트족(갈리아족)이 살던 지역으로서, 로마의 속국이 된 이후 '알프스산맥 이쪽의 갈리아'라는 뜻으로 갈리아 키살피나(Gallia Cisalpina)로 불렸다. 그 반대 지역은 갈리아 트란살피나(Gallia Transalpina)로 불렸다.

93 켈트인 전사들이 남진하여 기원전 279년경에 그리스에 침입했고, 그 후 마케도니아, 아나톨리아, 더 나중에는 갈라티아까지 침입했다. 켈토이(Keltoi, 여기서 켈트가 유래), 갈라티아/갈리아, 골은 어원은 같지만 그것이 지칭하는 실체는 반드시 같지 않다.

94 고대 고전기에 브르타뉴반도의 서부·북부 해안지방을 가리키는 지명.

의 어부들만이 알고 있다)이 있다.〉

Galates^{갈라티아인}(소아시아)이란 명칭은 gaélique (goïdhélique)^{게일어}란 명칭과는 아무 관계가 없다. 〈이들 단어는 단지 우연히 생겨난 것뿐인데, 모음압운으로 볼 때 하나의 단어에서 유래하는 것 같다(그러나 이는 틀린 생각이다).〉 아마도 Galates는 Gallus^{갈리아인}와 관계가 없는 듯하지만, 그리 확실한 것은 아니다.

Galles^{웨일스}란 지방 명칭은 Galates나 Gallus와 아무 관계가 없다.

그것은 Wal(h)as라는 단어이다.	(Welches^{켈트인})
〈(이는 순수히 게르만어 명칭이다.)〉	〈Welhisk, Walhâ는 변형된 고대
Walh/isk, Volcae^{볼카이인95}	명칭으로, 게르만인은 이 이름
〈(마인츠 근처의 켈트인)〉	으로 이방 로마인이나 켈트인을
	가리켰다.〉

Celtes^{켈트인}〈(Celtae, -arum, Κελτοι^[켈토이])〉란 명칭을 보면, 이 명칭을 지닌 부족이 어떤 자들인지는 알려진 바 없다. 〈이 명칭의 출처가 어디인지 모른다.〉

아일랜드어로 적힌 고대 기념물에서 유래하는 듯한 정황이 있는데, 아일랜드섬이 [ ]⁹⁶세기에 특별한 지위에 있었기 때문이다. 〈로마 정복에 영향을 받지 않았기 때문이다.〉 앵글로색슨인의 침입으로 공략되지도 않았다. 아일랜드는 450년부터 그리스 로마 문화를 가지고 들어온

---

95 각주 93번에서 언급한 켈트인의 전사 무리이다.
96 원서에도 대괄호뿐, 내용은 빈칸으로 남겨져 있다.

기독교 선교사의 영향을 받았다.

[123] 아일랜드에서 그리스 로마 문화의 꽃이 피었다. 〈아일랜드 이외의 지역에서는 그 후 그리스어가 사용되지 않았다.〉 스위스에는 아일랜드인 성聖 갈루스가 수도원을 세웠고(610년), 알레만니 종족들[97]에게 영향을 미쳤다. 오랜 고대에 아일랜드어가 이미 기록되었는데, 최초에는 단지 라틴어 텍스트 주해를 위해 기록한 것이었고, 그 후에는 아일랜드어 자체를 위해 기록했다. 최초의 역사적 문헌은 650년 이전으로 소급된다. 브리튼어파는 민족적 문학도 있다. 웨일스 지방의 문학〈(프랑스어에 가장 큰 영향을 미친 문학)〉도 있지만, 그 역사적 자료는 훨씬 더 최근의 것이고, 12세기 이전에 기록된 자료는 아니다. (웨일스 지방의 트리스탄 전설.)

대륙 켈트어법은 고유명사에만 남아 있고, 그리스어로 기록된 명문들이 있으나 해독하기 어렵다. 켈트어파의 하위 어군은 아주 다양한데, 원시 켈트어는 아직 알려져 있지 않다. 〈원시 켈트어에서 골어, 브리튼어, 아일랜드어가 생겨났다.〉 원시 켈트어를 재구해야 하는데, 이는 켈트어 연구자들의 작업이다. 〈재구를 하면, 골어와는 크게 다르지 않은 언어가 될 것이다.〉

골어 고유명사에 보존된 형태는 크게 변하지 않았다.

〈예컨대 켈트어에는 그리스어 p가 소실되고 없다.〉

Aremorici의 are-는 pare〈(παρα)〉= 바다 앞에 사는 사람들에 대응한다.

---

97 알레만니족은 여러 게르만 종족으로 구성되는데, 주로 수에비족이다. 엘베강 중하류와 마인강 유역에 거주했다.

⟨Armoricans^아르모리카인 = ante marini^바다 앞⟩

Mediolanum -   평야^lanum 한가운데^medio

켈트어에서 p의 탈락   (Milano)

아일랜드어

Bituriges(rex^왕-regis^왕의) - 세상의 왕들

⟨(Bourges)⟩   beoth, 세상

                     bitha^세상

Noviodunum -   새로운 도시

⟨이 점에서 골어와 아일랜드어는 매우 다르고, 전혀 비교를 못 할 지경이다.⟩

B. 게르만어파

게르만어는 킴브리인과 튜턴인이 침입하기 전에는 전혀 알 수 없는 주민이 사용했다. ⟨기원전 111년.⟩ 킴브리인과 튜턴인 유목민 가운데 게르만인이 섞여 있었는지는 엄밀히 말해서 확실하지 않다. 게르만인이 라인강까지 왔다는 것을 확정하려면, 카이사르 시기까지 소급해야 한다. 이들 집단은 그전에는 어디에 거주했을까? 아마도 기원전 400~500년에 게르만인은 카르파티아산맥이나 스칸디나비아에 있었던 것으로 추정되지만, 알려진 바가 전혀 없다. 확실한 것은 기원 3세기에 게르만인이 스칸디나비아, 현재 독일의 중요 지역과 라인강까지(헬베

티아는 제외) 점령했다는 점이다. 이들은 폴란드의 대부분 지역과 흑해 연안도 점유했다. 300년에 게르마니아의 양 축(발트해-흑해)(라인강-니

멘)이 크게 형성되었다. 이때가 영토가 가장 넓게 확장된 시기였다. 그 후 얼마 되지 않아 대륙 게르마니아는 동쪽 영토에서 소개疏開되었고, 슬라브인이 침입하면서 엘베강을 넘지 못했다(이는 중세 동안 그랬다). 중세 말엽에 게르만인이 다시 이곳을 점령했다.

게르만인이란 명칭은 **켈트인**이란 명칭보다 더욱 모호하다. 이것은 부족 명칭이 아니었던 듯 생각된다. 오류는 어원 gêr-man(추정하기에 *gaizo-manni)에서 비롯되었다〈(창이나 단검을 지닌 자)는 근거가 없는 것이다〉.

튜턴인이란 용어는 게르만인을 가리키기 위해 〈중세 라틴어에서〉 사용되었지만, 아마 게르만인이 아닌 다른 부족의 명칭이었을 것이다.

deutsch독일의란 명칭('민중의' 내지는 '민족의'를 의미한다. 고대 고지 독일어로는 diutisch)은 총칭적 의미가 아니다.

[126]   게르만어족은 세 소어파小語派로 나뉜다.

① 스칸디나비아 소어파 또는 북부 소어파(오늘날은 스웨덴어, 덴마크어, 노르웨이어가 대표적 언어이다). 그러나 덴마크가 노르웨이보다 세력이 우세하여 덴마크어는 노르웨이의 문명어로 사용되었다. 따라서 문학적 목적으로 이용된 언어는 덴마크-노르웨이어였다.

노르웨이어는 아주 오랜 고대로부터 특히 아이슬란드의 역사적 문헌에서 알려졌다.

이곳은 12세기부터 문학이 발달했다. 아이슬란드인 덕택에 스칸디나비아 전설saga과 신화의 보고가 간직되고 보존되었다. 이 언어는 고대 노르드어로 불린다. 〈덴마크어와 스웨덴어는 그 후 발달한 언어이며, 관심도가 훨씬 떨어진다.〉

룬 문자로 기록된 역사적 문헌도 더 과거로 소급할 수 있는 방도가

생겨났다. 룬 문자는 라틴 알파벳을 변형시킨 문자이다. 룬 문자로 기록

[127] 된 명문은 아주 오래된 고어를 보여 주는 4세기까지 소급된다.

② 동부 소어파에는 동향東向의 일정한 경계 너머 있는 모든 종족
의 언어가 포함된다(3세기에 거주하던 원래의 발상지).

고트 방언 이외에 남아 있는 게르만어인의 이 동부 소어파 언어는
전혀 없다. 동부의 다른 모든 민족이 로마제국에 흡수되었기 때문이다.
(반달인, 게피드인, 헤룰리인.) 이들 민족 중 오직 한 민족만이 그들 언어
로 기록된 문헌자료를 남겨 놓았는데, 고트인이다. 성서 복음서가 포함
된 코덱스 아르겐테우스Codex argenteus (웁살라)에 보존되어 있다. 이 사본
이 어디서 유래하는지는 아직 모른다. 17세기에 베르덴 수도원(루르)에
보관되어 전해 내려왔다. 아마도 동고트인에 의해 이탈리아에서 기록
된 것 같다(6세기). 그 외의 동게르만어는 고유명사를 제외하면 언어적
으로 모두 소실되었다.

소규모 집단의 고트인이 크림반도의 산악지대에 잔존했고, 18세기

[128] 까지 생존해 있었다. (여행가 부스베크[98]의 증언.)

③ 앵글로게르만 소어파. 이는 서게르만어의 어군이다. 이 어군은
지리적으로나 연대상으로 보나 동부 어군과 충돌하면서 분리되었다.
〈이 어군의 꽤 많은 대표적인 언어들이 지금 남아 있다.〉〈서게르만어
가 출현했을 때, 동게르만어는 이미 소멸된 뒤였다.〉 이 언어집단은 바
이오아리아인[99] 즉 바바리아인, 그리고 알레만니 종족들로 구성된다. 이
언어층의 북부에 튀링겐인과 프랑크인이 있었다(라인강 좌안의 모든 지

---

98 Ogier Ghiselin de Busbecq(1522~1592). 플랑드르 출신의 외교관이자 학자로서 오토만제국
시대에 콘스탄티노플에 있을 때 『터키 서간문』을 썼는데, 거기에 '크리미아 고트어들'이 나
온다. 원서에는 Bousbek으로 오기되어 있다.

방들). 동쪽에는 엘베강과 베저강 사이에 색슨인이 있었다. 북해 연안과 도서를 따라서는 프리기아인이 있었다.

앵글인은 거의 모든 주민 집단이 새로운 거주지로 떠나기 전에 엘베강 하류에 있었던 것으로 짐작된다. 동게르만어군이 발달하면서 언어들이 어느 정도 통일되었다. 하지만 프리기아어는 별도로 분리되었고, 프랑크어의 소어파인 네덜란드어는 분리되면서 독자적 방향으로 발달했다.

[129]

독일어는 아주 후대에 저지 독일어와 고지 독일어로 분화되었다.

영어의 운명은 꽤 특이하다. 독일어보다 더 중요한 세계어가 되었다는 의미에서 그렇다. 영어는 게르만어처럼 지금은 순수한 언어가 아니다. 1200년〈정복왕 윌리엄의 침략〉이후로 특히 영어 어휘에 외국어(프랑스어)의 요소가 많이 침투되었다. 그렇지만 외국어 요소의 영향이 주요한 것은 아니었다. 프랑스어가 영향을 미치기 전에 이미 굴절이 상실되기 시작했다.

서게르만어의 가장 오래된 문헌자료는 고대 고지 독일어 자료인데, 이는 750년을 더 거슬러 올라가지 않는다. 앵글로색슨어파는 700년

[130]

이나 그 전후로 거슬러 올라가지만, 고트어로 기록된 코덱스 아르겐테우스의 연대와는 연대기적으로 수 세기 떨어져 있다. 그 이전의 동게르만어에는 고유명사(서사시인과 역사가)만 남아 있다.

게르만어 학자의 임무는 이 세 게르만 소어파가 남겨 놓은 역사적 문헌자료를 이용해서 원시 게르만어의 특성을 복원하는 것이다. 그러

---

99 원문에 Bayondar라고 적힌 이 집단은 고대 고지 독일어 Beiara가 라틴어화한 Baioarii를 가리킨다. Bavarii와 어원이 같다.

면 역사적 게르만어와는 꽤 다른 게르만어를 재구하게 된다. 원시 게르 만어는 발달 과정에 상당히 큰 변화를 겪었다. 고트어 같은 방언은 분 명 이미 상당히 놀라운 언어 상태를 보여 준다. 게르만어는 라틴 작가 들에게서 차용한 단어들의 전반적 모습이 고지 독일어 텍스트와는 크 게 달라진 면을 보여 준다. 역사적 게르만어의 주요 특징은 어말 형태 가 크게 마모된 것이다.

[131]

〈어말이 마모되기 전으로 소급하여〉 얻은 게르만어는 단어의 보존 이란 측면에서 볼 때 다른 인도유럽어와 비교할 수 있다.

사례　　demi-mort^{반쯤 죽은}　　　　sêmi-kwiwas^{반쯤 산}

(= semi-vivus^{반쯤 살아 있는})　　-wai^{반쯤 살아 있는 (복수)}

-waizên^{반쯤 살아 있는 (복수 속격)}

만약 게르만어 방언의 통일 시기 언어형을 재구할 수만 있다면, 그 통일 시기의 원시형을 아주 희미하게나마 알 수 있을 것이다.

게르만어군은 아주 중요한 특성을 보이는데, 폐쇄 자음의 변화(음 성추이)이다. 이 어군에서는 b, d, g가 p, t, k 〈등〉이 되었다. 이 현상을 제 외하면, 그것은 인접 언어의 유형에 영향을 전혀 미치지 않았다〈(이 특 성을 제외한다면, 게르만어를 이탈릭어, 켈트어 유형과 비교할 수 있다)〉.

C. 이탈릭어군

이탈릭어는 이탈리아에서 사용되던 모든 언어에 적용할 수도 있지만, 그러면 비인도유럽어(예컨대 에트루리아어)도 포함된다. 여기서 이탈릭 어가 의미하는 것은 인도유럽어족에 속한 이탈릭어를 가리킨다.

[132]

인도유럽어족 이탈릭어군은 라틴어로 가장 널리 알려진, 특별한

대표 어군이다. 〈이탈리아에 인도유럽어의 방언이 하나 더 있었겠지만, 라틴어와는 관계가 멀다.〉

이 어군에는 ① 라티움의 언어(라틴어), ② 움브리아어(라틴어와 비교해 볼 때 북동부 지방), ③ 오스크어(라틴어의 남부)(캄파니아 지방), ④ 다수의 방언(삼니움 방언)이 포함된다. 이 어군 내에서 오스크어와 움브리아어는 라틴어와 관련해서 하위 어군을 형성한다. 라틴어와 대조적으로, 이 두 언어의 언어 상황을 보면, 이들은 친근관계에 있었다.

움브리아어는 구비오에서 발견된 유구비네스 동판[100]을 통해 알려졌다. 움브리아어 알파벳은 에트루리아어 알파벳〈에서 파생되었다〉.

오스크어에도 알파벳이 있었다(〈일부는〉 라틴 문자로 기록했다. 〈명문 참조〉). 오스크어 명문〈은 움브리아어보다는 그리 중요하지 않다〉. 오스크어와 움브리아어의 문헌자료들은 기독교 원년보다 시기가 그리 앞서지 않는다.

라티움의 언어인 라틴어는 문학 라틴어를 통해서만 알려진 것이 아니다. 예컨대 우리는 명문을 통해서 프레네스테 방언이 로마 방언과도 다르고, 팔레리의 방언과도 다르다는 것을 알고 있다.

따라서 라틴어는 도시[로마]의 방언이었다. 〈그 후 곧 우세한 언어가 되었다.〉 라틴어는 오직 더 나중의 원자료(기원전 250년)를 통해서만 우리에게 전해졌다. 두세 가지 명문은 이보다 연도가 더 오래지만, 수도 많지 않고, 중요성도 별로 없다.

〈안타까운 일이다. 왜냐하면 아마도〉 라틴어가 가장 많이 변한 것은 기원 직전의 시기일 것〈이기 때문이다〉. 〈2세기가 좀 더 지나면, 우

[133]

---

100 기원전 3세기에 제작된 청동판들로, 움브리아어 알파벳으로 기록된 종교 명문이다.

리는 아주 다른 라틴어 발달 단계를 보게 되기 때문이다.〉

[134]　　　분명한 것은 이탈릭어학은 켈트어학과 게르만어학이 처한 상황과 동일하다는 점이다. 인도유럽어의 이 세 방언을 비교해서 우리는 통일 시기에 사용되었던 언어를 재구한다. 라틴어에서 대어족이 탄생했는데, 로망스어족이다. 라틴어의 다양한 변화를 보여 주는 이들 언어는 포르투갈어, 에스파냐어(카탈루냐어, 카스티아어), 프랑스어, 프로방스어, 이탈리아어, 〈라에티의〉 북동부의 언어(로망슈어, 라딘어)와 루마니아어이다.

　　　라틴어의 영토는 역사적 정황과 상관없이 훨씬 더 광대했다(침략 때문에 티롤〈에서도 오랫동안 라틴어가 사용되었다〉). 이 모든 언어는 라틴어에서 〈나온〉 것이 아니라 수 세기 동안 변화한 "바로 라틴어 자체이다"〈(가스통 파리[101])〉.

　　　라틴어는 한 어족 내에서 최초의 언어 통일 단계〈원시형〉와 최후의 다양한 발달 단계를 지닌 언어학의 거의 유일한 사례이다.

[135]　　　〈원시형과, 분열된 언어. (근대 그리스어란 사례도 당연히 있다.)〉

원시 로망스어
(라틴어)

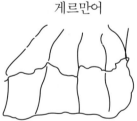
게르만어

101　Gaston Paris(1839~1903). 프랑스의 작가이자 어문학자. 특히 중세 프랑스 문학과 로망스어 문학 전문가이다. 콜레주 드 프랑스의 원장을 지내기도 했다.

〈게르만어파 내에서도 하위 어군의 원시형이 언제나 있는 것은 아니다.〉

이는 예외적인 상황이다. 〈이것이 로망스어 학자들이 처한 상황.〉

라틴어는 원시 로망스어인가? 로망스어 학자들은 아니라고 한다. 로망스어는 대중 라틴어에서 생겨났고, 이 대중 라틴어는 문헌의 언어가 아니다. 로망스어를 재구한 모습은 라틴어와 다른 결과에 이른다. 〈(문헌의 라틴어에 속하지 않는 단어들이 있다.)〉 '전체'tout를 의미하는 단어를 재구하면 *tuttus로 소급된다.

'종, 족속'engeance(고대 프랑스어 aveng(i)er)을 의미하는 단어들을 재구하면, 그 단어는 라틴어에는 없다.[102]

대중 라틴어는 문헌 라틴어와 같은 것은 아니지만, 〈아주 광범위한 지역에 급격히 확산된 시기의〉 라틴어를 가리킨다. 이는 매우 흥미로운 점이다. 그 이유는 여기서는 재구 방법을 통제할 수 있는 수단이 있기 때문이다. 이 방법이 인정할 만하다는 점은 확인된다.

[136]

문헌자료로서 로망스어는 인도유럽언어학의 관심사가 아니다. 그 까닭은 이들 언어에 담긴 사실이 이미 라틴어에 포함되기 때문이다. (예컨대 *tuttus 같은 몇몇 사항을 제외하면 말이다.) 하지만 라틴어사로서의 로망스어 연구는 인도유럽어학자의 연구에 속한다. 〈인도유럽어학자로서 언어학자는 어떤 언어가 오늘날의 그리스어가 되었는지, 원시 게르만어가 어떤 언어였는지에 관심이 있다.〉

다른 한편 원시 인도유럽어의 재구 작업 일부는 이로부터 아무런

---

102 engeance(종, 족속)의 고대 프랑스어형은 aengier(채우다, 성장하다)이다(『프랑스어 보고 사전』). 원문에 쓰인 것처럼 v는 없다.

해명을 구하지 못한다.

만일 라틴어가 소실되고 없었다면, 로망스어는 양방향으로, 즉 라틴어를 재구하는 한편, 이 로망스어의 역사를 기술하는 데 관여했을 것이다.

〈**기타 인도유럽어군**〉 이탈리아반도에는 움브리아라틴어군에 속하는 인도유럽어만 있었던 것이 아니다. 〈다른 인도유럽어군도 있었다.〉 우리가 가진 명문에 의하면, 확실한 것은 (칼라브리아 지방의) 메사피어는 인도유럽어와 관련이 있는데, 특히 일리리아어군과 관계가 있다는 것이다. 시쿨리인은 분명 인도유럽 민족이다.

[137]

그 북부에서는 최근의 몇몇 연구들이 보여 주는 바처럼, 리구리아인(북부 이탈리아-중부 프랑스, 아마도 스위스 일부)도 인도유럽인일 것이다. 하지만 리구리아어 명문은 남아 있는 것이 없으며, 고유명사에 의지해 판단할 수밖에 없다.

베네티어 명문도 남아 있는데, 그 명문은 이 베네티어가 인도유럽어에 속한다는 것을 보여 준다. (일리리아 방언과도 관계가 있지만, 한편 이들은 아드리아해 건너편에 있다.)

일리리아어로부터 파생되어 현재 남아 있는 언어는 이탈리아 몇몇 지방에서 사용되는 근대 알바니아어이다. 하지만 알바니아어에는 다른 이국 요소(터키어)가 많이 섞여 있어서 순수한 일리리아어 단어(그리고 인도유럽어 단어)는 겨우 100여 개 정도이다.

[138]

발칸반도 북부에는 트라키아어가 있었는데, 이 언어의 모습은 고유명사를 통해서나 알 수 있을 뿐이다(〈토마세크[103]가 수집한 〈지명 고유

---

103 Wilhelm Tomaschek(1841~1901). 체코-오스트리아계 동양학 및 지리학자.

명사학〉).

비잔틴 작가들을 통해 트라키아어에 대한 사실이 많이 알려졌다. 트라키아어도 인도유럽어였다. 이들 자료에 의하면, 이는 분명한 사실이다. 트라키아어의 중요한 방언 사슬이 상실되었다. 더 북부에 있는 다키아어도 트라키아어와 구별되는 인도유럽어였음이 분명하다. 남부의 마케도니아어도 역시 문제를 제기한다. 이는 고유명사와 (헤시키우스의) 주해에서 나올 뿐이다. 마케도니아어는 고대 그리스어족에 속하는가 〈속하지 않는가〉? 〈어쨌든〉 아주 밀접한 관계가 있었다. 〈우리가 재구할 수 있는〉 원시 그리스어의 특성에는 마케도니아어의 특성이 있는가? 문헌자료가 없기 때문에 이 문제는 해결하기 아주 어렵다. 만일 이 언어가 그리스어의 한 방언이라면, 그 지위는 독특하고, 따라서 다른 그리스어 방언과 대조해서 별개의 단일어를 구성했을 가능성도 있다. 마케도니아어는 그리스어의 유기음에 대응하는 연음$_{douces}$이 있었다.

[139]

$$ph \quad kh \quad th$$
$$b \quad \quad g \quad \quad d$$

예컨대 Bérénice(마케도니아 이름)라는 이름은 그리스어로는 Pherenike이다. 마케도니아어는 아마도 그리스어와 트라키아어의 중간 전이지대였을 것이다.

D. 〈그리스어군〉

그리스어〈또는 헬라어〉는 인도유럽어의 가장 중요한 소어파 중 하나이다. 하지만 **헬라인**Hellenès이란 명칭〈부족 명칭〉이 〈총칭적〉 민족 명칭이 된 것은 훨씬 뒤의 일이다. 가장 오래된 그리스어 명문은 600년에서 유래한다. 이는 또한 레스보스어로 된 시(알카이오스와 사포)가 지어진 연도이다. 이 연대를 넘어서면 호메로스의 시문학 자료가 있지만, 그 연대에는 논란이 있다. 그러나 호메로스의 그리스어는 다소 인위적이고, 〈다수의 방언으로 구성된〉 복합적 언어이며, 문학어이다.

[140]   명문은 각 지역의 집단어를 보여 준다. 이 명문들은 7세기의 마지막 4분기에 속한다. 이들 지역 집단어의 아주 명확한 지리적 분포는 발견할 수 없다. 주민의 지역 이동 때문이었다. 고대의 전통적 구분을 배제하고, 명문에 기초하여 전체적으로 대강 구분하면, ① 북동 지역 집단어가 있다. 이는 레스보스섬의 아이올리스어(알카이오스와 사포의 언어)로 대표되는, 더 구체적으로 아이올리스로 불리는 지역의 집단어로서, 테살리아어와 보이오티아어가 있다.

다음으로 ② 북서 지역의 집단어로 불리는 방언이다(로크리스, 포키스, 아카르나니, 에페이로스, 아이톨리아, 특히 델포이 신전의 일련의 명문). 이들 지역 집단어는 분명한 특징이 없고, 몇몇 사람들〈(언어학자들)〉은 이들을 도리스 방언으로 분류한다. 그러나 이 북서 지역 방언과 도리스 방언 사이에는 별로 명확한 관계가 없다.

③ 분명한 특징이 있는 도리스어는 넓은 지역에 분포하며, 선사 시기에 도리스인의 침입으로 형성된 것이다. 특히 펠로폰네소스의 아르
[141] 골리스와 에기나섬의 방언, 라코니아어, 메세니아어로 대표된다. 에게해에 있는 상당수의 섬(타소스, 테라, 로도스)과 크레타에서 도리스어가 발견된다. 선사시대의 식민지였던 이탈리아와 시칠리아의 도리스 식민지(메타폰토, 헤라클리아, 타란토, 시라쿠사)에도 사용되었다.

④ 도리스어에 〈엘리스의 방언〉, 특히 올림푸스의 발굴을 통해 알려진 엘리스어를 포함시킬 수 없다.

⑤ 아르카디아어와 키프로스어(아르카디아키프로스어)는 아주 직접적인 관계가 있다〈키프로스의 아르카디아 식민지〉. 이들도 도리스어에 귀속시킬 수 없다. 오히려 아이올리스어와 더 유사하다. 키프로스어는 음절문자(순수한 그리스어 문자 방식)로 개정한 명문을 통해서만 알려졌다.

⑥ 대大이오니아어파는 다음과 같이 하위 방언으로 구분된다. 이 어파는 (a) 키클라데스 일부 지역(예컨대 낙소스)과 소아시아의 도시들과, 또한 키오스섬 등지에 사용되던 순수한 이오니아어로 부르던 언어로 대표된다. 이 대어파는 또한 (b) 아티카에도 한 어파가 있었지만, 이오니아어의 모든 특성이 완연히 나타나지 않는다(아티카어에서는 ρ와 ι 뒤의 장음 ā는 η로 변하지 않았다).

[142]

이오니아인의 중심지가 어디였는지는 정확히 말할 수 없다. 아마도 코린토스만의 연안(펠로폰네소스 북부)으로 추정되지만, 입증된 것은 아니다.

⑦ 소아시아 팜필리아의 그리스어는 그 특성 때문에 별개로 분류된다. 기원전 4세기경 알렉산드로스의 정복으로 코이네κοινη(즉 공통 〈일반〉 방언)가 발달하기 시작했고, 문학어가 되었다. 이 코이네는 상업의 언어, 교류의 언어였다. 아티카어가 중요 기반이지만, 다른 방언들도 이 방언의 형성에 기여했다(예컨대 아시아의 이오니아어). 코이네는 점차 지역의 방언을 소멸시켰다. 보이오티아어는 기원전 100년에도 여전히 사용되었다. 오늘날, 그리스어에서 현재까지 존재하는 방언에서는 고대 방언들의 흔적을 거의 찾아볼 수 없다. 크레타섬의 고고학적 연구

[143]

(에번스 경[104])는 미노스 시대의 문자로 기록된 서고를 발굴했는데, 지금까지도 풀이가 난해한 상형문자로 기록된 문헌자료이다. 현재로서는 미노스 문헌자료에 담긴 이 언어가 인도유럽어인지 아닌지는 말하기 불가능하다. 이것이 원시 그리스어의 형태인지는 알 수 없다. 〈이 명문들은 적어도 기원전 1000년으로 소급된다.〉

E. 발트 제어와 슬라브 제어

〈슬라브어와 발트어 두 어족〉

라트비아어군으로도 불리는 이 발트어군은 슬라브어와 관련이 있으나 특정 어군으로 묶기에는 슬라브어와 너무 다르다. 발트어군은 지리적으로 발트해로부터 북쪽으로 널리 퍼져 있다(중심지는 프러시아와 러시아의 경계인 클라이페다 주변 지역이다). 발트 주민은 해안가를 따라 널리 분산되었다.

[144]

발트어군의 〈최〉남단의 대표적 언어는 다음과 같다.

〈①〉 비스툴라강 동부(마리엔부르크에서 쾨니히스베르크까지)에서 사용되던 프러시아어는 더 이상 존재하지 않는다. 그 주민(복수형으로는 Prûsai)은 이미 중세기에 조금씩 게르만화되었고, 이로 인해 **프러시아인** Prusses이란 명칭도 그곳에 살던 주민이 독일의 지배를 받아서 민족 명칭이 된 것이다〈마치 영국인의 명칭 Brittisch처럼〉. 16세기에 프러시아어로 교리문답서를 작성할 필요가 있었다(1550년경). 이 교리문답서의 어휘를 통해 프러시아어의 모습을 알 수 있다. 사부아의 추기경이

---

104 Sir Arthur John Evans(1851~1941). 영국의 고고학자이자 고전문헌학자. 그리스 크레타섬의 크노소스 궁전을 발굴함으로써 미노스 문명을 발견했고, 선형문자를 정의했다.

13세기에 프러시아어 문법서를 작성했지만, 사라지고 없다.

〈②〉 리투아니아인은 오늘날보다 훨씬 더 넓은 영토를 차지하고 있었다(오늘날 리투아니아어는 프러시아의 북동 극단 지역(틸지트〈라겐트〉로부터 클라이페다까지)과 러시아에서 여전히 사용된다)(그 주요 도시는 코브노이다).〈빌나는 한때 리투아니아의 수도였으나 오늘날 국경이 빌나 서쪽으로 지나간다.〉 북쪽의 경계는 쿠를란트인데, 여기서는 레트어가 사용된다.

[145]

어쨌든 100만 명 이상의 리투아니아인〈주민[판독 불가]〉이 리투아니아어를 사용한다. 이 언어는 고형古形의 면모를 보여 주는 것으로 유명하다. 중세 말까지 리투아니아인은 여전히 이교를 숭배했다. 어떤 형태는 산스크리트어와 일치한다. 리투아니아인과 브라만인은 서로 말을 동시에 이해할 수 있는 짧은 문장을 만들 수 있었다.〈프러시아어도 또한 아주 고형을 간직하고 있다.〉

민족 문학은 없다. 단지 찬가(다이노스dainos)가 있을 뿐이다. 도네라이티스[105]의 시는 18세기에 기록된 육각시六角詩이다. 1545년(교리문답서) 이전에는 리투아니아어에 대해 알려진 바가 없다.

〈③〉 레트어 또는 라트비아어도 쿠를란트 전역과 리보니아 일부 지역에서 사용된다. 이 언어는 귀에는 리투아니아어와 매우 다르게 들리지만, 문법 분석은 상당 부분 일치한다. 레트어는 고도로 문명화된 사회에서 사용되었다.〈그래서 문헌을 레트어로도 인쇄했다.〉 오늘날에도 레트어는 많이 생존해 있으나 리투아니아어는 점차 사라지고 있다.

---

105 Kristijonas Donelaitis(1714~1780). 프러시아령 리투아니아의 루터교 목사. 고전 리투아니아어로 쓴 시집 『사계』(Metai)를 남겼다. 아우구스트 슐라이허가 1865년에 전편을 편집·출판했다.

　[노트 IV의 시작] 〈슬라브어군〉

초기 기독교 시기에 슬라브 민족이 어디에서 살았는지는 알기 어렵다. 이들은 알라니인Alloni(Allani)으로서 민족 대이동 때 분명 러시아 남부의 초원지대에서 이주한 슬라브인이다. 최초로 알려진 슬라브인은 〈발칸반도 북부〉 남슬라브인이다.

　〈I〉 아드리아해에 슬로베니아어로 대표되는 남슬라브어 또는 유고 슬라브어가 있고, 좀 더 동부와 북부에 세르보크로아티아어가 있다. 크로아티아인은 세르비아어와 유사한 방언을 사용했다. 좀 더 동쪽에 마케도니아어(불가리아어의 인접 방언)로 불리는 언어와 함께 불가리아어가 있다. 바로 이 지역에서 살로니카 출신의 두 슬라브인 사도司徒 키릴로스와 메토디오스가 선교했다. 이들이 9세기에 발칸반도의 슬라브인을 복음화하고, 키릴 알파벳으로 복음서를 번역했다.

　우리가 가진 수고手稿 사본은 10세기, 11세기의 것이다. 키릴로스와 메토디오스가 기록한 복음서의 이 언어를 교회 슬라브어로 부르며, 이는 슬라보니아어, 고대 슬라브어, 고슬라브어로도 불린다.

　슬라브어 학자들은 이 교회 슬라브어가 어떤 언어였는지를 연구했다. 학자들에 따라 고대 불가리아어이거나 고대 슬라보니아어인 것으로 생각했다. 레스키엔[106]은 『교회 슬라브어 문법』*Grammatik der Altbulgarischen (Altkirchenslavischen) Sprache*에서 이 문제에 대해 견해를 달리 표명했다. 오늘날에는 오히려 고대 불가리아어로 생각하려는 경향이 있다. 이 교회 슬라브어는 동방정교회의 언어가 되었다. 다른 한편 모든

106　August Leskien(1840~1916). 독일의 비교언어학자이자 고전연구자로 슐라이허 문하에서 수학했다. 소쉬르, 트루베츠코이, 블룸필드. 쿠르트네 같은 유명 학자들이 그의 지도를 받고 역사비교언어학을 연구했다. 특히 발토슬라브어 역사 연구에서 많은 업적을 남겼다.

슬라브 개별어에는 교회 슬라브어에서 차용한 단어들이 많고, 교회 슬라브어로 기록된 수고 문헌은 모두 각 슬라브인 집단이 작성한 언어로 채색되어 있다. 그래서 러시아 교회 슬라브어, 세르비아 교회 슬라브어 등의 변이가 있다. 그러나 이는 원시 슬라브어는 아니다.

남슬라브어는 고대로부터 전혀 다른 언어로 알려졌는데, 이 중 한 방언이 교회 슬라브어에 간직되어 전해 내려왔다〈불가리아어군의 마케도니아 방언이다〉. 현재 상태의 불가리아어는 슬라브 개별어 가운데 가장 흥미가 떨어지는 언어이다. 갖가지 변화를 많이 겪었기 때문이다. 불가리아어는 주격과 호격만이 남아 있다.

불가리아인은 순수 슬라브인은 아니고, 불가리아인, 타타르인, 루마니아인이 섞여 있다.

[148] 세르비아어는 지리적 경계를 지적해야 한다. 오스트리아가 보스니아-헤르체고비나를 합병하기 전에는 경계를 이처럼 획정할 수 있다.

a. 세르비아어 = 오스트리아 국경 내 불포함된 서부 유고슬라비아어 (세르비아, 보스니아-헤르체고비나, 달마티아, 몬테네그로, [판독 불가]) + 오스트리아제국 내(코르바티)의 크로아티아어(세르비아어와 아주 유사)

b. 슬로베니아어 = 오스트리아제국 내 포함된 서부 유고슬라브어 (이스트라반도-트리에스타) 헝가리의 서부 사회의 슬라보니아어 (다뉴브강의 프레스부르크 맞은편까지)

슬로베니아어는 몇몇 주해서를 제외하고 15세기 이후 알려졌다.

세르보크로아티아어는 더 중요하다(특히 악센트 때문에).〈이 언어는 슬라브어학 전체에서 가장 흥미로운 언어 중 하나이다.〉 세르보크로아티아어는 과거 한때에는 아주 중요했다〈이때는 세르비아의 영웅적 시기였다〉(중세, 즉 〈(고도의 문화를 지닌)〉 라구사공화국). 이 문학은 14세기로 소급된다. 12세기 증서가 있으나 교회 슬라브어의 색채가 짙다. 〈슬로베니아인은 로마 가톨릭 교도였지만, 다른 슬라브인은 동방정교를 믿었다. 전자는 라틴어 알파벳, 후자는 키릴 알파벳을 사용했다.〉

II. 서부 어군

과거에는 오늘날보다 언어 영역이 훨씬 더 넓었다. 그것은 슬라브인이 엘베강까지 진출하여 독일 전역을 점령했기 때문이다. 동부의 〈지리적〉 명칭은 대부분 슬라브어이다.

[149] **포모르자네**Po-morjane(포메라니아Pommern)[107]는 발트해를 따라 거주하는 사람들이란 뜻이다. 안타이인과 오보트리트인[108]은 중세에 살았던 부족이다.

폴라브어만이 (엘베강을 따라서) 살아 남았고, 〈엘베강 하류에서는〉 18세기까지 사용되었다.

---

107 포메라니아는 발트해 남부 해안 지방으로서 독일과 폴란드에 걸쳐 있다. 이 명칭은 슬라브어 po mo more(해안가의 땅)에서 유래한다. 포메라니아어는 서슬라브어에 속하는 레흐 언어군의 한 방언이다.

108 중세 독일 북부에 거주하던 서부 슬라브 부족들의 연맹 집단이다. 원문에는 Omotrites로 나오나 Obotrites의 오자인 듯하다. 메히야·감바라라는 콩스탕탱의 수고를 텍스트화하는 과정에서 발견하거나 확정할 수 없는 많은 사례를 자신들 편집본의 발표 지면 앞에 실어 두었는데("Établissement du texte", *Cahiers Ferdinand de Saussure* 58, 2005, pp.73~80), 이 단어를 확인 불능의 단어로 지적한다(p.77).

Labĭ = Albis^{엘베 강}

더욱 동쪽에는 고립된 다른 슬라브어가 지금도 전해 내려오며, 라우지츠에도 벤덴인의 고립 지역이 있다. 라우지츠 방언의 원래 이름 **소르브어**는 기록 문헌이 없다.

체코 대민족은 그 후에 이곳에 도래했다. 체코인은 마르코만인이 살던 게르만 지방을 점령했고, 이들의 집단어는 슬로바키아인의 집단어와 유사하다.

슬로바키아인은 모라비아와 헝가리 북서 지방에 거주했다. 그 후 더 후대에 헝가리가 지배한 식민지의 여러 지역으로 흩어졌다. 방언상으로 볼 때, 슬로바키아어는 체코어와 다르다.

〈꽤 중요한〉 체코어로 기록된 최초의 문학 문헌자료는 적어도 1200년부터 유래한다.

[150] 폴란드어는 서슬라브어 중 방언 수가 가장 많은 어파이다. 과거의 언어 경계는 오늘날보다도 훨씬 넓었다. 폴란드어는 〈서쪽으로〉 소小포메라니아에서 사용되는 카슈브어처럼 방언이 다양하다. 〈이 지방은 폴란드 봉토였다〉〈(발트해 연안).〉 오늘날에는 〈프러시아〉, 갈리치아, 러시아령 폴란드에서도 폴란드어가 사용된다. 문학적으로 폴란드어는 매우 중요하다. 러시아어와 비교해 볼 때, 그것은 문명어였다. 문학은 체코어와 같은 시기로 거슬러 올라가지만, 다른 언어들보다 나중이다.

서부 어군의 최초의 언어 경계는 매우 축소되었다.

III. 동부 어군〈= 러시아어〉

동부 어군에서는 러시아어가 대표적 언어이다. 분명한 특징이 있다. 러시아어는 그 사용 지역이 우크라이나(수도 키예프 포함)인 (남서부〈의〉) 소러시아어 또는 남부 러시아어와, 〈그 나머지 지역을 모두 포함하는〉 대러시아어로 크게 구분되고, 후자는 (서부의) 백러시아〈볼린, 민스크, 그로드노〉에서 다시 하위 구분된다.

[151]   러시아어의 놀라운 특성은 방언 차이가 거의 없다는 점이다(이 현상은 에스파냐어에서도 발견된다). 〈동부 경계는 정하기 매우 어렵다.〉 동부에서 러시아어는 다른 언어들 위에 중첩되면서 캄차카반도까지 펼쳐져 있다. 그 핵심 지역은 비교적 좁게 한정된다. 두 군데 〈(옛)〉 중심지(키예프와 대ᵥ노브고로드)가 있다. 모스크바 자체는 최근의 중심지로 간주된다. 〈1200년경부터 확장된 곳이다.〉 서슬라브어군 전체를 대략 말하자면, 이 전체 어군은 종교적으로 서방과 로마의 영향을 받았다는 점에 주목해야 한다. 그 결과 교회 슬라브어는 이들 언어에 아무 역할을 하지 못했다. 〈문학이 등장하는(이는 큰 이점이다) 초엽에도〉 〈문학을 다룬 진지한 문헌자료가 있었는데〉 동부 어군에서는 그렇지 못하였다. 최초의 문헌자료는 교회 슬라브어로 작성되었고, 또한 오늘날 신학 저술도 그렇다. 이 교회 슬라브어는 단어의 형태가 많이 변했다. 〈갖가지 단어가 뒤섞여 있다.〉 1200년까지 소급되는 고문서들이 있고, 폴란드어, 백러시아어, 교회 슬라브어가 섞인 언어로 기록되었다. 러시아

[152] 어는 점차 분화되었다. 최초의 기록 문헌자료는 11세기 말엽으로 소급된다. 18세기 이후 작가 로모노소프[109]의 노력 덕분에 비로소 진정한 문학어가 되었다.

---

109 Mikhail Lomonosov(1711~1765). 러시아의 과학자·공학자·교육자·문학가·문헌학자. 다방면에 걸쳐 백과사전적 지식을 갖춘 학자로서 근대 러시아 문학어의 발달에 큰 영향을 미쳤다.

(소러시아어 또는 남부 러시아어에는 루테니아 민족의 언어도 포함되는데, 그 민족 일부가 오스트리아에 있다는 점을 덧붙인다.)

러시아어가 채택한 문자는 키릴 문자이다. 이 알파벳을 채택한 것이 러시아어와 불가리아어에는 오히려 방해가 되었다. 슬라브어학은, 극히 다양하지만 〈친근관계가 있는〉 언어〈(러시아어, 폴란드어, 체코어, 세르비아어, 슬로베니아어, 크로아티아어 등)〉을 다룬다. 슬라브어학은 세 어군을 하나로 결합해야 하는데, 동부 어군, 서부 어군, 남부 어군의 각 어군에 논의한 것을 모아야 한다. 그러면 원시 슬라브어를 재구할 수 있다. 〈이는 알려진 아주 고대의 방언과도 상당히 다르다.〉 〈하지만 남부의 고대 슬라브어와 원시 슬라브어의 차이는 예컨대 게르만어와 슬라브어의 차이보다 크지 않다.〉 이 원시 슬라브어 형태는 다양한 슬라브 개별어에 비교적 양호하게 잘 보존되어 있다. 게르만어처럼 어말의 마모가 별로 없다. 슬라브어는 비인도유럽어 사용 민족과 접촉했고, 이들의 언어와도 서로 접촉했다.

[153]　　　슬라브인 집단에 둘러싸인 민족은 비인도유럽인인 마자르족이다. 시베리아 전역에서 러시아는 수많은 비인도유럽 민족과 인접해 있다. 이들은 예로부터 핀란드인과 타타르인과 늘 접촉해 왔다.

F. 소아시아를 점유한 인도유럽어군

아르메니아어는 아르메니아 지방이 비잔틴 문명에 예속된 덕택에 기원 5세기부터 보존되었다. 또한 기독교 문학과, 이와 함께 발달한 세속 문학 덕택에 보존돼 내려왔다. 아르메니아어는 수고 텍스트를 통해 알려진 소아시아의 유일한 개별어이며, 오늘날까지 생존하는 유일한 언어이기도 하다. 아르메니아어는 아르메니아 자국과 콘스탄티노플의 여러 공동체, 베네치아의 아르메니아 수도원에서 사용된다. 아르메니아어는 특수한 알파벳으로 기록되었고, 오늘날의 알파벳은 5세기 알파벳과 동일하다.

오랫동안 아르메니아어는 이란어로 분류되었다. 오늘날 그 분류가 완전히 오류라는 것이 밝혀졌다. 이 오류가 일어난 이유는 아르메니아어의 많은 이란어(특히 페르시아어) 단어 때문이었다. 〈하지만 외래 요[154] 소를 일단 제거하면 우리가 알 수 있는 것은〉 아르메니아어는 이란어와는 유형이 아주 다른 언어이며, 기본적으로 유럽의 언어와 일치한다는 점이다. 특히 모음체계가 아르메니아어의 지위를 잘 보여 준다. 모음(a, e, o)은 인도유럽어처럼 별개로 구별되는 반면, 이란어는 이 세 모음을 단 하나의 모음 a로 합류시켰다. 그렇지만 〈인도유럽어학과 관련해서〉 아르메니아어는 전면에 부각되지 못했다. 아르메니아어는 그리 순수하지 않다. 현재 소실되고 없는 소아시아의 다른 인도유럽 지역어와 비교해서 아르메니아어에 거의 확실한 사실은, 그 언어 특성이 유럽어 유형이며, 인도이란어 유형은 보여 주지 않는다는 점이다〈아마도 그 특성은 원시 아르메니아어에서 유래했을 것이다〉. 이것은 남아 있는 파편적 자료들로 확증된다. 예컨대 발칸반도 북부의 가장 큰 지역을 점하는 프리기아어를 보자. (헤시키우스의) 여러 주해서 외에 남아 있는 프리기아어는 두 계열의 명문이다. 한 계열은 스미르나 근처의 프리기아 미다스왕의 분묘 묘지석에 새겨진 명문이고, 더 후대의 로마제국 명문은 그리스어 문자로 기록된 것들이다. 분묘 묘지석에 새겨진 글은 무덤을 파는[155] 도굴꾼에게 내리는 저주의 표현이다. 몇몇 글자들을 보면, 적어도 그리스어와 상당히 비슷한 유형의 기록이다. 기초적인 의심조차 해소하기에는 프리기아어 자료가 너무 빈약하다. 아르메니아어 전문가인 메이예[110]는 아르메니아어는 프리기아어와 함께 하나의 언어, 즉 아르메노프리기아어를 구성할 가능성이 있는지 여부는 말할 수 없다는 견해를 공공연히 표명했다. 헤로도토스에 따르면, 프리기아인은 트라키아인에게 식민 지배를 받았다고 한다. 이러한 이유로 언어학자들은 이들을 트라코프리기아어군으로 묶으려고 했다.

〈소아시아의〉 남부와 남서부의 리키아인은 많은 명문을 통해 알려졌다. 학자들은 오히려 리키아어가 인도유럽어에 속한다고 했다.

카리아어는 그 지명을 보면, 인도유럽어는 아니다.

리디아어는 더욱 인도유럽어가 아닌 듯이 생각된다. 하지만 그리스인은 칸다울레스 왕의 이름 Χαν-δαύλευς[크산-다울레우스]를 '개를 죽이는 자'로 해석하고, 슬라브어 〈단어들과〉 다소 유사한 δαυλης[다울레스]가 살해자, 살인자로 해석될 가능성이 있다고들 한다.

[156]   코카서스 지방에 코카서스 언어 중 유일하게 인도유럽어인 언어가 있다. 오세티아어는 다리알협곡 인근의 산맥 북부나 남부에서 사용된다. 아주 근대에 와서 알려진 이 오세티아어는 인도유럽어지만, 그 언어학적 지위를 모른다. 별개의 어군에서 〈잔존한〉 언어가 아닐까? 그럴 가능성이 있다.

---

110 Antoine Meillet(1866~1936). 프랑스 언어학의 아버지로 꼽히는 언어학자. 아르메니아 현지 연구를 통해 아르메니아를 연구하고 『고전 아르메니아어 비교문법 개요』(*Esquisse d'une grammaire comparée de l'arménien classique*, 1903)를 출간했다. 그의 『인도유럽어 비교연구 입문』(*Introduction l'étude comparative des langues indo-européennes*, 1903)은 인도유럽언어학의 고전적 입문서이자 전범으로 꼽는다.

H. 대인도이란어족[111]

이란어와 힌두어는 분리시킬 수 없다. 그 이유는 (레토슬라브어군처럼) 이들 언어가 분명 일치하기 때문이다.

〈이 어족의 다른 언어들과 대비해서〉 그것(인도이란어)은 무엇보다도 모음체계 변화로 구별된다.

$$\underbrace{\breve{a} \ \breve{e} \ \breve{o}}_{a} \qquad \underbrace{\bar{a} \ \bar{e} \ \bar{o}}_{\bar{a}}$$

후대에 생겨난 e는 고대의 e나 고대의 o와는 무관하게 최근에 일어난 현상이다. 힌두어와 대립해서 이란어군의 s는 모음 앞에서 h가 되었다. 그래서 이란어는 sapta가 아니라 hapta[숫자 7]이다.

asi : ahi

[157] **이란어**

이란어의 역사는 폐쇄된 국가 내부에서 전개되지 않았다. 그 반대로 이란 지방은 온갖 인종이 서로 접촉하는 만남의 장소였기에 인도유럽의 이란어가 변화에 저항한 강도는 놀랄 만하다.

페르시아의 키루스 대제의 정복으로 페르시아인은 산악지대와 페르시아 지역에서 벗어나서 (예컨대 바빌로니아, 아시리아 같은) 셈족 국가에서도 지배 종족이 되었고, 수사[111]에서도 다른 종족(그 종족 명칭이

---

111 번호 'G'가 와야 할 차례이지만 원서에 누락되어 있다.

무엇이든)을 제치고 지배 종족이 되었다. 그 후 〈후대에 와서〉 북부로 부터 투란 지역의 스키타이인[113]과 인도유럽계 스키타이인이 들어왔다. 이처럼 수많은 종족들의 언어 모습은 석벽에 페르시아어, 바빌로니아 어, 스키타이어로 3열로 새긴 다리우스 왕〈비슈타스파의 아들〉의 명문 에 나타난다.[114]

[158] 그 후 아랍인의 정복으로 페르시아어는 영향을 크게 받았다. 마지 막으로 몽골인과 터키인이 들어왔다. 이란에는 페르시아인 외에도 일 련의 이란계 주민이 있었는데, 그 일부는 오늘날까지 남아 있다. 서부의 쿠르드인과 동부의 아프간인이다. 페르시아인을 제외하면, 이들 중 어 느 민족도 자신의 고대 언어로 기록한 문헌자료를 남긴 것이 없다. 〈이 들 중 유일하게 한 주민만이 고대 페르시아어를 사용했고 고대 문헌자 료를 남겼지만, 그 주민이 누구인지는 모른다.〉 그 문헌자료는 마즈다 교(조로아스터교)의 『아베스타경』이다. 젠드(주해서)라는 명칭으로 불 리는 『아베스타경』을 기록한 이 언어는 이란의 고대 언어 중 하나지만, 고대 페르시아어는 아니다. 이 언어를 사용한 자들이 누구인지도 모른 다. 아마도 고대 박트리아의 언어, 따라서 히바[115] 너머 북동부 지방 언 어인 것 같기도 하다. 다른 학자들(다르메스테테르)에 따르면, 이는 서

---

112 엘람제국의 고대 도시로서, 현재는 이란 후제스탄주의 도시 슈시이다.

113 이들은 우랄알타이계에 속한다.

114 여기서 말하는 명문은 헨리 롤린슨(Henry Rawlinson)이 해독한 베히스툰 명문이다. 기원전 520년에 다리우스 대왕의 왕위 즉위를 둘러싸고 일어났던 사건을 세 가지 언어로 기록한 것으로, 이 3열의 언어는 고대 페르시아어(다리우스 왕이 제정한 쐐기문자로 기록), 바빌로 니아어(=아카드어), 엘람어(수사 지방의 언어)이다. 따라서 원문의 '스키타이어'는 오류인 듯하다.

115 현재 우즈베키스탄에 속하는 도시로, 이전에는 '쿠와레즘', '코레즘' 등 다양한 이름으로 불 렸다.

부의 언어로서, 메디아어와 다른 언어일 것으로 추정한다. 따라서 젠드어로 불리는 이 고대 이란어 형태의 사용 지역은 확인할 수 없다.

다른 한편 오늘날까지 간직된 고대 페르시아어는 아케메네스 왕들이 사용한 언어이다(명문이 남아 있다).

[159] 〈알려진 페르시아어의〉 첫 발달 단계는 키루스 대제 이후 페르시아제국 전체의 공식어인 아케메네스 왕조의 페르시아어이며, 과거에는 페르시아의 산악지대에서 사용되던 방언이었다. 고대 페르시아어는 석벽에 새겨진 명문 덕택에 〈특히 잘 알려졌고〉 설형문자로 기록되었다. 그 명문 가운데 하나가 키루스 왕의 것으로 생각된다. 어쨌든 비슈타스파의 아들인 다리우스 왕과 그의 후계자들은 일련의 명문을 남겨 놓고 있다. 그중 가장 중요한 명문은 페르세폴리스 인근 베히스툰에서 발견된 3열로 기록된 〈다리우스 왕의〉 명문이다. (그중 한 열은 고대 페르시아어이다).

셈어(바빌로니아어) 설형문자 명문의 영역에 진입할 수 있었던 것은 이 다리우스 명문의 해독 덕택이었다. 인도유럽어 설형문자는 셈어 설형문자보다는 그리 복잡하지 않다.

이 언어군을 좀 더 자세하게 살펴보려는데, 그 이유는 ① 이 개별 언어들이 언어학이 당면한 난점을 보여 주는 놀라운 예를 제공하기 때

문이다. 〈언어학자의 첫째 임무는 연구 진로를 흐리는 장애물을 제거하는 것이다.〉

[160]   ② 이 언어군은 우리와 거리가 아주 멀어서 그 언어군을 잘 모르기 때문이다.

③ 게다가 이들 언어를 다룬 저술들을 많이 수정하지 않고서는 인용하기 어렵기 때문이다.

페르시아어

페르시스로 불리는 이 지역은 페르시아만이 위치한 산악 지방이다.

이곳이 페르시아인(인도유럽 민족)이 거주하던 유일한 출발지이다. 〈여기서부터〉 [기원전] 600년경 서부로는 수사(셈인이나 인도유럽인이 세운 나라가 아니다)를 지배했고, 그 후에는 바빌로니아(셈인)를 정복했고, 마침내 페르시아제국의 그 외 전 지역을 제패했다. 이러한 정복 덕택에 고대 페르시아어는 이 제국 전체의 공용어로 사용되었다〈이때는 그리스어의 황금 시기였다〉.

고대 페르시아어는 페르시아만에서 카스피해에 이르는 산악지대를 따라 이들 민족에게 널리 사용되었다.

페르시아제국의 모습을 오늘날의 국경과 비교하면, 제국의 개념을 〈더욱〉 확장시킬 수 있다. 아케메네스 왕조의 명문 덕택에 기원전 500년부터 오늘날까지 페르시아어가 생존하게 되었지만, 연대상으로 [161] 볼 때 빠진 시기가 두 군데 있다.

아케메네스 왕조의 고대 페르시아어 (기원전 500~330년)

누락됨
(500[년])

사산 왕조의 중기 페르시아어   (226~652년)
　　(펠비어)

누락됨

신페르시아어   1000년 이후
(근대 페르시아어)

　　이용 가능한 자료는 모두 확인한 결과 이 계보는 가능한 한 직접 전승되었다. 아케메네스 왕조의 고대 페르시아어의 변화로 생긴 특성들 외의 다른 특성들은 오늘날의 근대 페르시아어에서는 발견되지 않는다.

　　우리는 아케메네스 왕조 시대의 고대 페르시아어를 어떻게 아는가? 〈이 설형문자는 어떻게 해독할 수 있었는가?〉

　　페르시아 민족이 바빌로니아 민족과 접촉했을 당시, 바빌로니아는 적어도 1500년간 문명을 간직한 이 언어들을 기록하기 위해 설형문자를 사용하고 있었다. 왜냐하면 바빌로니아에는 셈어뿐 아니라 다른 비인도유럽어도 발견되었기 때문이다.

[162]　　이 설형문자는 벽돌에 흔적으로 새긴, 끌로 한두 번 긁은 기호를

손쉽게 볼 수 있고, 이 문자는 여기서 유래하고 있다.

　페르시아인은 설형문자를 배워 〈인도유럽인의 천재성을 발휘하여〉 거의 알파벳으로 된 간단한 문자로 바꾸었는데, 이는 모방한 음절문자와는 거의 다른 문자였다. 〈이 두 종류의 문자에 공통된 것은, 그 일반적인 절차, 즉 설형문자라는 사실뿐이다.〉

　페르시아 왕들은 두 가지 놀라운 생각을 강구했다. ① 석벽에 명문을 새기되, 엄청나게 거대한 규모로 새기게 했다. 〈그래서 이들을 살펴보려면 망원경을 이용해야 한다.〉

　② 페르시아의 왕 다리우스는 고대 페르시아어 외에 두 언어(〈바빌로니아어와 스키타이어[116]〉)로 내용을 번역하도록 명했다. 이를 통해 과거의 고대 바빌로니아어 전체에 접근할 수 있었다.

　다리우스 왕의 이 명문은 베히스툰 석벽(고대 메디아왕국의 국경)에 새겨져 있다. 게다가 페르세폴리스 유적(석벽)에는 〈궁궐의 일부에〉 케르케스 왕대의 고대 페르시아어로만 기록된 명문도 있다.

[163]　베히스툰 명문의 〈첫 열의〉 해독이 관건이다.

고대 페르시아어	'스키타이어'[117]	바빌로니아어

116　스키타이어가 아니라 엘람어이다. 각주 114번 참조.
117　역시 스키타이어가 아니라 엘람어이다.

독일의 학자 [게오르크 프리드리히] 그로트펜트[118]는 1802년에 첫 번째 열의 몇몇 단어의 의미를 성공적으로 해독한 최초의 학자였다.

학자들은 베히스툰 명문이 어디서 유래하지를 몰랐다. 그로트펜트도 이것이 문자라는 것을 사람들에게 믿게 하려면 입증을 해야 했다.

① 첫 번째 열의 설형문자는 다른 두 번째 열의 문자와는 아주 달랐지만, 페르세폴리스의 문자와는 동일한 것이었다. 그래서 그 문자가 페르세폴리스의 것과 동일한 것일 가능성이 컸다. 페르시아 왕조는 명문을 여러 언어로 기록했고, 첫 번째 열을 공식어로 기록했을 것이다. 그리하여 첫 번째 열을 최우선으로 집중해서 해독할 근거가 충분했다.

[164] 페르시아어 명문은 단어들 사이에 쉼표가 있었고, 그래서 단어를 해독하지 않고서도 단어가 어떻게 구성되는지를 알 수 있었다. 그로트펜트는 명문의 첫 부분에 자주 반복되는 일련의 기호열이 왕을 의미하는 것으로 생각했다.

Xṣăyaβiya[크샤야티야](페르시아인의 샤)

그로트펜트의 문자 해독의 기본 원리는 왕이 부친 이름을 부른 후, 자신을 그 왕의 아들로 지칭한다는 것이었다("어떤 왕, 그 왕의 아들"). 두 번째의 왕 이름은 속격이었다. 그런데 아케메네스 왕조에는 부친이 왕이 아니었던 왕이 있었는데, 그가 바로 비슈타스파의 아들인 다리우스 왕이라는 것이다. 다리우스 왕은 부친을 왕의 칭호로 칭하지 않고, 다른 칭호를 부여해야 했다. 이것이 해독의 주요한 출발점이었다.

[165] Δαρεῖος[다레이오스]란 단어는 Dârayavahuš와 대응한다. 그리하여 명문

---

118 Georg Friedrich Grotefend(1775~1853). 독일의 문헌학자이자 명문학자. 특히 설형문자 해독에 혁혁한 공을 세웠다. 그러나 이 고대 페르시아어 설형문자를 해독한 것은 영국 학자 헨리 롤린슨이다.

의 의미가 조금씩 밝혀졌고, 힌두어와의 친근관계가 인지되었다.

힌두어에서 Dhârayad-vasus(재물을 가져오는 사람)

ArtaXšaþra / Ṛta-kṣatras(그 사람의 지배는 합법적이다)

다른 두 열에 나오는 고유명사를 이용하여 베히스툰의 세 번째 열
(바빌로니아어)을 해독하는 데 이르렀다. 이는 음절문자이자 다중음성
문자였다. 이것이 니느웨와 바빌로니아의 고대 명문과 문헌의 해결 열
쇠가 되었다.

아케메네스 왕조의 마지막 왕은 336년에 사망한 다리우스 오쿠스
였다.[119]

그 후 알렉산드로스 대제와 그 후계자들이 지배하던 시기와, 아르
사시드인(파르티아인〈이들은 인도유럽인으로 추정되지만, 페르시아 민족
은 아닌 것 같다〉)(카스피해의 남서 파르티아인)의 왕조 시기는 암흑기였
다. 기원 226년에 아르다시르(=아르타크세르크세스) 왕의 사산 왕조가
도래할 때까지 말이다.

ArtaXšaþra

Ardashir 〈이는 그들의 언어가 다리우스 왕조의 고대

페르시아어가 아니었다는 것을 보여 준다.〉

(Ἀρδασήρ) = 비잔틴인의 나라에서

[166]　　　아르다시르 왕은 피르다우시[120]가 지은 『열왕전』*Shahnameh*의 영웅이

---

119 사실관계를 바로잡아야 한다. 기원전 336년에 사망한 왕은 오쿠스(아르타크세르크세스
3세)가 아니라 그의 아들 아르타크세르크세스 4세이다(오쿠스는 2년 전 사망). 이어 아케메
네스 왕조는 다리우스 3세 코도만누스(재위 기원전 336~330년)를 거쳐 알렉산드로스 대제
에 의해 멸망한다.

120 Ferdowsi(935~1020?), 10세기 페르시아의 시인.

다. 〈아랍 정복으로 이 왕조는 종말을 맞이했다.〉 637년에 크테시폰[121]
이 아랍인에게 함락되었다. 아랍 정복으로 이슬람이 들어왔다. 마즈다/
조로아스터교의 배교가 절정에 달했고, 마즈다 교도는 이슬람교를 받
아들였다(그 후에 이슬람교는 분열주의로 서로 갈라졌다).

이 종교 공동체들은 쫓겨나서 인디아로 피난갔고, 거기서 페르시
아인(파르시)이란 명칭을 얻었다. 〈이들이 추방되었기에 조로아스터교
의 신성법이 다소 알려지게 되었다.〉 약 7만 명의 페르시아인이 봄베이
에 거주했다. 〈그리고 바코르 인근에도.〉 알렉산드로스 대제가 도래한
후(-330) 아르다시르 왕(+226)까지의 페르시아어는 알려진 바가 전혀
없다. 아르다시르 왕 이후 사산 왕조의 왕들은 셈족의 아람어 문자(설
형문자와는 관계가 없다)에서 파생된 알파벳으로 명문 기록을 남겼다.

이 명문을 통해 아케메네스 왕조 이후 일어난 언어변화의 역할을
알 수 있다.

다리우스 시기의 Kartanaiy(행하다)〈를〉 이 시기에는 Kardan으로
썼다.

[167]   이 명문은 이 시기 페르시아어의 유일한 원자료는 아니지만, 가장
충실한 것이다.

펠비어(팔라비어)는 사산 왕조의 페르시아어를 번역한 중요한 언
어형이다.

펠비어로 기록된 종교문학이 남아 있는데, 『아베스타경』 젠드의
고대 종교문헌을 주해하고 번역하는 데 이용되었다. 이 펠비어 텍스트
는 조로아스터교의 파르시스 종파에 의해 보존되었다. 이집트의 파이

---

121 페르시아 사산 왕조의 수도.

윰에서도 펠비어 수고가 발견되었다.

　펠비어는 가장 난해한 언어이다. 펠비어는 사산 왕조의 페르시아어를 위장한 형태이다. 사산 왕조의 기념비적 문자는 아주 명확하지만, 펠비어 텍스트는 필기체로 기록되었다. 필기체로 쓴 기호는 이처럼 혼동된다.

　　　╱ = a â h kh

　　　╯ = u û n r v l

　해리 웨스트Harry West 같은 편집자가 지적하듯『아르다 비라프』*Ardâ* *Virâf*라는 책[122]에서 어떤 단어는 이론적으로 638가지 방식으로 읽을 수 있다. 펠비어는 고대 페르시아어 단어를 직접 번역한 것은 아니지만, 셈어에 속하는 아람어 단어를 〈고대 페르시아어로〉 대치하는데, 그 대체 방식은 아주 복잡하다.

martum
　　　　　는 고대 페르시아어로 다음을 의미 : 필멸의, 인간
mart

　펠비어로는 gabrâ-um으로 쓴다.

　gâbra는 사람을 가리키는 셈어 단어이고, 여기에 어미 -um을 붙인 것이다.

　patar는 ab-îtar로 쓴다.

　ab은 셈어 단어이다.

　셈어 단어로 발음했는지도 알 수 없고, 단순한 표의문자인지도 정말 알 수 없었다. 그것은 일종의 암호 코드 같은 인공어였다.

---

122 중기 페르시아어로 쓰인 사산 왕조의 조로아스터교 문헌으로, 비라프라는 신자의 내세 여행을 묘사한 책이다.

제임스 다르메스테테르[123]는 사람들이 구어 페르시아어를 표시하려고 했다고 생각했다.

이는 정체가 아주 불분명한 원자료였다(불확실한 많은 단어들).

[169] 〈왜 펠비어란 명칭을 가졌는가?〉 Pehlvi라는 단어는 형태가 좀 변하면 파르티아인을 가리킨다. 인디아에서는 (Pahlavâs가) 파르티아인을 의미했다.

펠비어 텍스트에 파르티아어가 있는가? 없다. 〈그러나 사산 왕조 이후에는〉 파르티아어(파르티아어의 단어)는 고대 페르시아어와 같은 언어였다. 〈(옛 언어라는 개념과 같은 것이었다.)〉

언어를 확정하는 문자 수단에 대해 말할 때에는 떨쳐야 할 모호한 점이 다소 있다.

아랍 정복과 더불어 아랍 문자가 채택되었는데, 오늘날의 페르시아어는 아랍 문자로 기록한다. 근대 페르시아어는 1000년경에 다시 시작되며, 오늘날의 근대 페르시아어는 1000년경의 페르시아어와 그리 다르지 않다. 그러나 〈근대 페르시아〉 언어에는 아랍어와 터키어 단어가 엄청나게 많이 포함되어 있다. 중세의 페르시아어와는 사정이 아주 다르다. 근대 페르시아어 단어는 아랍어 단어와 교체할 수 있었고, 근대

[170] 페르시아어와 아랍어를 동시에 말할 수도 있었다. 이로 인해 페르시아어의 언어체계는 그리 심하게 혼란스럽지 않았다. 〈인도유럽어적 특성을 그대로 지녔다.〉 근대 페르시아어는 인도유럽어에 대한 일반적인 인식에 매우 귀중하다. 〈아케메네스 왕조의 고대 페르시아어 해명에 이용

---

123 James Darmesteter(1849~1894). 프랑스의 언어학자이자 유대교 전문 학자. 고대 페르시아어 전문가.

될 뿐만 아니라 인도이란어파의 개별어로도 결코 무시할 수 없기 때문이다.〉

다른 〈어떤〉 어파에서 페르시아어가 분화되었고, 이 언어로 아베스타 종교 문헌이 탄생되었다. 이 종교 텍스트는 셈어 알파벳(오른쪽에서 왼쪽으로 썼다)에서 파생된 특수 문자로 기록되었다. 이들 텍스트 〈로부터〉 우리는 [문장 끊어짐]

동양학자 앙크틸뒤페롱[124]은 페르시아인이 보관했던 문학 텍스트를 찾기 위해 1754년에 인디아에 상륙했다. 봄베이에서 그는 펠비어 문학에 입문하는 데 성공했다. 그는 후대의 모든 주해서(펠비 문자와 파젠드 문자[125]로 기록된)를 포함하여 『아베스타경』의 수고를 가지고 왔다 〈그러나 완벽한 것은 아니었다〉.

[171] 『아베스타경』을 흔히 『젠드 아베스타』로도 부르는데, 이는 잘못이다. (주해서가 달린 『아베스타경』이 젠드이다.) 『아베스타경』을 기록한 언어 명칭을 **젠드어**로 지칭하면서 이를 (펠비어나 파젠드어로 기록된) 〈주해서〉란 단어로 지칭하기 때문에 그렇게 되었다. 하지만 요컨대 우리는 이 언어의 명칭을 모른다는 말이다.

이 언어가 원래 사용되던 지방이 박트리아인지 메디아인지도 미결정이다. 〈이 언어는 단지 페르시아어와는 최소한 다를 뿐이다.〉

젠드어 z는

페르시아어 d에 대응한다.

azem(나[我]) : adam(페르시아어로)

---

124 Abraham Hyacinthe Anquetil-Duperron(1731~1805). 프랑스의 인디아학 연구자. 『우파니샤드』와 『젠드 아베스타경』의 번역으로 널리 알려져 있다.
125 조로아스터교의 경전인 『아베스타경』을 주해한 언어(젠드어)를 기록한 문자체계이다.

d는 후대의 발음이다.

『아베스타경』〈의 작성〉 시기는 정할 수 없다(아주 고대로 소급하거나, 기원전 3세기로 소급하는). 〈아주 상반된 주장들이 나오고 있다.〉.

아케메네스 왕들은 아후라 마즈다[126]에게 빌었지만, 이들은 조로아스터 교도는 아니었다. 가타gathâ(찬가)는 더욱 고어 성격의 젠드어 하위 방언을 보여 준다.

이 찬가는 시작詩作 형식이고, 『아베스타경』의 일부이다.

[172]   찬가는 인디아의 『베다』와 아주 유사한 시이다. 그러나 인디아에서는 모든 것이 뒤바뀌어 있다. 힌두인의 신은 이란인에게는 악마로 나타난다.

〈(쿠르디스탄 지방의) 이란어 방언은 최근에 와서야 연구할 수 있었다. 쿠르드어 방언은 18세기부터 채집되었다.〉

동부에는 아프간어 방언이, 남부에는 발로치어(발로치스탄의 방언)가 있다.

쿠르드어는 d의 빈도로 봐서 페르시아어에 속하는 것 같다.

인디아의 아리아어

2억 5000만 명의 주민이 사는 인디아반도는 아주 일부만이 하나로 통일되어 있다(언어사에서는 어느 정도만). 인디아반도만 보면 안 된다(인디아의 3분의 2는 반도 밖에 있다).

---

126 조로아스터교의 유일신이자 창조자. '지혜의 권능자'라는 뜻이다.

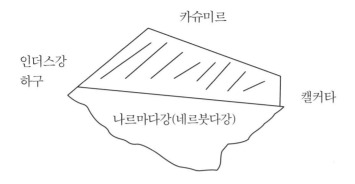

카슈미르

인더스강
하구

캘커타

나르마다강(네르붓다강)

[173] 인디아는 나르마다강에서 크게 둘로 나뉜다. 이보다 남쪽은 데칸 고원이며, 대부분의 주민은 비인도유럽어(드라비다어)를 사용한다. 드 라비다어는 남부 소방언의 명칭이다.

〈하지만 빈디아산맥에서 데칸(다크시남Daksina-m[127])을 향해 출발해 보자.〉 북부는 문명의 관점에서 보면, 인도유럽어권이다. 그곳은 아주 광대한 지역이다. 이 지역의 지평선은 히말라야산맥이다. 이곳에서 인 더스강 유역(펀자브 포함)과 갠지스강 유역이 나뉜다. 이곳이 진정한 아 리아인의 인디아이며, 인더스 동부로 확장되어 카슈미르 지방까지 포 함한다. 모든 것(언어, 역사)의 근원이 어느 곳인지 찾을 때, 결국 이르 는 곳은 언제나 인디아 북부와 특히 북서부이다.

인디아에 거주하는 부족은 공통 명칭이 없고, 더욱이 누구인지는 알 수 없다. 이들에게 다슈Dasyu-s(단수)는 비인도유럽 종족의 적이었다. [174] 그 반대편에 아리아ârya-s(자기 종족에 속하는 사람)가 있다. 데칸고원 북 부 전역의 인디아는 점차 아리아바르타스Âryâvarta-s(ârya-âvartas. 아리아 인의 거주지)로 지칭되었다. 이들에게 이 지역은 다슈에서 추방된 지방,

---

127 '남쪽'을 뜻하는 산스크리트어.

다슈에서 해방된 지방을 의미했다(언제나 부정의 의미였다). 그래서 이 것을 민족의 명칭으로 쓸 수 없었다.

Inde란 용어는 민족 지칭도 아니고, 나라 지칭은 더욱 아니다. 신두 스Sindhu-s로 불리는 큰 강(다시 말해, 유독 큰 강을 가리킨다)을 페르시아 인과 이란인은 (순전히 음성변화로 인해) 힌두스Hinduš로 불렀다. 이란인 에게 힌두스는 힌두스강 건너 탁 트인 지방을 가리켰다.

그리스인은 이 지방을 〈유기음을 버리고서〉 페르시아어 명칭을 따 라 불렀다. 즉 Ινδός[인도ʃ]로 불렀고, Ινδόι[인도 사람[인도이]란 단어를 만들었다(이 지방에서 이름을 지었다면 Σινδόι[신도이]라 했을 것이다).

인디아의 오늘날 **우르두어**에는 이란어 단어와 크루어[128] 단어가 뒤 섞여 있다. 우르두어로 힌두스탄Hindu-Stân은 인더스 지방을 가리키거나 그 지방 전역을 가리키는 확장된 개념이었다. 신두스탄Sindustân이라고 하지 않고 말이다(사용한 방언은 신디어였고, 이란어 단어는 차용하지 않 았기 때문이다).

유럽인은 17세기에 힌두스탄이란 단어를 찾아냈다.

아리아바르타스를 아리아화하기 위해 수 세기의 세월이 걸렸다. 『리그베다』찬가로부터 이끌어낸 지식을 제외하면, 이 수 세기간에 이 루어진 민족 동화同化는 알려진 바가 없다. 이 상황에서 기념비적 문학 이 존재하더라도 인디아에는 처음부터 역사가 없었다는 것을 알 수 있 다. 『베다』는 문헌자료가 전혀 없던 시기의 텍스트이다. 이 텍스트는 이 당시의 언어와 종교를 알려주지만, 역사적 정보는 전혀 알려주지 않 는다.

---

128 아랍어 방언의 하나이다.

[176] 『베다』찬가의 작성 연대는 기원전 1000년에서 3000년으로 폭넓게 잡을 수 있다.

이 찬가 작성 당시 다른 여러 부족이 인더스 지방에 거주했고, 펀자브(다섯 개의 강이 흐른다는 의미) 지방도 떠나지 않았다.『리그베다』에서 갠지스강은 제10권에서 딱 한 번 언급된다. 모든 학자들은 제10권을 나머지 권보다 훨씬 후대의 것으로 간주한다.

이 시기는 이란 방언이 펀자브의 베다어(최초의 산스크리트어)와 차이가 아주 현저하게 생길 무렵이었다. 아마도 이 시기에 이란인은 아직 s를 h로 발음하지 않았던 것 같다. 후세에 페르시아인이 유래하게 될 인종집단의 일부가 동쪽으로 멀리까지 확산되었는데, 이처럼 확산 이주한 자들이 바로 힌두인이었다.

① 대중 집단어(대중 방언), ② 산스크리트어, ③ 베다 산스크리트
[177] 어 또는 베다 지역어를 구별해야 한다.

고대의 대중 집단어는 일부만이 알려져 있다. 가장 오래전에 알려진 것은 팔리어로서, 불교의 한 종파, 특히 실론 불교의 공식어가 된 방언이다. 단지 문헌어로서 실론섬에 수입되었다. 우리는 실론을 통해 이 언어를 알고 있지만, 이 언어는 원래는 인디아 북부의 방언이었다. 실론에 불교가 전파된 것은 기원전 200년으로 소급한다. 따라서 팔리어를 중요하게 다루어야 한다.

팔리어 알파벳은 특별하다(둥근 글자). 이 모든 대중 방언은 산스크리트어와 완벽하게 동일한 언어형에 기초를 둔 것이 특징이다. 이 방언들은 〈몇 가지 사항만 제외하고〉 우리에게 산스크리트어에 대해 알려주는 것이 전혀 없다(에스파냐어, 프랑스어가 라틴어에 포함된 사실 이외에 라틴어에 대해 알려주는 정도도 못 된다).

[178]　　　대중 방언들의 특성은 〈산스크리트어보다는 오히려〉 베다 방언으로 귀착된다.

　　　팔리어는 고대의 주요한 대중어였다. 오늘날 팔리어란 용어를, 예컨대 명문을 통해 알려진 아주 오랜 모든 방언에 그 명칭을 적용하려는 경향이 있다. 중세의 대중 방언들은 명문을 통해 알려졌고, 특히 이 방언을 사용하는 희곡을 통해 알려졌다. 근대 방언도 산스크리트어에 들어간 언어(벵골의 벵골어, 더 남부의 마하라티어)가 간략하게 변한 형태이다. 그러나 여기에 힌두스탄어 또는 우르두어(오늘날의 주요 언어이며, 이란어 요소가 많이 섞여 있다)를 포함시켜서는 안 된다.

　　　이 언어는 〈무슬림〉 정복자, 특히 몽골 정복자 진영에서 생겨났다(우르두 방언: 유목민의 것)〈우리가 산스크리트어를 알더라도 고대나 근대의 대중 방언은 인도유럽어에 대해 알려주는 것이 거의 없다〉.

[179]　**산스크리트어.** 산스크리트어가 어떤 언어인가 궁금해하기 전에 먼저 베다어를 얘기해야 한다. 브라만교가 뿌리내린 어느 곳이나 카스트 제도와 『베다』와 함께, 이들과는 별개인 산스크리트어가 수반되었다.

　　　『베다』는 숭배받는 경전으로서 최초의 인디아 연구자들이 〈어렵게 브라만에 의해 전수된 것으로〉 밝혔고, 고대 전 시기를 통해 존재했던 언어와 문학의 가장 중요한 기념비이다. 현재 브라만 의식儀式에 명목으로만 남아 있는 경전이다. 지금의 브라만교는 다른 종교(비슈누교)의 의식을 거행한다. 〈중세 프랑스어를 지금의 프랑스어로 이해할 수 있는 것과 거의 비슷하게 『베다』는 산스크리트어로 이해가 가능하다.〉

　　　베다 산스크리트어의 고어적 특성은 놀랄 만하다. 산스크리트어에 의거해 알려졌고, 그와 동일한 문자로 전사되어 있다. 수없이 많은 세대가 『베다』를 기억으로 전수했고, 그전에는 기록된 것이 없었다. 문자 시기에 와서도 오랫동안 구전으로 전승되었다. 『베다』는 문자로 기록된 텍스트가 아니다. 『베다』는 '츠루티스'çruti-s(청취)다. 경을 귀로 들으며 전수되었다.

『베다』는 일반적으로 『리그베다』 찬가를 의미한다. 이 찬가는 그 나머지 『베다』와 비교해 볼 때 분명히 더 오래된 것이다.

더욱 광범한 의미로 『베다』에는 네 편의 베다가 포함되는데, 그 중 하나가 『리그베다』이다. 각 『베다』에는 철학적 논의와, 의례 형식에 대한 산문이 부기되어 있다. 그래서 『베다』의 후미 부분은 온전히 문학이며, 최후에 지은 『베다』는 최초의 찬가와는 10~12세기 시차가 있다. 〈『리그베다』를 기록한 이 방언의 시공간의 위치를 정할 수 있을까?〉

『리그베다』는 펀자브를 지나지 못한 최초 부족의 시가이며, 정확한 연대는 합의된 바 없지만, (어떤 경우에도) 1000년은 넘지 않는다.

산스크리트어는 모든 사람이 사용한 언어인가, 아니면 시적 전통에 의해 형성되고 다소 관례화되어 당시에 이미 고어가 된 언어인가? 베다 수사학이 더 사용되지 않는 언어 형태를 발전시킨 것은 맞지만, 대중의 산스크리트어와 이 시기 문학의 산스크리트어가 전체적으로 볼 때 아직 괴리가 생기지 않은 것으로 추정할 근거는 있다.

베다어가 찬가 작성 당시 통용되던 언어라는 사실은 쉽사리 믿을 수 있다. 이 베다어는 언제까지 사용되었는가? 우리는 알지 못한다. 시간적 연대를 확인할 수 없다. 상당히 오래된 옛 시기일 것이다(1000년 또는 1200년이라고 하면 오히려 부담이 없다).

『베다』의 후미 부분은 동일한 형태의 지역어지만 찬가의 형태와는
시기가 전혀 다르다. 베다vēdas란 단어는 무엇을 의미하는가? 그것은 과

학, 지식의 의미이다(다음과 같은 친족어, 그리스어 Foíδ-α[포이다], 나는 안다). 그것은 신학으로서 시기적으로 이차적인 것이다.[129]

산스크리트어

우리는 산스크리트어와 베다어와 관계를 정하는 것을 피했다. 브라만교는 ⟨어디서나⟩ 두 개의 꾸러미를 지니는데, 『베다』와 산스크리트어이다. 한 꾸러미는 사멸된 것, 즉 『베다경』과 베다어를 담고 있다. 다른 꾸러미에는 살아 있는 것, 생물인 산스크리트어가 담겨 있다. 산스크리트어는 적어도 제도로서 살아 있는 언어라는 명칭을 가질 수 있지만, 이 언어가 문자 그대로 통용되는 언어라고는 할 수 없다. 이 언어는 이미 시대를 초월한다.

⟨제도로서의 중세 프랑스어는 라틴어로 기록된 문학 외에 다른 기념비적 작품을 가지고 있다.⟩ 아리아인의 인디아에는 산스크리트어 외에는 달리 기념비적 문학을 기록한 것이 없었다.

[183]   **노트** : 팔리어가 힌두 대륙에서 불교와 함께 소멸되지 않았다면, 사정이 그렇지는 않았을 것이다. 자이나교는 변화된 산스크리트어를 보여 주며, 산출 문학이 거의 없는 실정이다.

라틴 중세기에 라틴어는 품위 있는 언어로서 궁정에 침투해서 사회 전반의 생활에 널리 유포되지는 못했다(⟨예컨대⟩ 연극 공연). 반면에 산스크리트어는 회화의 언어로서 끊임없이 사용되었고, 브라만 교육을 받은 사회 상류계층에서 상용되었다. 대중은 거기에 참여하지 못했다.

---

129 메히야·감바라라는 이 문장의 뒷부분을 해석하기 어려운 것으로 지적한다. 그러나 [189] 쪽의 '이차적 산스크리트어' 참조.

[184] 단지 오늘날에 와서 구어용 산스크리트어는 승려, 학승, 지식인의 언어로 격하되었지만, 이들 사이에 여전히 널리 사용된다. 동양학자 학회에서 게오르크 뷜러[130]는 산스크리트어를 아주 능숙하게 구사했고, 인디아에서 그곳 학승들과 이 언어로 소통했다. 극작품에서는 절반의 사람들, 즉 상당한 지위의 사람들만 나오는데도, 극작가는 대중을 향해 말할 때는 산스크리트어로 기록했다. 하층민과 모든 여성은(심지어 왕비도) 프라크리트어, 즉 대중의 특유 언어를 사용했다.

이 사실은 우리가 다루는 진기한 언어 상황을 보여 준다. 그렇지만 대중은 늘 말을 이해해야 했던 것을 보면 산스크리트어는 통용되던 언어였고, 이 언어를 이해하고 있었던 것이다. 극작품의 산스크리트어는 변하지 않은 반면, 프라크리트어는 작품에 따라서 다른 변이체들이 사용되었고, 인디아의 어느 지방이냐에 따라서도 다른 프라크리트어가 사용되었다. 이러한 출처를 통해 중세기와 중세 초기의 대중 방언을 알게 되었지만, 이 지식은 현재의 대중 방언에는 크게 유효하지 않다. 독일의 동양학자 오토 프랑케[131]가 제시한 〈넓은〉 의미의 팔리어를 살펴보면, 즉 아주 오래된 대중 텍스트의 팔리어를 보면, 이와 같은 계통을 그릴 수 있다.

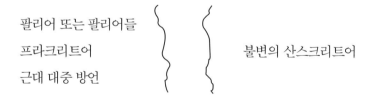

팔리어 또는 팔리어들
프라크리트어   불변의 산스크리트어
근대 대중 방언

---

130 Georg Bühler(1837~1898). 독일의 고전문헌학자이자 인디아어 학자.
131 Otto Franke(1863~1946).독일의 중국학자로서 중국 역사와 언어를 연구했다.

이제 아직 해결책을 찾지 못한 문제에 이르렀다. 즉 브라만 제도와 뗄 수 없는 이 산스크리트어는 어디서 유래하는가? 그것은 어느 정도 인위적 언어인가, 어느 시기, 어느 지방에 살던 사람들이 사용한 언어가 보존돼 내려온 것인가?

① 위의 이 문제를 밝혀 주는 것은 이 언어의 명칭이 아니다.

삼스크르타바샤sāmskṛtâbhâṣâ 또는 삼스크르탐samskṛtam

이 명칭이 인디아의 어느 지방 명칭이라면, 귀중한 가치가 있다. 그러나 이는 세련된 교양 언어lingua ornata vel culta를 의미하며, 아주 세심하게 정성 들여 가꾸었기에 자연상태의 무지하고 거친 언어(프라크리타바샤prâkṛtâbhâṣâ)와 대립된다.

그 이름에서는 기껏해야 인위성이라는 증거만 끌어낼 수 있을 뿐이다.

② 언어 내적으로 형태와 문법을 조사하면, 산스크리트어는 인도유럽어가 변조된 것이 아니라 거기에 썩 일치하는 유형이다. 이는 어떤 대중 집단이 전수한 듯 보인다.

③ 동시에 그것은 방대한 산스트리트어 문학의 제정이라는 폭넓은 사유의 형성을 보여 준다.

[186]   **[노트 V의 시작]** 〈산스크리트어를 어느 정도 광범하게 생각할 수 있는지를 살펴보자.〉

〈③〉 산스크리트어 문학은 어마어마하게 방대하다. 초기 문학으로는 대서사시(『마하바라타』Mahābārata와 『라마야남』Rāmājanam)가 있다. 이것은 〈통상〉 민족 전체의 협력을 전제로 하는 장르이며, 이와 동일 시기의 산스크리트어 문법과 문법학파보다 훨씬 더 오래된 연구는 없다. 파니니는 산스크리트어를 규범화한 학자로 유명하지만, 정확한 연대는 확정할 수 없는 시기의 학자다. 이 문제는 아주 논란이 많다. 어쨌든 그는 기원전에 살았던 사람이다. 그는 우리가 가진 산스크리트어로 기록된 모든 자료보다는 훨씬 앞선 시대의 사람이며, 심지어 이 서사시보다도 더 앞선다. 〈가장 오래된 서사시는 이를 기록한 언어의 문법이 있어 보이기 때문이다.〉

전체적으로 볼 때, 산스크리트어에는 인위적인 면이 없다. 그러나 산스크리트어는 철저히 문법가의 지배를 받으며 통제되었다. 남아 있는 이상한 몇몇 형태는 정확한 가치를 결정할 수 없다. 이 형태를 간직한 텍스트가 문법가의 손에 들어가지 않았다면 아마 그 형태는 가치를 온전히 그대로 지녔을 것이다.

[187]   ④ 인디아 과거 역사의 어둠 속으로 들어갈 시점에 왔는데, 중요한 〈기준〉 가운데 하나는 아쇼카 왕과 그 명문이다. 그는 기원전 272년에서 232년까지 다스렸다. 그는, 알렉산드로스 대제에게 피난을 갔으며 아쇼카가 계승받은 왕국을 창건한 찬드라굽타 왕인 군주 산드라콥토스Σανδράκοπτος의 손자였다. 이 왕국은 당시 남부(데칸고원의 절반)를 제외한 인도 전체를 거의 지배했다. 아쇼카 왕은 또한 불교 문헌을 통해서 널리 알려졌고(그는 불교 성자였다), 덕택에 불교는 영향력을 엄청나게 발휘했다. 아쇼카 왕은 불교로 개종하고, 실론과 이집트까지 포교하러 사람들을 보냈다. (기원전 485년. 이는 붓다가 열반한 해이기도 하다. 불교는 이미 200년 전부터 있었다.) 아쇼카 왕은 히말라야 산발치로부터 마이소르(남부의 도시)까지 인도 전역을 명문으로 장식했다. 이 명문의 목적은 불교에서 안락한 삶을 구하는 것이었다. 이 명문은 대중의 방언으로 기록되었다. (프랑케의 용어를 따라) 이 방언은 팔리어로 불린다.

[188] 아쇼카 왕은 스스로를 피랴다시Piryadasi(존엄한 자를 의미)로 불렀는데, 산스크리트어로는 프리야다르치Priyadarçi(시선에 마법적인 힘이 있는 자) 이다.

아쇼카 왕의 명문은 제일 오래되었다. 이 일련의 명문을 추적해 보면, 오직 대중 방언으로 기록한 명문만 남아 있으며, 그 후 산스크리트어 단어들이 명문에 점차 침투해서 기원 500년경에는 마침내 산스크리트어로 기록된 명문을 확인할 수 있다. 이는 마치 산스크리트어의 형성 과정을 목격하는 것과도 같다(⟨산스크리트어가 인위적으로 생겨났다고 믿은 것은⟩ 프랑케의 생각이었다). 그것이 선험적으로 가능한 것 같지는 않다. 따라서 베다어에서 산스크리트어로 연결하는 끈이 어딘가에 있어야 한다. 베다어에서 생겨난 이 산스크리트어가 베다어 시기 이후 아주 조그만 고장의 브라만 공동체에서 발달했고, 여기에 오랫동안 간직되었다가 상황이 호전되자 인디아 전역에 퍼졌을 것으로 가정할 수 있다. 그러나 이는 하나의 가설에 지나지 않는다.

가장 개연성이 큰 가정은 (소쉬르 선생에 따르면) 어쨌든 이 산스크리트어의 부침이 불교의 종교 문제와 관련이 있다는 것이다. 불교가 산스크리트어를 배척했다고는 말할 수 없지만, 하여튼 민중어를 사용했

[189] 다는 것이다. 다른 한편 산스크리트어는 기원 500년에 출현했거나 재출현했다는 점이다. 불교는 여전히 강력했지만, 그 후 곧 쇠퇴했다.

불교가 왕성했던 이 시기는 명문에서 산스크리트어가 부재하는 시기와 일치한다. ⟨산스크리트어는 불교 이전에 사용되었고, 불교 시기에도 도처에 보존되었다가 브라만교가 꽃필 당시에 재출현한 것으로 가정할 수 있다.⟩

문헌을 조사하면 이 가정이 유력하다. 칼리다사[132]가 사용한 산스크리트어는 그 시기가 새로운 발달 시기의 초엽이다.

서로 충돌한 것은 정확히 말해서

베다어와 산스크리트어	가 아니라	베다어/산스크리트어와 이차적 산스크리트어이다.

표면상의 공백은 문제가 되지 않는다. 그렇다면 산스크리트어의 발생 기원 문제를 제기할 필요가 없다.

인디아에서 확인되는 세 종류 언어의 상호 관계를 확정해 보자.

① 한편으로 대중 방언은 모든 시기를 통해 통용되던 특유 언어를 가리키지만, 문법적으로 〈언어 내적으로〉 판단하면, 인도유럽어로부터 이 대중 방언까지 발달하려면 산스크리트어 상태나 베다어 상태를 거쳐야 한다.

[190]   ② 베다어는 〈처음의〉 어느 시기에는 모든 사람이 상용한 언어일 수 있다. 요컨대 그것은 아리아-힌두어학 전체의 출발점이다.

③ 〈언어 내적으로 판단하면,〉 산스크리트어는 규범으로 고정되고 규제된 베다어로 드러난다. 베다어를 거쳐 발달한 것으로 보이지만, 〈단순히〉 인접 방언을 거쳐 내려온 것일 수도 있다. 대중 방언과 관련지어 생각하면, 산스크리트어는 베다어보다 훨씬 더 충실하게 〈이들 방언의〉 원형으로 추정되는 언어를 표상한다.

언제 어디서 이 언어를 전체 주민이 사용했는지는 말할 수 없다.

---

132 Kālidāsa(4~5세기경). 고대 인디아의 시인이자 극작가. 고전 산스크리트어로 작품을 썼다.

그러한 일이 정말 있었는지 여부도 말할 수 없다.

〈산스크리트어를 라틴어와 비교할 수 없다.〉 라틴어로 말하자면, 키케로의 라틴어와 중세의 라틴어가 있다. (중세의 라틴어는 변질된 라틴어이다.) 산스크리트어는 중세의 라틴어처럼 그렇게 격심하게 변했거나 자유로운 것이 아니라 규제된 언어이다.

[191]   아리아인이 살던 인디아는 외부로 다양하게 팽창했다. 이 발달 측면을 한 번 짚고 지나가야 한다. 인디아는 널리 분산되어 국경 너머까지 확장되었다. 이는 불교를 통해 인접국에 미친 종교의 역할이 아니라 단지 언어의 영향을 얘기하려는 것이다.

① 자바의 식민화. 여기서 기원 9세기경 힌두교 문명이 빛났다〈(힌두교 기념물)〉. 이 〈같은〉 시기에 산스크리트어가 자바섬에 매우 강렬하게 도입되어 산스크리트어 단어가 〈당시〉 자바인의 언어, 즉 말레이어에 많이 침투했다. 그러한 현상은 산스크리트어 자체에도 흥미를 불러일으켰다. 왜냐하면 지배자가 사용하던 산스크리트어는 식자어였기 때문이다. 〈그럼에도 불구하고 오늘날 자바어는 힌두의 대중 방언의 특성을 지니지 않고 산스크리트어의 특성을 지닌다.〉

힌두 지식층이 자바 지식층과 이들을 넘어 자바 민중에게 단지 책을 통해 산스크리트어를 전달한 것이었을까 ― 그것은 기정 사실이다 ― 아니면 힌두 스승이 산스크리트어를 사용한 것일까?

〈힌두인이 자바를 점령한 것은 말레이어 언어학으로서는 다행한 일이었는데〉 산스크리트어로 쓴 책을 말레이어로 번역한 꽤 오래된 고
[192]   서들이 많기 때문이다. 그리하여 15세기의 자바어는 알려졌지만, 그 외의 다른 모든 말레이어는 오늘날에 와서야 사람들에게 알려졌다.

따라서 인도유럽 세계의 이 남동부 극단 지역은 어느 시기에 적도

를 넘어서까지 확장된 것이다.

② 인도차이나반도의 남부와 특히 시암과 캄보디아는 더욱 최근에 힌두교 문명과 그 문명 위에 쌓인 산스크리트어 문학의 영향을 받았다. 캄보디아의 명문은 일부 산스크리트어로 기록되었다. 많은 지명(예컨대 싱가포르 — 사자의 도시)은 산스크리트어 명칭이다. 마찬가지로 출라롱콘Chulalonkorn(왕관형 장식을 가진 자, cūḍā-alaṁkaraṇa-s) 같은 명칭도 산스크리트어 명칭이다.

③ 나르바다강 남부의 인디아 남부 전역도 귀속시켜야 한다. 아리아화된 것은 마라티어mahârâti(대제국의 언어 : 마라슈트람mahârâṣtram)뿐이기 때문이다.

[193] 그 외의 인디아 지역은 특유 토착 지역어가 지배했다. 동부어는 텔루구어, 남부는 타밀어이다.

이 특유 토착 지역어, 적어도 타밀어는 생명력을 지니고 있다. 타밀어에는 매우 오래된 문학이 있다. 시문학은 기원 3세기로 소급되며, 어떤 것은 1세기까지 거슬러 올라간다. 그럼에도 산스크리트어는 〈중첩되어〉 브라만교와 궁정 덕택에 인디아 대륙의 남단까지 확산되었다.

어느 시기에? 그 시기는 정하기 어렵다.

로마제국 시대에 인디아 남부는 북부보다 더 많이 알려졌다〈알렉산드로스 시대에는 더 널리 알려졌다〉(대大플리니우스와 프톨레마이오스는 많은 지명을 우리에게 알려주는데,[133] 이들은 현재 지명과 일치한다).

예컨대 실론섬은 타프로바나Tāprobanā라는 명칭으로 명명되었고,

---

133 플리니우스의 (일종의 백과사전인) 『자연사』(*Naturalis Historia*)와 프톨레마이오스의 『지리지』(*Geographia*)가 참조 자료가 된다.

이 섬의 어느 도시의 명칭은 **탐라파르니스**Tāmraparṇis이다. 얼마나 많은 지명이 산스크리트어인지를 확실히 알아야 하는 문제가 남았다. 이는 힌두인의 영향을 받은 연도가 언제인지를 알려주는 지표가 될 것이다.

〈④〉 그러나 실론섬은 제외해야 한다. 이곳은 타밀어 사용 지방이 아니라 아주 오랜 힌두인의 식민지였기 때문이다. 실론섬은 완전히 불교의 영향 아래 들어갔다. 〈불교를 신봉하는 왕조였다.〉 오늘날 거기서 사용되는 언어는 (타밀어가 아니라) 힌두 대중 방언이다. 라마 왕의 대출정은 역사적 사건이다.[134] 아리아인이 실론섬을 정복한 것은 이미 그 섬에 영향을 행사했다는 것을 알려준다. 〈불교 포교 이전에 이미 아리아인이 실론섬에 침입했다.〉 (악마의 왕이 라마 왕에게서 시타 여왕을 탈취하여 실론섬에 보내자 라마 왕은 아내 시타를 되찾기 위해 원숭이 왕들과 연합했다.)

⑤ 인디아는 〈북서 국경에서〉 이번에는 인더스강 상류에서 출발하여 서쪽과 북쪽을 향해 반대 방향으로 뻗어나갔다. 카슈미르는 말할 필요도 없다. 왜냐하면 그곳은 처음부터 매우 아리아적인 곳이어서 〈식민 지배지로서가 아니라〉 항구적인 요람으로 생각해야 하고, 여기서 인디아에 아리아어가 확산되었기 때문이다. 〈인더스강 건너〉 서쪽(칸다하르)으로나 북서쪽(카불과 발크)으로도 확산되었다.

바로 이곳에서 기원전 323년(알렉산드로스 왕 사망)부터 기원후 200년, 300년까지 수많은 복잡한 민족과 왕조가 각축을 벌였는데, 그 왕국은

---

134 라마 왕이 악마의 왕 라바나로부터 왕비 시타를 구해서 돌아오는 얘기를 담은 대서사시 『라마야남』에 나온다.

인도그리스왕국

인도파르티아왕국

인도스키타이왕국(스키타이인들이 침공한 이후로 힌두인들은 이들을 **차카인**ç akas으로 불렀고, 이웃 나라에서는 다르게 불렀다)이다.

왜 이들을 인도indo-라고 불렀는가?

우리가 아는 지식을 통해 볼 때, 이들 나라에 끼친 힌두인의 영향이 아주 우세했기 때문이다. 〈이들 나라는 인디아에 들어가는 관문 같은 역할을 했다.〉

이들에 대해 우리가 아는 지식은 대부분 금속 화폐에서 유래한다. 〈통치자의 초상肖像이 강하게 찍힌 각인이 있다.〉 알렉산드로스 왕을 계승한 초기의 왕조들은 금속 화폐의 선례를 보였고, 그 후 다른 왕조도 이 관행을 뒤따랐다. 여행자들은 그리스, 인도그리스, 인도스키타이의 금속 화폐를 발견했는데, 이것은 그 당시에도 러시아령 투르키스탄에 통용되고 있던 것이다.

[196]　　① 카드피세스 2세[135]의 초상이 찍힌 주요 화폐. 그는 네르바 황제와 동시대 인물로서, 왕국의 수도는 카불이었다.

이 쿠샨인은 중국 사가들에 의해 **월지**Yueh-Chi月氏로 알려진 유목민이었으며, 중국과 투쟁을 벌였다.

이 월지인은 힌두인들이 **차카인**으로 불렀던 민족이다.

② 차카인들〈이들은 이란인이 아니다〉의 수장으로서 카드피세스 왕은 또한 인도유럽인을 지배했는데, 주로 이란인을 다스렸다.

---

135 쿠샨왕국의 왕. 은화를 청동/금화로 바꾼 화폐개혁으로 유명하다. 이 주조 화폐는 인디아 북부와 중앙아시아에서 오랫동안 통용되었다.

③ 그는 이 금속 화폐에 무엇을 주조했는가? 초상화의 한 귀퉁이에는 이렇게 쓰여 있다.

카드피세스 바실레우스 Καδφίσης βασιλεύς ^{카드피세스 왕국}라는 글귀, 이는 호기심을 끄는데, 그것은 알렉산드로스 대제의 영향력이 매우 강했지만, 이후 400년이 지나면 그리스어가 사용된 것으로는 생각할 수 없기 때문이다. 하지만 그리스 문자의 의미를 알아야만 메난드로스 소테르 왕[136]으로 교체할 수 있다.

이 주조 화폐를 사용한 사람들 중 누구도 분명 그 명문을 읽을 줄 몰랐던 것 같다.

[197] 카드피세스 왕은 이 금속 화폐의 이면에 힌두 명문을 산스크리트어가 아니라 아쇼카 왕이 그랬듯이 팔리어(고대의 대중 언어)로 각인했다. 이 명문에는 속격 maharajasa〈위대한 왕의〉(산스크리트어로는 mahârâjasya)가 나온다.

동시에 거기에는 시바 신의 상像도 나온다. 어떤 관점에서 보아도 그것은 놀랍게도 여러 문명이 혼합된 것이었다. 이 금속 화폐에 두 언어가 찍혀 있는데, 지배자(인도유럽인은 아니다)의 언어도 아니었고, 이 화폐를 유통하던 민족(이란인이었고, 힌두인이나 그리스인은 아니었다)의 언어도 아니었다. 그래서 이 민족은 적어도 교육을 통해 강력하게 힌두화된 민족이었다. 팔리어 명문은 통용을 위한 것이었다. 〈그리스 명문은 단지 전통에 의해 보존된 것뿐이었다.〉

이처럼 아시아 중심부는 대부분 북방으로 전파된 불교를 통해 합

---

136 기원전 2세기 인도그리스왕국의 왕. 원래는 박트리아의 왕이었으나 펀자브 지방을 정복하고 서남아시아에 대제국을 건설했으며 불교의 수호자가 되었다.

병되었다. 팔리어를 사용한 것은 이 사실과 연관이 없는 것 같다. 더욱 후대의 정복에 의해 (예컨대 자바섬처럼) 산스크리트어가 전파된 것은 아니었다.

불교를 살펴보면, 여러 왕조의 많은 왕이 〈불교를〉 받아들였다. 예
[198] 컨대 유명한 인도스키타이의 왕인 카니슈카 같은 자이다(기원 150년 〈100년〉).

〈아마도〉 그리스의 메난드로스 왕도 카니슈카 왕처럼 불교를 일찍 감치 받아들였는데(기원전 150년), 불교 문헌(밀린다 왕과의 대담)에 나오는 밀린다 왕이 금속 화폐에 찍혀 있는 메난드로스 왕이라는 사실에 비추어 볼 때 그렇다.

최근에 지금까지 미지의 언어였던 인도유럽어가 새로이 발견되었다. 현재로서는 극소수의 단편만 남아 있을 뿐이다. 기록 문헌은 있지만, 이들이 어떤 민족이었는지는 설명할 수 없다. 〈토카라어.〉

불교는 무엇보다도 다언어 사용 종교였고, 경전을 번역해서 제공하면서 여러 민족에게 퍼져 나갔다. 다언어 사용 불교는 인디아를 벗어나 진정한 언어[들]의 바벨탑이라 할 수 있는 중앙아시아에서 〈어떤 외국어든지 그 지역어로 번역하려고 노력하면서〉 사람들에게 이해되기 위해 계속 노력했다.

이 번역 활동으로 서고書庫가 생겨났고, 불교 사원에 널리 보존되었다.

[199] 그런데 한때 번성했던 중앙아시아의 많은 지방이 자연조건 때문에 황량한 사막으로 변했는데, 물길이 다른 곳으로 방향을 바꾼 탓이었다.

예컨대 고비사막 북서쪽에 있는 투르판 지방(중국령 투르키스탄, 동부의 경사지대) 같은 곳이 그렇다. 5, 6년 전에 독일 정부의 원정대가

여러 다른 분야의 비언어학자의 주도하에 뜻하지 않은 큰 성과[들]을 여기서 거두었다.

이들은 이 사막 모래 아래 변질되지 않고 묻혀 있던 고대 불교 문헌과 〈(불교)〉 아닌 문헌을 가지고 왔다. 이 원정에서 가져온 이 전리품은 언어학자들에게 전달되었다. 거기에서 〈당시에 전혀 보유하고 있지 않았던〉 이란어로 기록된 마니교 문헌을 발견했고, 전체적 기반으로 볼 때 인도유럽어로 보이지만 전혀 알려지지 않은 언어로 기록된 텍스트도 발견했다.

(인디아학 연구자 피셸Richard Pischel의 제자 지크Emil Sieg와 지글링Wilhelm Siegling, 베를린아카데미 보고서 개요, 1908 참조.)

[200]　　① 이 수고 자료는 알려진 알파벳으로 기록되었는데, 브라흐미 문자였다(전체 자료는 아니지만, 그 가운데 일부는 산스크리트어로 기록된 텍스트도 있었다). 이 특유 언어의 특수성을 표시하기 위해 몇몇 기호도 같이 이용되었다.

불교 문헌에 의거해 알려진 몇몇 구절 덕택에 〈이들이 불교 텍스트라는 것을 알게 되었다. 관례적 표현을 이용해서〉 다수의 단어를 독해할 수 있었지만, 〈힌두어〉 원본이 없었기 때문에 그 나머지는 해독할 수 없었다.

이 언어는 격 대신에 접사를 이용했는데, 터키어의 접사와 유사한 문법수단이었다. 〈이 언어는 이질적인 면도 있었는데, 특히 명사 곡용을 대신하는 접사(터키어에 속하는 개별어의 유형)가 그랬다.〉 그렇지만 어휘는 인도유럽어 어휘였다(수사 계열, 친족 명사).

그래서 학자들은 이 언어가 인도이란어에 속한 것으로 생각했다. 〈그러나 전혀 그렇지 않았다.〉 인도이란어가 갖는 특징, 즉

$\underbrace{a\ e\ o}$가

a로 합류되는 특성이 없었던 것이다.

okät = (ὀκτώ)^{숫자 8} okät = (ὀκτώ)초자 8〈이는 완전히 유럽어적 특성이었다〉. 모음체계는

[201] 유럽어적이었다. 오히려 인도유럽어의 서부 어파를 환기시키는 형태도

[201] 유럽어적이었다. 오히려 인도유럽어의 서부 어파를 환기시키는 형태도 많이 있었다. 〈다른 인접 언어와 비추어 볼 때, 슬라브어일 것이라는 생각이 든다. 그러나 슬라브어에는 연구개음이 치찰음으로 변했으나 이 언어는 그렇지 않았다.〉

이 중요한 특성, 즉 k 계열음의 치찰음화는 슬라브어적인 것만이 아니다. 슬라브–레트어와 인도이란어 세계 전체에 치찰음이 있다.

산스크리트어 :   aṣṭau

고대 슬라브어 :   osmĭ

리투아니아어 :   aštuoni

지금까지 이 언어는 알려진 언어군에는 분류할 수 없었다. 이 언어는 인도유럽어의 새로운 분파였다.

이 언어는 동부 인도유럽 지역어(슬라브어와 이란어)의 가장 분명한 특성에서 벗어난 것 같았다.

슬라보레트어와 인도이란어는 서로 밀접하게 연관된다.

따라서 인도유럽어의 대언어군은 두 개가 아닌 세 개가 필요했다.

서부	슬라보레트어 인도이란어	새로운 특유 언어

이 특유 언어는 어디에서 사용되었는가? 〈세상 모든 것이 소장되어 있던 서고에서 발견되었다.〉 그렇지만 이를 알 수 없다. 이 언어를 어

[202] 떤 주민이 사용했는지도 결정할 수 없다. 아마도 인디아와 이웃한 이란 지방에 얼마 동안 함께 병존했던 〈인도스키타이왕국을 세운〉 인도스키타이 주민의 일부인 것 같다.

이 시기는 파르티아왕국이 페르시아를 정복하고(아르사시드 왕조 226년), 스키타이의 여러 다른 이 완전히 이국적인 외래 요소들을 받아들인 때였다(어떤 주민은 투란인, 또 다른 주민은 인도유럽인이었다).

스트라본[137]은 이 스키타이 민족을 Τοχαροι[토카로이]로 명명했고, 이들은 인도유럽인일 가능성이 있다. 오늘날은 이 특유 언어를 토카라어로 부르며, 이는 인도유럽 지역의 스키타이인에 국한해서 사용되었다.

지금까지 우리는 언어 외적 특성에만 관심을 가졌다. 〈역사, 출처와 관련해서.〉

마찬가지로 오직 외적 특성과 관련되는 지적 사항은 이것이다.

① 언어가 보존된 기념비적 유물의 고대성으로 보면, 인도유럽어
[203] 족은 그 밖의 단지 한두 뛰어난 어족과 비교해서 시대가 늦다는 것을 알 수 있다.

셈어, 이집트어, 중국어는 더 오래된 고대의 기념비적 유물이 있다. 그러나 중국의 기념비적 유물의 고대성은 언어적 관점에서 볼 때는 단지 착각에 지나지 않는다. 문자를 통해서 구어를 확실히 발견할 수 없기 때문이다(중국 한자를 어떤 식으로 발음하더라도 그것은 언제나 같은 문자이다).

인도유럽어족의 고대성은 다른 어족과는 비교가 안 된다. 다른 어

---

137 Strabon(BC64/3~AD24). 그리스의 역사가, 지리학자이자 철학자. 저서로 『지리지』(Geographica)가 있다.

족은 200년 또는 300년 정도 과거로 소급할 뿐이다. (멕시코의 언어, 말레이의 언어.)

　　문헌자료에 의한 연대 확정에서도 인도유럽어에는 필적할 언어가 없다. 『리그베다』는 기원전 1000년대를 넘어서고, 남부 모든 민족(이탈리아, 그리스)은 기원전으로 거슬러 올라간다. 이와 반대로 아르메니아어뿐만 아니라 인도유럽 세계의 북부 절반은 문헌자료에만 기반한 언어사로는 그보다 훨씬 후대이다(켈트어, 게르만어, 슬라브어, 프러시아어군, 리투아니아어, 레트어는 17세기 이후에 알려졌다).

[204]

　　모든 인도유럽 개별어가 한결같이 오래된 것은 동일한 원시 지역어에서 발달했기 때문이다.

각 언어의 과거사 일부만이
역사 시기냐 선사 시기냐가
문제 된다.

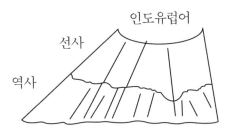

　　인도유럽 개별어의 고대성이 옛 모습이라는 의미라면, 다시 말해서 인도유럽어 유형이 그 후 다소 심한 변화를 겪었다면, 이들이 보여주는 고어성은 원칙적으로 문헌의 고대성과는 별개이다. 루터 이후에 알려진 리투아니아어는 리비우스 안드로니쿠스(기원전 260년)의 라틴어보다 훨씬 더 고어적 유형이다.

　　〈언어적으로〉 잘 보존되었다는 의미의 **고대**란 의미는 과거의 옛것(까마득한 옛 시기로부터 알려진 것)과는 관계가 없다. 예로부터 알려진 언어가 더 고어적 형태를 보여 주는 상황도 있다. 한 언어 내에서도 과거 수 세기 전부터 알려진 언어가 더 고형에 속한다는 데는 이론의 여지가 없다. (예컨대 호메로스의 그리스어는 크세노폰의 그리스어보다도 인도유럽어에 훨씬 더 가깝다.)

② 지적 사항: 인도유럽어의 옛 기념비적 유산은 문자 덕택에 보존되었다. 문자는 필수적 매체이다. 하지만 두어 가지 위대한 유산(우리가 보유한 것 중 가장 오래된 것)은 문자 이외의 다른 매개를 통해서 우리 수중에 들어왔다. 그리스에서는 호메로스의 편저자가 이 시작품을 직접 기록한 게 아니라는 것이 거의 확실하다. 그들 이전에도 여전히 글로 기록하지 않던 학교가 있었다. 텍스트의 암기가 전달 수단으로 이용되었던 것이다.

문자와 비교해서 구전 문헌을 신뢰할 수 있는지에 대해서는 언어학자가 지적할 것이 많다. 문자는 특히 형태를 왜곡시켰지만, 어쨌든 가능하면 후속적인 변화 없이 이 형태를 고정시킨다. 문자 기록으로 1300년에 말하던 것을 1400년에 말한 것과 뒤섞을 수 없다. 그것이 기록된 최초의 연대라면 말이다.

기억으로 전승하는 것은 언어 자체와 같은 능력을 이용하지만, 언어는 수시로 변하는 강과도 같다. 각 세대는 오직 기억을 통해서만 언어 자료를 전수한다. 이처럼 전승되는 텍스트는 보통 운문이며, 전수를 담보한다. 그러나 이처럼 전승된 텍스트는 시간이 지나면서 후대 언어의 여러 면모가 섞여들어 갈 위험이 늘 있다. 호메로스 텍스트의 일부는 그렇다.

『리그베다』찬가는 연대적으로 오랜 기간에 걸쳐 있어서 이 귀중한 텍스트를 전수하기 위해 오직 기억에만 의존했다.

다른 한편 다른 종류의 기억 방식이 있다. 이는 순수히 시적·문학적 즐거움을 향유하는 것이 목적인 음유시인이나 음영시인의 기억 방식과도 다르다. 그것은 종교적 목적과 관련된 의례적 기억 방식인데, 훨씬 더 정확한 전수를 보장한다. 과거로 거슬러 올라가면, 찬가를 정확히 전달하기 위해 매우 신중하고 조심한 것을 알 수 있다. 『베다』를 정확한 형태로 암송할 뿐만 아니라 단어별로도 암송했다. 〈산스크리트어에서는 단어를 하나씩 분리해서 암송하면 완전히 다른 것이 되어 버린다.〉 이로 인해 두 유형의 기록 텍스트가 산출되었다. 단어별로 암송된 형태는 파다파타 Padapāṭha이다. 산스크리트어의 각 단어 어미는 어떤 단어 앞에 놓이느냐에 따라 형태가 변한다. 예컨대 후행하는 단어에 따라서 açvas말[馬], açvô, açva처럼 변한다. 또 다른 종류의 암송은 크람파타 Krampāṭha이다. 〈당시 브라만은 『베다』 텍스트 전체 책자를 여러 가지 방식으로 암송했다.〉

『베다』를 기록한 텍스트가 증거력을 갖는 것은 결코 아니었다. 〈기록 텍스트는 단지 보조 수단이었다.〉 이로 인해서 힌두어 음성학은 아주 놀랍게 발전했다. 『리그베다』의 각 음성의 음가가 정확히 무엇인지를 알아야 했다. 그 결과 이 『베다』 텍스트는 수 세기를 지나서도 놀라운 상태로 잘 보존되었다. 독일어의 가장 오래된 텍스트는 서사 텍스트이다. 『힐데브란트의 노래』Hildebrandslied는 9세기에 한 수도승이 기록했지만, 그 이전에는 구전되었다.

세 번째 지적 사항: 문자로 보존하든 기억 이외의 다른 방식으로 보존하든 인도유럽어의 고어적 모습을 언어적으로 잘 간직한 것은 무엇보다도 종교적 관념과 인도유럽 세계의 주요 종교 덕택이었다. 종교와 관련해서 일련의 모든 언어가 문자로 고정되면서 역사 속으로 들어

왔다. 〈순수히 역사적 텍스트는 드물다.〉

아주 희귀한 사례는 다리우스 왕의 명문으로서, 기념비적 역사 자료이다.

언어적으로 로마 세계의 확장 〈같은 정치적 움직임〉으로 라틴어가 중첩됨으로써 언어 자료는 파괴되었고, 다른 지역어도 훼손되었다.

『리그베다』는 기념비적 종교 문헌으로 모든 것이 불교 덕택이었고, 젠드 아베스타(이란의 경우)도 마찬가지다. 유럽의 북부 언어는 종교 덕택에(기독교화로) 비로소 알려졌다.

기독교 선교사가 없었다면 켈트 전통의 옛 아일랜드어는 보존되지 않았을 것이다. 키릴로스와 메토디오스 형제 사도가 없었다면, 그처럼 오래된 시기의 슬라브어를 알지 못했을 것이다.

유럽 최후의 이교도 민족으로 남아 있던 리투아니아인도 가장 후대에 언어가 알려진 민족이다. 〈리투아니아어 문헌자료는 16세기에 와서야 출현하는데, 이때에 개신교 교리를 리투아니아어로 기록했기 때문이다.〉

네 번째 지적 사항 : 인접 민족이 일정한 언어에 대해 끊임없이 기여한 지대한 역할 또한 놀랍다. 한 언어는 다른 언어에 대한 정보를 알려주는 스승일 수도 있다. 언어가 정착될 때 그 정착 기간의 4분의 3은 문명의 사명을 이룩한 인접 민족 덕택이었다. 예컨대 힌두인이 영향을 크게 미쳐 기록된 자바의 말레이어 같은 경우가 그것이다. 불교와 함께 문자를 가지고 온 것도 불교도 사절의 역사 덕분이었다.

한 민족의 언어 역사는 민족 자체의 역사와 완전히 뒤섞여 있다.

다섯 번째 지적 사항 : 인도유럽어족은 세월을 통해 언어 다양성이 가장 직접적으로 관찰되고, 연구 성과를 크게 낸 어족이다. 하지만 이

어족은 또한 그것이 보여 주는 지리적 다양성이란 관점에서도 아주 주목할 만한 연구 대상이다. 인도유럽어의 방대한 방언 연쇄가 갖는 면모보다 더욱 다양한 어족은 없기 때문이다.

[211] 이런 종류의 관심사는 다른 어족 어디에도 없다. 한 어족의 언어 다양성에 대해 이야기할 때 고려할 점은 다양성에 진정한 가치를 부여하는 통일성이라는 대응 개념과 관련해서도 이 다양성을 얘기해야 한다는 것이다.

우랄알타이어도 다양성이 매우 크지만, 우리는 원시 우랄알타이어를 겨우 재구할 수 있을 뿐이다. 이 다양성을 포괄하는 통일성을 명확히 설정할 수 없기 때문이다. 우랄산맥에서 캄차카반도에 이르는 연속된 언어 사슬에서 모든 언어는 서로 친근관계가 있지만 결코 동심원 같은 것은 없다.

인도유럽어는 다양한 흔적을 지니면서도 단 하나의 완벽하게 또렷한 메달 모습을 하고 있다.

우랄알타이어족은 다소 명확하나 다소 유사한 네다섯 개의 메달 모습이다. 그러나 이들을 하나의 분명한 메달 모습으로 만들 수는 없다.

[212] 다른 한편 셈어족 같은 어족은 통일성이 없는 것이 아니라 넘쳐난다. 방언의 다양성에 대한 관심은 최소한으로 줄어든다. 셈어 개별어의 최후 모습은 모두 매우 닮았다. 언어학자들에게 관심이 떨어지는 이유는 언어변동이 너무나 적기 때문이다. 셈어 비교문법이 인도유럽어 비교문법에 비해 크게 뒤처진 것을 지적하는 학자들에게 셈어 학자들이 던지는 답변이다.

인도유럽어의 통일성은 이처럼 아주 명확해서 확증과 예외 사례를 같이 인용할 수 있을 정도이다. 네다섯 개의 단어가 널리 알려져 있는데, 인도이란어군이 인도유럽어족의 나머지 어군과 불일치 사항이 있기 때문이다.

	인도유럽어	인도이란어
마음	kịrd	ghṛd- (hṛd‑aya-m)
문	dhvor‑	dvor‑
	egō, egŏm	eghom 나[我]
큰	megās	meghā‑s

[213] 언어의 모든 특징은 시간의 불확실성이 만들어 낸다. 어떤 특성이 보존되는 것은 우연히 생겨난 결과이다. 이러한 관점에서 원시 인도유럽어에서 관찰할 수 있는 가장 중요한 변화를 고찰하고, 또 이로 인해 생겨난 다양한 인도유럽 개별어를 고찰하면, 굴절 메커니즘이 계속 약화되는 경향이 있으며, 슬라브어는 이 굴절의 약화에 가장 거세게 저항한 언어다.

이처럼 굴절이 약화되면 출발어의 언어 유형과 거의 대립하는 유형이 만들어진다. 예컨대 영어는 굴절이 거의 소실되어 다른 문법 수단을 이용해야만 했고, 이로 인해 이제 인도유럽어와 대립되는 영어의 특징이 되었다. 이와 함께 문장의 통사론에서 단어 연쇄의 어순이 전반적

[214] 으로 더욱 고정된 것이 목격되는 반면, 원시 인도유럽어는 이러한 점에서 아주 자유로운 어순을 보인다.

일반적으로 동일 관념을 표현하는 분석적 방식이 통합적 방식을

대체해 가는 경향이 나타났다. 동사 활용에는 조동사를 이용하는 분석적 형태가 만들어졌지만, 인도유럽어의 통합적 원리에 따르면 원래 하나의 단어로 구성된 형태만을 이용했다.

원시 인도유럽어 자체의 특성을 보면, 음성학적 측면에서 형태의 외양이 갖는 단순성, 절제성, 규칙성에 놀라게 된다. 복잡한 자음군도 없고, 중복 자음군(ss, tt 제외. 중복은 그리 빈번하지 않다)도 없다. 서로 다른 음성요소〈문자들〉의 수도 다양하지만, 여전히 지나치게 많은 것은 아니다. 문법구조는 무엇보다도 굴절 체계가 특징이다.

[215]

인도유럽어는 굴절과 관계된 특성이 엄청나게 많이 발달했다. 명사나 동사의 단수, 복수, 쌍의 세 가지 수, 곡용의 8격, 아주 풍부한 활용으로 많은 법과 시제의 의미 차가 나타나고. 현재 열네 가지 방식으로 구별한다.

많은 세부 사실은 이 유럽의 언어들이 얼마나 굴절과 밀접하게 관계가 있는지를 잘 보여 준다. 예컨대 수사 자체도 극단적으로 굴절한다. 4까지의 수는 세 가지 성이 있다. 〈산스크리트어에서 수사 20은 다른 명사처럼 격 굴절을 한다.〉

수사 2가 관련되는 쌍수 용법은 이런 점에서 특징적이다. 또 원시인도유럽어에는 전치사가 없다는 점에도 유의하자. 인도유럽어 전치사는 점진적으로 생겨났는데, upo, pro, peri 같은 첨사를 전환시켜 만든 것이다. 하지만 이 첨사는 원래 동사의 미묘한 의미 차이를 분화하는 데 이용되었다. 예컨대 문장 ὄρους βαίνω - κατα(산에서 나는 내려간다)에서 κατα[카타]는 동사 βαίνω[바이노]의 의미 차를 드러내기 위해 이용한 별개의 품사였다. 단어의 관계는 굴절로써 표현되었다.

[216]

마지막으로 인도유럽어의 큰 장점은 단어 구성력이다. 그 덕택에 엄청나게 풍부한 언어 자원이 산출되는데, 예컨대 〈산스크리트어,〉 그리스어, 오늘날의 독일어 같은 언어가 그렇다. 이러한 특징은 셈어에는 전혀 없다. 이러한 단어 합성을 적용한 사례는 특히 인명의 합성이다(Πολυ-καρπος폴리카르포스, Αριστο-δημος아리스토데모스).

[217]   두 단어로 구성되는 셈어 명사는 합성할 수 없고, 그저 짧은 두 문장이 된다(l'Eternel a accordé하나님께서 허락하셨다).

끝으로 히르트의 『인도게르만인』을 인용하자. 이 저서는 이러한 점에서 인도유럽 민족과 그들의 언어에 대한 많은 정보를 제공한다.

[1911년 3월 7일]

셈어족

무슬림 정복으로 아랍인이 지배하여 아주 넓게 확장된 영토와 그리스-로마 영토 내에 흩어진 유대인을 제외하면, 예로부터 셈어가 사용된 영토는 상당히 좁게 줄어든다(아라비아반도, 메소포타미아평원과, 지중해까지 이르는 지방도 추가)(팔레스타인 등).

[218]   더욱이 북부와 동부는 산맥과 바다로 둘러싸인 곳이다. 학자들은 이곳을 아랍 종족이 살았던 최초의 요람으로 간주하려고 했다. 왜냐하면 바빌로니아와 시리아는 셈인에게 정복당한 곳으로 명확하게 밝혀졌기 때문이다. 아라비아는 지리적 요인으로 인해 관개가 가능한 비옥한 지방이었던 곳으로 드러났다.

17세기의 동양학자들은 이미 셈어족에 속하는 특유 언어가 친근 관계가 너무나 분명해서 의심의 대상으로 삼지 않았다. 단지 최근에 와서야 이 언어들을 셈어로 불렀고, 이 명칭은 어족 전체를 가리키는 명칭이 되었다. 동양학자 슐뢰처[138]는 이 명칭을 『창세기』 제10장에서 빌려왔다(여기 나오는 족보에는 노아의 세 아들인 셈, 함, 야벳으로 소급된다)(이는 18세기의 일이다).

[219] 　　『창세기』에 나오는 이 민족 계보를 작성한 사람들은 셈, 함, 야벳을 언어 공동체를 가리키는 명칭으로 사용할 의도는 원래 없었다.

　　야벳인은 북부(소아시아)의 민족이고, 함인은 남부(이집트)의 민족이다. 셈인은 이 두 민족의 중간에 위치한 민족이다. 성서 기록자들은 인종보다는 민족의 관계를 모두 기술하려고 했다.

　　이러한 이유로 이들은 〈셈인도 아니고 인도유럽인도 아닌〉 수사 지방의 엘람인을 셈인에 귀속시켰다.

　　다른 한편, 역시 셈인인 페니키아인은 함인과 결부되었는데, 그것은 이들이 이집트와 유대관계를 빈번히 맺었기 때문이다.

　　그러면 이집트인과 셈인의 관계가 확실한 것인가 하는 질문이 제기된다. 로슈몽테 후작[139]은 그 관계를 지적하였다. 오늘날 독일 학자 에르만[140]이 이 문제를 열심히 연구했다.

[220] 　　어휘보다는 문법적 (형태 구성의) 친근관계에 입각해서 말이다.[141] 〈이 문제는 해결된 것이 아니다.〉

138　August Ludwig von Schlözer(1735~1809). 독일의 역사가. 천지창조부터 노아 홍수까지는 원시 세계, 노아 홍수부터 모세와 최초의 문헌 출현기까지는 암흑 세계 등으로 예수 이전의 세계사를 성서에 입각하여 구분하였다.

139　Maxence de Chalvet(1849~1891). 이집트학을 연구한 프랑스인. 나일강 좌안 에드푸에 있는 호루스 신전의 유적 탁본을 떠 프랑스로 가져갔다. 원서에는 Rochemontet라고 되어 있으나 Rochemonteix가 맞는 표기다.

140　Adolf Erman(1854~1937). 독일의 이집트어 학자. 문법·어학·사전학에 큰 업적을 남겼다.

141　기본 어휘나 일상 어휘를 가지고 친근관계를 연구하는 언어 선사고생물학적 방법이 아니라 문법적 형태 구성의 방식이나 유형으로 친근관계를 결정하는 방법을 말한다.

학자들은 반박의 여지가 없어 보이는 친근관계가 존재한다면, 이 집트어는 셈어 계통에 속하는 다른 특유 언어가 분리되기 전에 이미 공통 기반으로부터 분리된 것으로 추정한다.

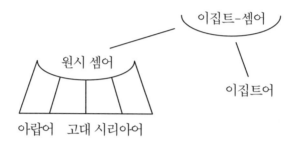

〈이집트어를 셈어족에 귀속시키려면〉 이 둘의 원시어^{공통 조어}로 이집트-셈어를 가정해야 한다. 인도유럽어에는 그러한 사례를 전혀 발견할 수 없다.

학자들은 이집트어에 과거 나일강 계곡에서 사용된 특유 언어들이 분명 섞였을 것이라는 점을 인정한다.

[221]   덧붙일 말은 거기에 복잡한 문제가 얽혀 있다는 것이다. 베르베르어(아프리카 북부)와 이집트 남부에 쿠시어로 불리는 특유 언어(소말리아-갈라 지역어)[142]도 있는데, 이들은 셈어와 공통된 특성을 보여 준다. 그러나 이집트어와 비교해 볼 때, 그리 두드러진 특성은 없다.

이들을 넘어서는 또 다른 통일 언어로부터 생겨난 제3의 어파가 있을까? 아니면 공통된 특성은 차용된 요소들인가? 이 문제는 해결이

---

142 쿠시어파에 속하는 언어집단(language cluster)으로서 이집트 남부, 에티오피아, 소말리아, 케냐 북부에 산재한 언어들이다.

아주 막연하다.

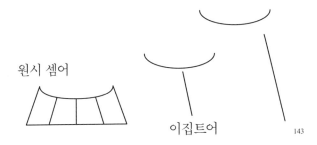

원시 셈어

이집트어

143

셈어의 언어체계를 연구한 아주 흥미로운 책은 르낭[144]의 저서이다(『셈어의 일반역사와 언어체계 비교』*Histoire générale et système comparédes langues sémitiques*, 3판). 이는 셈어학에 정확히 부응하는 연구가 아니다. 셈어 비교문법 연구는 모두 최근에 나온 책이다.

마르세William Marçais와 코엥Marcel Cohen이 공역한 브로켈만[145]의 『셈어학 요론』*Précis de linguistique sémitique*이 있다.

문자는 상당히 오랜 과거부터 셈인에게 널리 사용되었고, 이 문자는 페니키아인이 변형시킨 형태로 그 후 그리스 문자의 근간이 되었다(이는 이집트 상형문자 기호를 축약한 것이었다). 그것은 모압 왕(메사Mesa(Mēša‘))[146]의 기념비석(기원전 900년)에 최초로 출현했다(이는 오늘날 루브르박물관에 보존되어 있다).

아시로바빌로니아어를 제외하면, 〈고대〉 셈어계 문자에는 이러한

[222]

143† 이 그림은 이 페이지 여백에 그린 것이다.
144 Joseph Ernest Renan(1823~1892). 프랑스의 셈어 전문가이자 문헌학자, 문명 연구자, 철학자, 역사가. 초기 기독교 연구로 유명하다. 셈어 연구로는 인용된 저서(1855)가 있다.
145 Carl Brockelmann(1868~1956). 독일의 셈어 학자이자 동양학자. 아랍 문학사 연구로 유명하다. 언급된 번역본의 원전은 *Semitische Sprachwissenschaft*(1906)이다.
146 메사 왕은 구약성서의 「사무엘서」와 「열왕기하」에 등장한다.

특징이 있었다.

즉 이 문자에는 모음의 자리가 없고, 자음만이 기록되었다.

이 문자의 한 변이형인 히브리어 문자도 마찬가지다. 모음이 표시되는 경우, 극히 우연히 그렇게 표시한 것이다.

ai(i를 표기할 수도 있다)   이중모음의 둘째 요소를

표기하려고 했는데, 그것을 자음으로

ai   au   생각했기 때문이다.

ê ô

〈모음이 표시된 것은 이중모음이 실제로 1개 모음+1개 자음으로 분할되었기 때문이다.〉

〈파피루스나 양피지에 이를 적어 옮길 때, 모음은 요행히 표기되기도 했다. 하나의 모음이었던 이중모음의 둘째 요소가 모음이 자음으로 발음되는 경우에 그렇게 표시했다.〉

[223]   수많은 논란을 거쳐 히브리어 모음체계가 확정되었다. 기원후에 모음을 점으로 표시하기 시작했을 때, 모음체계는 당연히 변경해야 했다. 다행히도 설형문자는 모음을 표시했다.

이 셈어 문자는 어디서 어떻게 만들어졌는지 아무도 모른다. 셈어족에 속하는 어느 민족이 만들었지만, 정확히 어느 민족인지 모른다. 이런 이유로 이 문자에 셈어 문자라는 명칭을 붙인 것이다. 무슨 이유로 그러한 문자를 만들 생각을 했을까? 이 문제에 대해 수많은 가설이 제시되었다. 그중 한 가설은 셈어 문자가 이집트 상형문자 기호를 축약한 것에서 파생했다는 것이다. 또 다른 가정은 설형문자나 미노스 왕 치하

의 크레타인의 문자가 기원이라는 것이다.

이 문자의 기원이 무엇이든, 셈어 문자는 근간으로 이용된 모든 문
자와는 별개로 창제된 진정한 문자라는 것이다. 이 문자를 통해 얼마
후에 알파벳문자가 최초로 만들어지게 되었고, (음성요소의 일부인 자
음만을 고려하면) 셈어 문자는 알파벳과는 크게 동떨어지지 않은 문자
유형이다. 〈이는 인류에게는 엄청난 혜택이었다.〉 이 셈어 문자로부터
유래하는 문자는 다음과 같다. ① 눈에는 아주 다양한 것처럼 보이지만
기존에 알려진 모든 셈어 문자, 예컨대 아랍어 문자, 히브리어 문자이
다. 하지만 아시로바빌로니아어 설형문자는 제외된다. ② 페니키아인
을 매개로 만들어진 그리스어 문자와 여기서 생겨난 일련의 이탈릭어
문자, 특히 로마 문자. ③ 기존에 알려진 모든 알파벳문자, 즉 동부 셈어
계에서도 사용된 문자.

③ 셈어 세계를 넘어 서아시아에 알려진 수많은 문자에 국한되지
않는데, 셈어 문자를 변형시켜 만든 문자들이 있기 때문이다(펠비어 문
자[147]의 경우가 그렇다). 또한 인디아의 아주 오랜 고문자처럼 〈확실하지
는 않지만〉 근거가 그리 분명하지 않은 문자도 있다. 인도학 연구자 알
브레히트 베버[148]는 이들을 셈어 문자가 변형된 문자로 본다. 터키인이
아랍어 문자를 사용하기 전에 터키어 방언은 셈어 문자에서 파생된 문
자로 기록되었다.

② 그리스어 문자. 여기서는 아주 흥미로운 현상을 목격하는데, 그
것은 셈인의 번데기가 인도유럽인에 와서는 나비가 되는 현상을 보기

147 아랍어 알파벳에서 독자적으로 파생되었다.
148 Albrecht Weber(1825~1901). 독일의 인도학 학자이자 역사가.

때문이다.

　① 모음을 표기하고, ② 모음을 점이나 자음에 종속된 수단으로 더
이상 표기하지 않는 성과를 이룩했다.

　Ｔ Ｔ ti 이는 음절 문자체계에 이를 수도 있었다. 하지만 그리스
인은 발화연쇄에서 서로 대립하는 동질적 분할체가 있으며, 이를 각각
하나의 특수한 문자로 표기할 가치가 있다고 보았다.

이는 알파벳 표기 체계로,
유일한 합리적 문자체계였다.

　① 알려진 가장 고형태의 문자라고 해서 그것이 〈반드시〉 과거에
존재했던 가장 고형의 문자를 의미하는 것은 아니다. 고형 문자의 직접
적인 근원은 일반적으로 역사 너머에 있다.

[226]　**[노트 VI의 시작]**

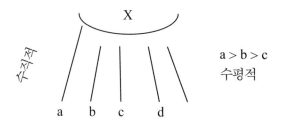

〈셈어 알파벳에서〉 알려진 가장 고형의 문자는 요르단강 동안에 세워
진 모압왕국의 왕 메사의 명문에 나온다(기원전 900년). 실로아 수로 완
공을 축성하는 요르단강 서안의 명문에도 있고, 거의 동일 시기의 키프
로스 명문에도 나온다. 이들 문자의 유형은 〈원시 셈어 문자의 모습과〉

거의 차이가 없는 것으로 간주된다. 거기서 도합 스물두 개의 문자를 볼 수 있다[문장 끊어짐]〈이 문자를 때로는 모압어 문자로도 불렀다〉.

이 문자의 모습은 원시 그리스어의 문자 모양과 매우 비슷하다. 〈물론 히브리어 글자와는 훨씬 더 가깝다.〉

문자의 선은 자유로이 긋는다〈히브리어 문자처럼 문자를 쓰는 데 규칙성이 없었다〉.

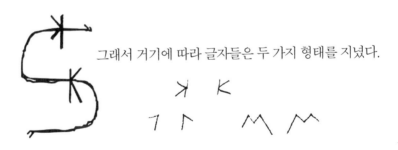

[227] 문자는 오른쪽에서 왼쪽으로 쓰는데, 아비시니아인을 제외하고 셈 부족도 그렇게 쓴다. 그리스인은 때로 왼쪽에서 오른쪽으로 쓰다가 때로는 오른쪽에서 왼쪽으로 글을 쓰면서 오랫동안 부스트로페돈 βουστροφηδόν[149]을 실시했다.

그래서 거기에 따라 글자들은 두 가지 형태를 지녔다.

---

149 행마다 좌에서 우로, 우에서 좌로 방향을 바꿔 글을 쓰는 방법. '좌우교대서법'이라고도 한다. '부스트로페돈'이란 '쟁기질'이란 뜻으로 글자의 진행 궤적을 소가 밭을 가는 모양에 비유했다.

이런 식으로 해서 문자 형태는 문자를 쓰는 방향에 달려 있었다. 셈인 중 문제의 이 문자 유형을 가장 잘 간직한 민족은 (더 최근이기는 하지만) 페니키아인이었다. 그리하여 그리스어 문자가 모압 왕의 문자와 왜 그렇게 흡사한지를 비로소 알게 되었다. 이 문자가 유대인의 문자라는 데는 의심의 여지가 없다.

유대인이 사용한 동전도 이 문자가 기원전 150년까지 사용되었음을 알려준다. 성서의 여러 책은 이 모압어 문자의 유형으로 기록되었다.

[228] 그 후 여러 가지 아람어 문자가 나타났고(시리아 지방), 히브리인은 이 중 하나를 기원전 300년에 채택해 다소 세련된 형태로 개조했다. 이것이 우리가 지금 알고 있는 히브리어 문자(사각형 히브리어 문자)이며, 그 모습이나 스타일은 우리가 방금 얘기한 문자와는 아주 다르다. 다른 한편 고대 시리아어 알파벳이나 사마리아인의 문자 같은 다른 아람어 문자도 있었다.

③ 아람어의 한 변이체인 나바테아어[150]로부터 아랍인들의 문자가 생겨났다. 가장 오랜 아랍어 옛 명문은 다마스에서 그리 멀지 않은 나마라의 명문(기원 4세기)으로, 여기서는 여전히 나바테아어 글자를 볼 수 있고, 이로부터 특히 아랍어 문자가 발달했다. 이때부터 이 두 문자 체계, 즉 쿠파체 문자(바그다드 지역의 도시 쿠파에서 유래한다)와 나바테아어의 필기체 문자가 서로 나란히 사용된 것으로 보아야 한다.

쿠파체 문자란 명칭은 무슬림 명문에 기록된 아랍어 문자를 가리
[229] 키는 것으로, 12세기까지는 간결한 형식의 문자였다.

---

150 서부 아람어의 한 변이체로서 요르단강 동안과 시나이반도에서 사용된 언어. 아랍인들이 계속 이 지방으로 이주하면서 점차 아랍어화되고 동화되었다. [244]쪽 참조.

다른 한편 필기체 문자는 눈으로 그냥 보면 쿠파체 문자와 전혀 다른 문자로서, 오랫동안 쿠파체에서 파생된 서체로 간주되었다. 〈실제로는 그렇게 될 수 없었다.〉 아주 오래된 필기체로 쓴 수고 문헌이 발견되었기에 이들 두 서체는 오랫동안 경쟁적으로 사용된 것으로 결론이 내려졌다. 그래서 아랍어 학자들은 쿠파체 문자를 명문에 사용할 목적으로 만든 양식화된 형태의 서체로 간주하기에 이르렀다. 12세기 이후부터 (『쿠란』의 구절에는 여전히 쿠파체 문자를 유지하면서도) 아랍어 명문은 필기체를 채택했다.

④ 〈언어적으로 볼 때 아라비아반도의 남부가 분리된 것과 마찬가지로〉 아라비아 남서부 해안에도 일련의 힘야르어[151] 명문이 있는데, 이는 고대 셈어 문자에서 파생된 또 다른 문자이다.

⑤ 아비시니아어. 아비시니아의 기독교 문헌에 사용한 셈어로서, 고대 셈어 문자가 또 달리 독창적으로 발달한 모습을 보여 준다. 고대 셈어 문자는 후행 모음에 따라 자음 형태가 바뀌는 모음 표기 체계로 발전했다. 그래서 때로는 문자 형태 자체도 바뀐다.

아비시니아어 문자를 제외하고, 이 모든 셈어 문자는 모음을 고려하지 않았거나 모음을 생략하는 초기의 결점을 보완하려고 개정을 시도했으나 제대로 개정되지 않았다. 아랍 문자는 a, i, u(ou)를 구별하려고 시도했지만, 점을 찍는 이 표기법은 오늘날까지도 여전히 아주 임의적인 표기 방식으로 남아 있다. a, i, u의 세 모음이 실제적인 모음체계와 상응하지 않기 때문이다(ô, au 등은 기재되지 않는다).

[230]

---

151 아라비아 남서부 해안에 기원전 6~2세기에 소왕국으로 존재하다가 대왕국으로 발전한 힘야르왕국에서 사용된 언어. 원문 himfariques는 himyariques의 오기로 보인다. [241]쪽에는 himyartiques라고 나온다.

셈어족에 속하는 언어. 일반적으로 동부 셈어(아시로바빌로니아어)는 서부 셈어, 남부 셈어가 대조된다.

서부 셈어에는 가나안어와 아람어가 포함되고, 남부 셈어에는 아랍어와 아비시니아어가 포함된다.

[231] 서부 셈어에는 우선 가나안어파가 있다. 이스라엘인은 가나안에 이주해 들어온 민족이다. 이들이 가나안에 들어오기 전에 히브리어와 유사한 방언이 가나안에서 널리 사용되었다는 것은 의심의 여지가 없다. 히브리인이 도래하기 전에 가나안 지방에서 사용된 방언이 이주한 히브리인의 언어와 과연 얼마나 유사했는지를 아는 것도 문제이다. 이 〈과거의〉 가나안 방언의 존재가 알려진 것은

① 텔 알 아마르나(이집트)[152]의 주해서를 통해서였다. 아메노피스 4세 치하의 〈(설형문자로 기록된)〉 외교문서 일체가 여기서 발견되었다. 거기서 기원전 15세기의 가나안 〈이스라엘인은 전혀 아닌〉 왕자들의 서신이 발견되었다. 〈설형문자가 문헌의 주종을 이루었지만,〉 가나안어로 번역한 단어들의 주해서, 번역어도 있었다.

〈②〉 그리고 모압왕국의 왕 메사의 기념비(900년)도 있는데〈요르단강 건너편 동안에 있지만, 분명 가나안어이다〉 이 가나안어는 후에 이스라엘인의 히브리어에는 좀 더 최근형에 일치하는 형태로 나타난다. 구약성서를 기록한 히브리어에도 이같은 문제가 제기된다. 즉 정말 [232] 오래된 고형의 구약 단편은 어떤 것인가? 특히 『사사기』 제5책〈장〉에 나오는 데보라의 노래 같은 것이다.

---

152 카이로 남부 나일강 동안의 유적지. 파라오 아케나톤(아메노피스 4세의 개명)이 재위 5년 차에 세운 옛 도시이다. 여기에서 설형문자(아마르나 문자)로 기록된 파라오의 외교문서 점토판이 발굴되었고, 대부분이 아카디어라는 것이 밝혀졌다.

히브리어는 고대 가나안어의 고대 이스라엘어 분파에서 발달한 언어이다. 이 언어〈히브리어〉는 언제까지 실제로 민중어로 사용되었는가? 우리는 잠시 후 히브리어가 아람어로 완전히 대체된 것으로 말하려고 한다. 그러나 어느 시기에 아람어가 팔레스타인 지방에 널리 퍼졌는가? 히브리인이 바빌론 유수에서 돌아왔을 때, 가나안 지방에서 아람어를 이미 발견했다고들 한다. 그 시기를 헬레니즘 시기(기원전 300년)로 정하려고들 하는데, 이때 히브리어가 벌써 사어死語가 되었기 때문이다. 〈그리하여 학교를 통해 전수되는 문명 현상이 되었다.〉『시라흐 지혜서』[153](기원전 200년)는 훌륭한 히브리어로 기록되었지만, 이미 현학적인 기념비로 간주해야 한다. 이 책은 더 이상 구어가 아니다. 〈하지만 경전에는 포함시킨다.〉『에스더서』나『전도서』같은 성서는 아람어화된 히브리어로 기록되었다.

[233]　　그 후 히브리어는 두 종류의『탈무드』〈(히브리어로 기록한 주해서)〉를 기록한 학술어로 계승되지만, 아람어의 영향을 피할 수 없었다. 기원 7세기경(탈무드 시기)에 단모음의 발음이 고정되었다. 이 발음은 〈고대의〉 전통에 기반하지만, 그 정확성 여부에는 논란이 있다.

〈모음체계라는 관점에서 볼 때,〉진정 기념비적인 것은『70인역 성서』[154]〈알렉산드로스 대왕의 이집트 원정 시기〉에서 찾아야 한다(〈히브리어〉 고유명사의 그리스어 번역어는 당시의 모음체계를 보여 준다). 그리스어 알파벳이라는 베일을 통해서이다. 그런데 이 기념비적 모음체계

153　기원전 200~175년에 벤 시라가 지은 구약성서의 도덕 원리서로서「전도서」와 유사하다.

154　기원전 3세기경에 히브리어로 기록된 구약성서를 코이네 그리스어로 번역한 성서이다. 70명의 유대인이 번역한 데서 그 이름이 유래한다. 코이네 그리스어는 당시 이집트의 알렉산드리아와 동부 지중해 지방의 공통어(교통어)였다.

는 전통과 반드시 일치하는 것은 아니었다. 〈흔히 거기서 분석해 낸 발음은 7세기 발음을 전혀 확증해 주지 않기 때문이다〉(모음이 첨가된 것은 회당에서 성서를 정확하게 낭송하기 위해서였다). 히브리어는 〈거의〉 변하지 않는 언어 같은 효과를 거두었는데, 이는 아주 옛 시기에 규범으로 정착되었음을 가리킨다. 순수한 문헌이나 학교 언어로 사용되기 전에 이 특유 언어는 이미 인위적으로 고정되었다.

[234]   〈페니키아어.〉 가나안어의 다른 언어 분파는 페니키아어로 대표된다. 페니키아어는 꽤 많은 명문을 통해 알려졌으나 일반적으로 400년 이후의 것이다. 어떤 명문은 9세기까지 소급된다. 가장 유명한 명문은 시돈의 왕 에쉬무나자르의 석관 명문인데, 그 연대는 확정하기 어렵다 (아마도 고대의 명문은 아닌 것 같다). 페니키아인은 문학작품이 거의 없었던 민족 같다. 이 민족은 당시 세계적으로 문자를 확산시켰지만, 그것은 상업적 목적을 위한 것이었다. 종족적으로 볼 때, 페니키아인과 이스라엘인은 명확하게 대조되기 때문에 이처럼 질문한다. 즉 페니키아인은 정말 셈족인가?(이 문제에 대한 르낭의 논의[155] 참고). 확실한 것은 셈족에 속하는 가나안인 이전에 이미 비非셈족이 있었다는 것을 성서에서 언급한다는 점이다(정확하지는 않지만, 인종이 확인되지 않은 필리시테인[156]일 것이다)〈이들을 페니키아인으로 봐서는 안 된다〉. 아마도 페니키아인은 셈어를 채택했던 족속 중 하나가 아닐까. 〈아마도 후대에 정

[235]

---

155 앞서 언급된 『셈어의 일반역사와 언어체계 비교』를 가리키는 듯하다.
156 불레셋 족속으로, 히브리어로는 플리스팀(Plištim) 또는 플레셋(Pléšet)이다. 『70인역 성서』에는 알로필로이(ἀλλόφυλοι, 다른 민족들)로 나온다. 남서 가나안 해안 지방에 거주했으며, 인도유럽인으로 귀속시키기도 하지만 기원은 (그리스, 아나톨리아, 페니키아 등으로) 불확실하다.

복한 민족의 언어에 동화된 토착 부족이거나 반대로 정복된 토착 부족의 언어에 동화된 민족으로 추정된다.〉〈페니키아인이 남겨 놓은 언어 유산은 순전히 셈어로 된 것들이다.〉

산쿠니아톤의 페니키아 역사 단편과 한논의 여행기 단편이 남아 있다.[157] 〈그리스인과 로마인이 인용한 글귀들도 남아 있다.〉

페니키아어는 히브리어와 아주 유사하다〈특히 모음체계로 구별된다〉. 페니키아 식민 지배지 가운데 카르타고는 매우 중요했다.[158] 거기서 페니키아인은 **푸니쿠스**로 불렸다. 〈그리고 그곳의 언어는 푸니쿠스어로 불렸다〉. 카르타고에 많은 명문이 남아 있다. 플라우투스의『소카르타고인』*Poenulus*에는 푸니쿠스어 단어가 나온다. 그러나 이 단어들은 아주 많이 변했다. 〈플라우투스가 이해 못 할 정도는 아니었다.〉 이들로부터 끌어낼 수 있는 중요한 것이라고는 별로 없다.

로마인이 사용한 고유명사는 그것이 셈어라는 것을 알려준다. 〈명사는 다소 형태가 바뀌었지만, 라틴어에 이입된 것은 사실이다.〉

suffes, −etis〈카르타고의 제1행정관을 가리킨다〉는

히브리어 šōfēt재판관에 대응한다.

$$(\pi \, \underset{\scriptscriptstyle\mathsf{o}}{?} \, \gamma \, \omega)$$

Hanni−baal(히브리어 ba῾al. 한니−발)주님의 은총을 입은

---

157 산쿠니아톤(Sanchuniathon)은 철학, 종교·신화, 역사를 다룬 세 종의 페니키아어 저작을 남겼으나 남아 있는 것은 필로(Philo)가 그리스어로 번역한 단편뿐이다. 한논(Hannon)은 기원전 5세기에 북아프리카부터 서아프리카에 이르는 해안을 탐험한 카르타고의 여행가로서 역시 그리스어로 번역된 단편들이 남아 있다.

158 기원전 9세기에 페니키아인은 북아프리카 해안(지금의 튀니스)에 거주하여 도시를 세우고, 기원전 5세기에 카르타고제국의 면모를 갖추었다. 기원전 146년 로마에 의해 멸망했다.

Hanni-bālis(한니발의)

[236] 카르타고의 농업서들이 있는데, 카토와 다른 농업서 저자들은 이를 인용했다.[159] 카르타고의 페니키아어는 카르타고가 멸망한 이후에도 살아남았다. 기원 5세기에도 사용되었으나, 아랍 작가를 인용한 조제프 알레비[160]에 의하면, 실제로는 그 후에도 사용되었다고 한다. 〈무슬림이 그곳을 정복했을 때 아랍인은 자신들도 거의 이해하는 특유 언어를 발견했다는 것이다.[161] 이 언어는 아마 푸니쿠스어였을 것이다.〉

페니키아의 페니키아어는 기원전 100년경 소멸되었고, 아람어로 대체되었다. 페니키아어 명문은 특히 지중해의 모든 연안에서 발견된다(키프로스, 몰타, 사르디냐, 마르세유, 에스파냐, 키레나이카, 피레아스(페니키아어와 그리스어 이언어二言語 명문)).

서부 셈어의 다른 언어군은 아람어이다. 아람인은 메소포타미아 서부의 고대 사막 유목민이었다. 이들은 기원전 14세기 이래 아시리아-바빌로니아 유적에서 아리미인이란 명칭으로 언급된다. 아리미인의 이웃 민족은 이들의 침입을 크게 두려워했다〈정착 거주민과 이웃하여 살게 되면서 결국에는 이들을 정복했다〉. 아람인은 북부 시리아의 정복으로 〈시리아 북부에〉 정착했고, (히타이트 민족의) 기존 문명에 동

[237]

159 로마가 카르타고와 포에니 전쟁을 치르고 식민 지배한 이후로 이곳은 로마의 곡창지대로서 풍부한 농산물을 제공했다. 로마의 정치가이자 문인인 카토는 『농업론』(De Re Rustica, BC160)을 저술했다.
160 Joseph Halévy(1827~1917). 프랑스 유대인으로 동양학 학자. 셈어를 주로 연구하였다. 아시로바빌로니아어 명문의 문자는 셈어계 수메르어가 아니라는 주장을 폈다.
161 무슬림 아랍인들의 북아프리카 정복은 7세기부터 점차 이루어졌고, 그 후부터 북아프리카 지방은 마그레브(Maghreb, 해가 지는 곳)으로 불렸다.

화되었다. 여기에서 최초의 아람어 명문들이 발견된다.

그리하여 아람어의 영향은 아시리아-바빌로니아 세계에 엄청나게 확대되었다. 6세기에 페르시아인이 이 지역의 맹주가 되었을 때, 아람어는 절호의 기회를 얻어 아시아의 국제어가 되었다. 아람 화폐와 함께 주조 동전들이 페르시아인에 의해 소아시아에서 주조되기는 했지만, 소아시아에는 아람인이 살지는 않았다.

아시로바빌로니아어와 가나안어는 아람어를 점차 잠식했다. 헬레니즘 시대로부터 아랍인의 침입 때까지 〈9세기, 10세기 동안〉 그 전_소 시기는 셈족 문화가 아람어로만 꽃피던 시기였다. 지리적으로 아람어는 셈족 세계의 북부 전역을 휩쓸었다. 다른 한편, 당시까지만 해도 아랍어는 이 지역에 아직 도래하지 않았다. 아랍어는 당시 오직 명문으로만 알려진, 어둠에 싸인 부족의 언어에 불과했다.

[238]

아람어는 세 어파로 구별해야 한다.

가장 중요한 것은 고대 시리아어 또는 북부 아람어이다. 그 중심지는 에데사[162]이다. 이 언어는 기원전에는 〈문학적으로〉 개화된 언어였다. 그러나 〈우리에게 알려지기는〉 고대 시리아 문헌은 기원 200년 〈(9세기. D[égallier])〉에 가서 나타나기 시작한다. 이는 완전한 기독교 문헌이었으며, 성서 번역에서 시작되었고, 그 후에 신학이 활발하게 발달했다(예수 그리스도의 신성/인성의 이원적 본성 여부에 대한 논의)〈(여러 다른 종파들 간의 무익한 논의)〉.

야곱파는 네스토리우스파(동부의 고대 시리아어)에 대항하는 서부의 고대 시리아어를 대표한다. 이로부터 특히 모음을 발음하는 두 가지

162 상부 메소포타미아의 소국 오스로에네의 수도였다. 현재 터키 동남부의 샨르우르파.

전통이 생겨났다. 아랍 정복 이후에 고대 시리아어는 문학적으로 세련
된 학술어가 되었다. 그러나 고대 시리아어는 학술어 형태로 12세기와
13세기까지 유지되었다. 아랍 〈작가들〉은 고대 시리아 문학을 많이 이
용했다. 오늘날 고대 시리아의 아람어는 전혀 남아 있지 않다. 〈시리아
인의 철학과 종교 사상은 진정한 종파가 낳은 산물인데, 이 신학 사상
은 이웃 민족인 칼데아인[163] 덕택에 멀리까지 퍼졌고, 이들은 자기 언어
인 동부 아람어나 칼데아어로 이를 널리 전파시켰다.〉

동부 아람어는 아르메니아의 산악지대부터 페르시아만 입구까
지 널리 사용되었다. 그것은 아시리아-바빌로니아의 옛 영토를 휩쓸다
시피 했다. 동부 아람어는 사산 왕조의 페르시아에서 큰 역할을 했다.
〈(펠비어에도 차용되었다.)〉 이 아람어는 중국까지 전파된 네스토리우
스파의 교리를 포교하는 수단이었고, 거기서는 흔히 칼데아어(즉 칼데
아에서 발생한 아람어)로 불렸다.

우리에게는 만다야 교도나 만다이타이 교도[164]의 영지주의파 문헌
이 남아 있다. 〈유대교 문헌도 기독교 문헌도 아니다〉. 이 문헌은 아주
순수한 아람어를 보여 준다.

동부 아람어는 오늘날까지 제한된 지역에서 여전히 사용되는 유일
한 어파이다. 즉 모술 동부와 북부, 우르미아호湖 동안에서 사용된다.

서부 아람어는 히브리어를 뒤따르는 운명을 겪었고, 기원전부터
이스라엘의 역사와 문학과 섞였다. 여러 종류의 문헌자료를 통해 추적

---

163 칼데아는 유프라테스강과 티그리스강 하류 사이의 지방으로 고대의 바빌로니아 지역이다.
　　이들의 기원은 서부 셈족이며, 아랍인들과도 가깝다. 기원전 9~6세기에 실존한 종족으로
　　구약「창세기」에 나오며, 이 지역에 아브라함의 초당이 있다.
164 전자는 단일신, 침례, 영지주의를 고수하는 한편, 후자는 근동의 기독교 고백 종파이다.

하기에는 너무 복잡하다. 이 작업은 더욱 특수한 셈어 문헌학에 속한다. 예컨대 『에스라서』, 『다니엘서』 같은 성서(기원전 6세기)는 순수한 아람어로 기록되었다. 팔레스타인 지역의 아람어가 〈고대 히브리 지역어를〉 교체〈하면서 이 아람어는 예수 그리스도가 살았던 시대에 널리 사용된 유일한 언어가 되었다〉.

『복음서』에 이 아람어는 거의 간접화법에서만 나온다.

히브리어로 기록된 텍스트를 이해할 필요성 때문에 타르굼(히브리어 성서 본문을 아람어로 풀어 쓴 주해서)이 생겨났다〈사람들이 이를 회당에서 읽었다〉.

약간의 문헌이 있는 사마리아어는 아람어와 관련이 있다. 그 일부[241] 가 오늘날 레바논에 조금 남아 있다. 〈이는 아랍어 이외의 다른 셈어 방언들에 남아 있는 희귀한 사례이다.〉

남부 셈어

남부 셈어는 다음과 같이 하위 구분된다. 남부 아랍어 + 아비시니아어와 그 나머지 언어가 대조된다. 사실상 아라비아반도 남부에서 사용되는 아랍 방언들 간의 차이는 북부 아랍 방언들 간의 차이보다 훨씬 더 심하다.

(〈특히〉 예멘 지방의) 남부 아랍어가 그렇다. 일찍부터 이 지방에는 문명이 발달했다. 〈지리적 상황으로 인해〉 이 지역은 다소간 외진 세계이다. 〈아라비아반도의 나머지 지역에서 떨어져 있다.〉 남부 아랍어는 무슬림의 정복〈이 정복으로 남부 아랍어는 사라졌다〉 때까지 이곳에서 사용되었고, 북부의 아랍어와는 아주 다른 언어였다. 이 남부 아랍어는 몇몇 섬에서 사용되는 것을 제외하고는 아무 흔적도 남겨 놓지 않았다

(예컨대 소코트라섬에 남아 있으나 이 방언은 심하게 변했다). 남부 아랍어는 단지 기원 초 몇 세기의 힘야르어 명문을 통해서만 알려졌고, 셈어 알파벳에서 파생된 알파벳으로 기록되었다. 최후의 명문은 6세기에서 유래한다(무슬림의 정복은 7세기였다). 이 남부 아랍어는 사바어군과 마인어군[165]으로 구별된다. 고어법 가운데서 이 방언에 남아 있는 것은 〈원시 셈어와는〉 분리된 세 종류의 치마찰음이다.

[242]

남부 아랍어에서 아비시니아어로 바뀌는 변화 과정은 아주 명확하다. 〈아프리카 대륙이 해안을 따라〉 예멘의 옛 일부로 식민 지배를 받았으나 아비시니아 종족이 셈족 요소와 어느 정도로 많이 섞여 있는지는 말할 수 없다. 요컨대 아비시니아 〈종족이 어떤 민족인지는〉 〈정확히 말할 수 없다〉.

Abyssin이란 명칭은 그리스인이 사용한 옛 명칭 Aβασηνοί[아바세노이]와 일치하지만, 그 민족의 명칭은 그으즈 ghez(geγez)이다. 그으즈 지역어가 명명할 수 있는 가장 정확한 명칭이다. 지금도 여전히 에티오피아어라고들 많이 얘기한다.

에티오피아의 기독교 교회는 이집트의 알렉산드리아 총대주교구소속이었다. 전적으로 기독교적인 그으즈어 문헌은 그리스어나 〈『쿠란』의〉 아랍어에서 번역되거나 번안된 약 200여 책으로 구성된다. 그으즈인이 사용한 문자는 일찍부터 모음을 표기했다. 그으즈인이 기독교로 개종하기 전에 기록된 명문이 있다. 가장 오래된 것은 350년으로 소급되는 헤자나 왕[166]의 명문으로, 사바어로 전사되었지만 모음이 여전

[243]

---

165 기원전 약 1000년의 예멘의 옛 민족들이 사용한 언어들이다. 사바어는 예멘과 북부 에티오피아에 있던 사바왕국의 언어이다. 마인어는 기원전 1208~650년 고대 남부 아라비아의 마인 왕국에서 사용되던 언어이다.

히 없다. 기독교로 개종한 레자나스 왕[167]의 묘비 명문에는 〈이미〉 모음이 조금씩 출현하는 것을 알 수 있다. 흔히 암하라어라고들 말하지만, 이를 옛 악숨왕국의 언어였던 고대 에티오피아 그으즈어와 혼동해서는 안 된다. 1270년에 암하라 부족은 코아[168]에서 발흥한 왕조와 함께 지배적인 세력이 되었다. 이 암하라 방언이 이 시기의 문헌에서 고대 에티오피아의 그으즈어를 대체했다. 오늘날 티그레어[169]로 부르는 언어는 그으즈어에서 생겨났지만, 문헌 그으즈어와는 다른 방언에 속한다.

[244]

〈고유한 의미의〉 아랍어

오랜 고대 역사에 출현하는 것은 나바테아인(Ναβαταῖοι[나바타이오이])이란 명칭이며, 이는 다마스에서 메카에 이르는 부족 전체를 가리킨다. 이들 주민의 기반은 아랍인이며, 귀족 계층은 아람인이었다. 나바테아 명문을 통해서 가장 오래된 아랍어를 알 수 있다. 가장 오래된 명문은 328년에서 유래하는 나마라의 명문이다. 다음으로 기원 6세기의 명문 두세 개는 고전 아랍어와 매우 흡사한데, 고전 아랍어는 무슬림 정복으로 널리 전파되었다. 목동들이 바위에 새긴 낙서도 있다(이들은 단지 명칭에 불과하지만, 페니키아어 문자와 아주 흡사한 글자로 기록되었다).

[245]

　　『쿠란』에 의해 고정된 아랍어는 불변의 형태가 되었고 〈이 고정 형태로 전파되는데〉 이것이 고전적 형태의 문헌 아랍어로서, 구어 아랍어

166　악숨왕국의 왕 중 최초로 기독교로 개종하여 성인으로 추앙받았으며, 그의 형제 사이자나 또한 기독교 발전에 크게 공을 세워 성인으로 추대되었다.
167　'Lezanas'라고 되어 있으나 누구를 가리키는지 확인되지 않는다.
168　지금의 쉐와. 에티오피아 수도 아디스아바바와 그 주변을 포함한 지역이다.
169　에티오피아 북부와 에리트리아에서 사용되는 언어.

〈또는 대중 아랍어〉와 대립된다. 우리는 대중적인 〈그리고 실제 상용되는〉 방언을 알고 싶어 하지만, 실제로 중세 전체를 통해 알 수 있는 것이라고는 없다. 대중의 방언으로 결코 기록하지 않았기 때문이다. 〈이는 『쿠란』이 절대적으로 우세하게 지배했기 때문이다.〉 베두인의 민요를 제외하면, 대중 아랍어는 완전히 소멸되었다. 근대에 와서도 구어 아랍어로 기록된 가장 오래된 문헌은 50년으로 소급한다(몰타섬).

[246] 　　이 언어 상황은 셈어 학자의 무관심과 셈어는 불변한다는 믿음에서 생겨났는데, 이에 따르면, 셈어는 〈구어와 문어 사이에는〉 별로 큰 차이가 없을 것이라는 것이다〈(이는 틀린 말이다)〉. 아랍어의 구어 방언은 다섯 가지로 크게 하위 구분할 수 있다. ① 아라비아〈반도 자체의〉 아랍어, ② 고대 칼데아의 아랍어, ③ 시리아의 아랍어, ④ 이집트의 아랍어, ⑤ 모로코까지 이르는 아프리카 북부 해안의 아랍어 또는 마그레브의 아랍어(몰타섬 방언인 몰타 아랍어도 포함되지만, 여기에는 이탈리아어 요소가 굉장히 많이 들어 있다). 이들 방언에 대한 연구는 셈어족 전체와, 특히 그 모음체계를 연구하는 데 중요하다. 구어 아랍어 방언은 셈어의 모음체계 연구를 위한 진정한 유일한 출발점이다. 모든 셈족 언어 가운데서 활발히 사용되는 언어로서 유일하게 살아남은 것이 아랍어이기 때문이다. 〈고대 방언의 모음체계는 우리가 잘 알지 못한다. 그 나머지 방언은 단지 전통을 통해서만 알 수 있을 뿐이지만, 그 전통이 틀린 것일 수도 있다.〉

　　〈**동부 셈어**〉 아시로바빌로니아어 또는 아시리아어로도 부르는데,
[247] 아시리아-바빌로니아 시기에 남부와 북부에 사용되던 셈어는 방언적 차이가 거의 인식되지 않았기 때문이다.

〈우리가 인정하는 바는〉 셈 종족은 남부로부터 출발해서 티그리스와 유프라테스 두 강을 거슬러 올라가면서 확산되었다는 것이다. 〈페르시아어 설형문자는〉 바빌로니아 설형문자가 다리우스 왕의 위대한 명문에 나오는 고대 페르시아어 단어 열의 해독으로 알려졌다는 것을 살펴보았다. 이 페르시아어와 바빌로니아어의 이 두 문자〈설형문자〉는 그 외형도 매우 다르다.

〈페르시아어보다〉 바빌로니아어 설형문자에 무수히 더 많은 기호가 있다. 단지 가장 직접적인 문자체계만 말하더라도 첫째 것〈(페르시아어 문자)〉은 거의 알파벳 형태에 가깝지만, 〈(훨씬 더 오래된)〉 둘째 것은 〈단지〉 음절문자의 형태이다. 왜냐하면 음성문자가 아닌 다른 문자도 거기에 섞여 있기 때문이다. 이 문자는 극도로 복잡하다.

[248] 다중음 문자가 아주 많다. 다시 말해서 〈표의문자 체계 외에 다양한 음절에〉 적용될 수 있는 음절 기호가 있다. 전체 문자체계는 음성문자 체계와 더불어 병행하는 표의문자 체계가 섞여 있다. 독법은 흔히 논란이 많〈고 난해하〉다. 〈하지만 아시로바빌로니아어에는 모호함이 전혀 없다.〉 게다가 바빌로니아어의 문법은 상당히 과거로 소급할 수 있다. 이 언어의 모음체계는 흥미롭다. 셈어에 속하는 어떤 언어도 굴절이 발달하지 않았으나 바빌로니아어는 굴절을 상당 부분 그대로 간직하고 있다.

르낭은 바빌로니아어 설형문자로 기록된 셈어를 인정하기를 거부했다. 이는 이례적인 일이다. 〈이는 호기심 끄는 논증이지만, 이미 오래되었고, 매우 비과학적이다. 중요한 문제는 이것이다.〉 즉 아시로바빌로니아어는 아시로바빌로니아어 설형문자가 드러내 준 유일한 언어가 아니라는 것〈그리고 흔히 그 이면 또는 둘째 열은 다른 언어로 되어 있다는 것〉을 사람들이 즉시 깨달았다. 아시로바빌로니아어와 흔히 대조되는 일련의 명문 전체는 다른 언어로 기록되었다. 이 언어는 수메르어로 불렸고(오페르트[170]), 인도유럽 주민이나 셈 주민이 사용한 칼데아의 원시어와는 다른 언어였다는 것이다. 〈오늘날의 지배적 견해는 이렇다.〉 유프라테스강과 티그리스강의 분지에 셈인이 거주하기 전에 수메르 문명이 있었다는 것이다. 이 수메르인이 누구인지는 모르지만, 이들은 설형문자를 창제했고, 셈인이 거기에 도래하면서 이를 사용했다. 그래서 수메르어를 (칼데아어 이전에 존재했던) 원시 칼데아어라고도 부른다.

이를 또한 아카드어(아카드 지방의 방언 — 창세기)로도 부를 수 있는가? 오페르트 학파와 대립되는 학파를 만든 창시자인 조제프 알레비는 수메르어는 존재하지 않았다면서 수메르 문헌은 모두 다른 문자체계(표의문자)에 의거해 기록된 아시리아어일 것이라고 주장했다. 따라서 그 기원으로부터 메소포타미아에는 오직 셈인만이 살았을 것이라고 했다. 오늘날 이 견해를 지지하는 학자들도 있지만, 대부분의 학자들은 이를 인정하지 않는다.

〈이 문헌자료들 가운데 출현하는〉 아람어는 8세기로 거슬러 올라간다. 아람어로 된 표식이 붙은 상업 계약서가 벽돌에 기록된 것이 발견되었다. 이 고대 아시리아-바빌로니아 지역어가 소멸된 것은 아람어의 영향이다. 알렉산드로스 대왕 시기에 이 고대어는 이미 소멸되었다.

---

170 Julius Oppert(1825~1905). 독일계 프랑스 아시리아학 학자로서 아카디아어 전문가. 아시로바빌로니아어 명문의 문자에 수메르어란 명칭을 최초로 사용했다.

또한 우랄알타이어족도 살펴봐야 하겠지만 그럴 시간이 없고, '언어'langue란 제목의 장으로 넘어가자. 셈어에 대한 결론적인 사항을 언급한 후 유럽의 언어 상태를 일별하기로 하자.

셈어의 일반적인 유형적 특성

보유: 어떤 언어 특성도 시간의 영향을 피하지 못한다. 언어 특성이 보존되는 것은 우연한 결과로 생각할 수 있다. 이 특성은 일정 시기에 대[251] 해서만 지적할 수 있고, 때로는 불특정 시기에도 가능하다. 셈어족의 원시 시기와 일반적 진화 과정을 구별해야 한다. 흔히 한 가지 특성이 이두 시기, 즉 원시 시기와 진화 과정에 공통되기도 하지만, 그것은 우연히 그렇게 된 것이다.

① 셈어에는 굴절이 있지만, 인도유럽어보다는 훨씬 없는 편이다. 오늘날 알려진 셈어에는 굴절이 없으나 원시 셈어(이는 아시로바빌로니아어를 통해 알 수 있다)에는 굴절이 꽤 많이 있었다.

② 셈어에는 접미사법이 없다. 접미사 사용은 인도유럽어 용법에 비해 거의 미미한 정도이다. 이는 원시 셈어의 특징이며, 후에 전체 발달 시기를 통해 확인되었다. 기원부터 굴절어인 인도유럽어가 계속 굴절어로 남아 있는 것처럼 말이다. 따라서 셈어는 파생으로 형성된 파생어가 거의 없다.

③ 셈어에서는 단어 합성이 발달하지 않았다. 접미사를 싫어하는 것과 관련이 있다.

[252] ④ 인도유럽어는 어순이 아주 자유로우나 셈어는 기원부터 어순이 아주 엄격히 정해져 있었다. 굴절이 더 발달할수록 어순은 더 자유롭다. 몇몇 셈어는 어순이 더 자유로운 방향으로 발달한 것을 알 수 있지만,

인도유럽어는 이와 반대로 고정된 어순의 방향으로 발달했다.

⑤ 가장 유명한 특성은 셈어 어근의 형태와 역할이다. 셈어 어근과 관련해서 모든 곳에서 지적할 수 있는 사항은 세 가지이다.

a) 어근이 언제나 세 자음을 요구한다는 점에서 어근 형태는 고정되어 있다. 예컨대 q-t-l qatal 죽이다, melek왕, mal k왕.

b) 이 세 자음 요소의 (소위) 불변성이다. qatal에서 세 자음은 형태가 여러 가지로 바뀌어도 변하지 않고 남는다. 이는 모음과 대조된다. qtôl죽이다, qôtel죽이는 (자) 등.

[253] 자음의 불변성은 또한 방언이 바뀌어도 세 요소는 영향받지 않은 채 그대로 재발견된다는 것을 의미하며, 반면 모음만이 변동한다.

gatilum	melek
gitalum	malk

c) 기능과 관련된 특성: 자음이 골격이고, 모음은 살과 근육이라고 한다. 그러나 다른 언어처럼 셈어도 이러한 항구적인 특성은 순수히 우연의 결과이다.

요약하면 ① 세 자음은 a) 원시 셈어의 특성이다. 인도유럽어는 다소 확실한 몇몇 형태에 어근이 포함되어 있다.

b) 모든 시대를 포괄하는 범시적 특성이다.

이 특성은 전반적으로 실제 유지되었지만, 음성변화의 작용으로 없어질 수 있다.

② 소위 말하는 자음의 불변성. 우선 이 불변성은 믿을 수 없을 것
[254] 같다. 예컨대 히브리어

’anāšīm 복수(사람들)

’N Š

에서는 'ēnš에 대응하는 단수 'ĕš에 자음 하나가 소실되었다.

거의 변하지 않는 불변성을 인정하더라도 어근만 그런 것인가? 그렇지 않다. 단지 음성적으로 변화하지 않았을 뿐이다. 이는 음성진화로 생긴 현상이며, 항구적인 문법 현상은 아니다.

어근의 불변성 : 음성적 현상은 없었지만, 몇 세대 지나지 않아 음성변화 현상이 개입하여 이 불변성을 파괴했다.

③ 모음과 대립하는 자음의 역할. 이것도 또한 진화로 생긴 현상이다. 우연에 의해 유의미한 요소가 만들어진다.

dabar^말, dbâr-îm^{말들}, dibrê-kem^{너의 말들}. 이는 독일어 fliessen^{흐르다}, floss^{흘렀다}, eu, ou와 비교할 수 있다.[171] 이 차이는 원래는 순수하게 음성적인 것이었고, 그 후에 문법적 의미작용을 가졌던 것이다. 원래는 이런 의도가 없었다. 어근은 단지 음성현상의 작용만 받아들였다. 이 음성적 차이가 그 후 정신에 포착되어 이용되었고, 문법형의 모델로 사용되었다.

[255]

[1911년 4월 18일]

제6장 유럽 일별

(카이사르와 트라야누스 치하의) 고대 유럽에서, 외곽 지역이나 심지어 광역 지방에도 비인도유럽어의 사례가 많이 있었을 가능성이 크다. 역사의 여명부터 인도유럽인의 물결이 유럽을 휩쓸었다〈그러나 알다시피 이 물결은 더욱 고대에 이미 정착한 언어와 접촉했다〉. 해독할 수는

---

171 fliessen과 floss에서 어근의 자음 f-l-s는 불변하나 모음 i:/o의 교체로 문법 기능이 달라진다. mögen(하고 싶다)과 mag(나는 하고 싶다)에서도 자음의 틀은 변하지 않고 모음 eu(ö로 표기)/o의 교체로 문법적 의미가 변한다. ou도 마찬가지로 교체가 일어난다.

있으나 정체는 알 수 없는 몇몇 명문(렘노스섬)을 통해 그리스 세계에는 이방 언어를 사용하는 주민이 살았다는 것도 안다. 아마도 호메로스에 나오는 Σίντιες[신티에스][172]는 보이오티아의 미니에스인(Μινύαι[미뉘아이])과 친족관계가 있는 것 같다.

로마 정복을 전후하여 예컨대 사르데냐에서는 무슨 언어가 사용되었을까? 무슨 언어인지 알지 못하지만, 분명히 인도유럽어는 아닌 언어가 사용되었을 것이다.

브르타뉴에서는 켈트어가 사용되었지만, 오늘날의 스코틀랜드에 살던 픽트인과 스코트인이 인도유럽인이었는지는 불확실하다.

에스파냐(반도)에는 인도유럽어가 아닐 가능성이 농후한 중요한 언어가 있었다. 요컨대 게르만인과 슬라브인이 침입하기 이전에 유럽의 모습은 아주 잡다한 양상을 띤 지도 같을 것이다.

만일 이 민족들의 대이동이 있기 이전에 유럽의 언어 상황을 알 수 있다면, 유럽에는 다수의 비인도유럽 민족이 살았다는 것을 알 수 있을 것이다. 기존에 알려진 특유 언어 외에도 비인도유럽 종족이 사용한 집단어가 많이 있었을 가능성을 어느 정도 추측할 수 있다.

특유 언어가 완전히 소멸한다는 것을 쉽사리 믿어서는 안 된다.

슬라브인과 타타르인으로 둘러싸인 크림반도의 고트인은 17세기에도 여전히 고트어를 사용했지만, 이는 우리가 우연히 알게 된 사실일 뿐이다.

엘베강 주변에 고립된, 슬라브인의 언어 섬은 최근까지도 남아 있었다.

---

172 렘노스섬 최초의 주민이다.

〈현재의 언어 상황에서〉유럽 대륙에 어떤 특유 언어가 비인도유

럽어인가? 서유럽에는 바스크인, 즉 유스카인euscarien 또는 에스쿠아인

escuarien의 언어가 있을 뿐이다. 바스크어는 〈프랑스와 에스파냐 국경 양

[257] 쪽에서 사용되고 있으나〉대부분 프랑스의 나바르 지방에서 사용된다.

바스크어는 인도유럽어가 아니다. 1545년 이전에는 기록된 텍스트가

전혀 없었다. 요컨대 그 기원을 알 수 있는 자연적 수단만이 우리에게

남아 있을 뿐이다. 다른 언어들과의 비교〈(심지어 아프리카 베르베르어

와의 비교)〉를 통해서도 우리가 얻을 수 있는 지식이라곤 없다. 산악 지

방에 사는 바스크 주민은 잔류 토착민일 가능성이 아주 높다. 이베리아

인이 잔류하여 그 일부가 남은 주민일 가능성이 있다. 〈이 이베리아 족

속에 대해서는 아는 바가 전혀 없으며, 그들의 언어도 모른다.〉

서부 지역을 벗어나서 중부 유럽에는 헝가리 주민 집단 또는 마자

르인이 있다. 또 다른 명칭인 **헝가리**Hungari란 이름은 기원이 매우 모호

하다. 이는 소수 주민을 부르는 러시아어 명칭(우그리Ugry)과 일치한다.

이 비인도유럽인은 역사 시기가 한창 진행될 때 유럽에 도래했음을 알

수 있다. 즉 이들은 900년경 슬라브인의 거주지 한가운데에 도래했음을

알 수 있다. 〈그래서 이들은 슬라브인을 둘로 나누었다.〉헝가리인의 도

[258] 래 이전에는 〈(샤를마뉴 시대에 도래한)〉아바르인과 〈(그 이전에 들어

온)〉훈족도 있었다. 이들도 인도유럽인이 아니었다. 아바르어와 훈어

는 알려진 것이 거의 없다. 이들 언어가 마자르인의 언어와 친근관계가

있는지를 확증해 주는 것이라고는 없다. 친근관계가 확실한 부족은 마

자르인과 〈유럽 북동부의〉핀란드인이다. 〈약 100만 명에 달하는〉마자

르인은 헝가리에서 별개의 두 주민 집단을 형성했다. 가장 중요한 집단

은 서부의 집단으로 북서 프레스부르크와 각을 세우고 있다. 헝가리 남

동부에 있는 또 다른 집단은 특히 루마니아인과 접촉했다. 이미 18세기 말에 마자르어와 핀란드어 사이의 친근관계가 인지되었다.

핀란드 제어. 여러 어파를 구별해야 한다. 즉 핀란드의 핀란드어는 특히 핀란드 내부에 있고, 다음으로 핀란드만의 남부 해안을 따라 에스토니아어가 있다. 〈여기에는 두 방언, 즉 레발 방언과 모이사 방언이 있다.〉[173] 〈(타키투스가 말한 아에스티인Aestii은 리투아니아인이었고, 이들은 에스토니아인에게 자신의 명칭을 붙였다.)〉

[259]   리보니아어도 있지만, 쿠를란트 북동부에는 거의 남아 있지 않다. 이 세 언어는 고유한 의미의 핀란드어라는 명칭으로 묶인다. 민족 명칭은 수오미인이다〈러시아인은 핀란드인을 추디인으로 불렀다〉. 수오미어는 더욱 특수하게는 핀란드어를 가리킨다. 구어로 보존된 서사 문학이 있으며, 이는 아주 흥미롭다. 핀란드의 『일리아스』로 불리는 『칼레발라』Kalevala의 시가 수집되었다. ① 라플란드인사미인의 언어는 핀란드어의 한 어파지만, 핀란드어와 각별히 친근관계가 있다. 라플란드인은 노르웨이와 핀란드의 북부에 산다. 〈특히 스웨덴 북부에.〉 이 핀란드인 집단은 예로부터 게르만인과 접촉했다. 핀란드인 집단은 역사적으로 소실된 게르만어 형태를 재생한다(덴마크 학자 톰센[174]의 저서 참고).

---

173 레발은 현재 탈린으로 불리는 에스토니아의 수도이고, 모이사는 에스토니아 남부 국경 인근의 작은 마을이다.

174 Vilhelm Thomsen(1842-1927). 덴마크의 언어학자, 문헌학자이자 터키학 학자. 핀란드어에 차용된 독일어 연구는 『핀란드-라플란드어에 미친 게르만어의 영향: 언어사 탐구』(Über den Einfluss der germanischen Sprachen auf die finnisch-lappischen: Eine sprachgeschichtliche Untersuchung, 1870)이다.

사례

라플란드어	aylogas	핀란드어	aglegas거룩한
원시 게르만어	*hailogas	원형	*hailagas
고대 고지 독일어	heilag		
독일어	heilig		

핀란드어(벱스어)	palgiš(풀무)	핀란드어	kerne멧돌, baratte수염, sairas
	*balgis	고대 고지	quirn	sêr(아픈)
독일어	Balg풀무	독일어	

[260]   ② 볼가강 근처에서 사용되는 체레미스어와 모르드바어 역시 핀란
드어이다.

③ 페름어와 핀페름어는 페름 지역에서 사용된다〈위도 61~76도는
(북위 55~65도에 해당한다)〉. 그 근처에 또한 마자르어와 더 직접적으로
관계가 있는 보굴 주민도 있다. 일련의 수사 명칭에서 특히 그 친근관
계를 알 수 있다.

헝가리어		체레미스어
atyam	나의 아버지	atyam
atyad	너의 아버지	atyat
atya-nk	우리 아버지	atyane 우리 아버지

핀란드어와 마자르어는 우랄알타이어인가? 이 문제는 복잡하다.
우랄알타이어에는 퉁구스어(만주어), 몽골어, 터키어, 타타르어와 아마

도 핀우글어도 포함된다. 이는 덴마크 언어학자 톰센이 확언한 바 있다.

[261] 수 세기 전부터 언어가 섞여 버린 유목 민족도 문제이다. 이들 언어는 기원상 친근관계가 아니라 상대적 친근관계만 얘기할 수 있다. 모든 우랄알타이어 중 핀란드어와 가장 유사한 언어는 〈북극해의〉 사모예드어이다. 유럽대륙에 비인도유럽어로 남아 있는 유일한 언어로는 오래전에 정착한 터키어가 있는데, 터키인들은 콘스탄티노플이 함락되기 1000년 전에 유럽에 있었다. 6세기에 러시아 남부에는 타타르인이 있었다. 〈아조프해 주변.〉 유럽에 속하는 대부분의 터키 주민〈터키인 = 타타르인〉은 소아시아가 아니라 러시아 남부를 통해 이곳에 도래했다. 중요한 두 터키 종족은 코만인과 페체네기인이다. 〈볼가강을 따라, 그리고 루마니아에는 타타르인이 있다.〉 불가리아 주민은 기원이 터키인이거나 핀란드인〈마자르인〉일 수 있고, 슬라브어를 채택해서 사용했다. 우리가 아는 터키어는 8세기로 거슬러 올라간다. 바이칼호 주변의 오르콘 명문에 나온다. 이 명문은 724년에서 유래한다(톰센이 해독).

[262] 〈인도유럽 개별언어는 ① 비인도유럽어라는 섬을 완전히 흡수했고, ② 이들을 서로 통일시키려고 끊임없이 발달했다.〉

유럽의 통일된 주요 언어는 소수 언어들을 소멸시키면서 발달했다. 그래서 ③ 상당히 많은 언어가 소멸되었다. 또한 특히 켈트어파와 그리스어는 그 수가 많이 감소했다. 세 가지 주요한 언어 분파가 비인도유럽 지역어의 자리를 대신 점유했다. ① 라틴어, ② 게르만어, ③ 슬라브어이다. 이들 각 언어 분파 내에서 집단어가 내적으로 통일된 것을 목격할 수 있다. 〈아마도 슬라브어 분파 내의 어느 언어가 결국은 지배할 것인데, 아마도 러시아어일 것이다.〉

II

[1911년 4월 25일]

[263]   제1장 언어^{랑그1}

우리는 언어^{랑그}를 연구하는 것이기 때문에 인간언어와 관련되는 모든 현상을 연구할 의도는 없다. 언어와 인간언어^{랑가주}를 대립시키는 것은 그 것이 〈인간언어의〉 주요한 본질적인 부분이기 때문인데, 하지만 언어 는 단지 〈이 인간언어의〉 일부에 불과하다.

우리에게 언어는 사회적 산물이며, 그것이 존재하므로 개인은 언 어능력을 실행하게 된다. 범위가 한정된 문제를 다룰 때라도, 전체를 보 는 시야를 당연히 가져야 한다. 인간언어는 여러 가지 측면에서 복합적 이고 다양하며, 이질적인 영역이다. 그 결과, 인간언어 전체를 취하면 이를 다른 인간 현상과 함께 분류할 수 없다. 그것은 다양한 영역(물리 적·정신적 영역 또는 개인적·사회적 영역)에 동시에 걸쳐 있기 때문이

---

1   앞에서 자연언어로서 개별언어와 방언을 다루었으므로 이제 여기서는 언어학적 대상으로 서 추상적 언어, 즉 랑그를 다룬다.

다. 〈인간언어에 통일성을 어떻게 부여할지 알 수 없다.〉

언어는 복잡하지만 분석이 가능한 전체이며, 그 자체로는 유기체이므로 분류가 가능하다. 언어는 정신에 포착되는 통일된 실체인 까닭에 인간언어의 전체 현상 가운데 이 통일체에 우선적 지위를 부여할 수 [264] 있다. 〈다른 것은 거기에 종속된 것으로 이해해야 한다.〉 언어가 중심이고, 그 나머지 사실은 거기에 의존한다. 그렇게 되면 인간언어와 관련되는 현상에 내적 질서를 부여할 수 있다. 이러한 시도에 즉시 반론을 제기할 수 있다. 우리에게 언어능력이란 〈말하자면〉 자연으로부터 부여받은 능력이다. 이와 반대로 언어는 관습적으로 습득된 것이다. 이 언어가 자연적 현상, 즉 선천적 본능보다 우위를 점할 수 없기 때문이다. 그 반대로 이 선천적 본능으로부터 언어를 추출해 내야 한다. ① 하지만 우선 언어능력을 어느 정도까지 선천적인 것으로 생각하느냐 하는 것은 열린 문제이다. 언어학자들은 아직 이 문제에 대해 합의된 답변을 제시하지 못하고 있다. 마치 인간이 걷기 위해 다리가 갖춰진 것처럼 음성기관도 말하기〈발화하기articuler〉 위한 기관으로 생겨난 것인지의 문제도 논란이 분분했다. 요컨대 휘트니Whitney [원문 오류 그대로][2]는 언 [265] 어를 말하기 위해서 다른 기호체계 대신에 음성기관을 선택한 것은 〈결국〉 가장 편리했기 때문이라고 했다.

분절하다articuler는 〈흔히는〉 명료하게 구별되게 발화하는 것을 의미한다. 〈(그러나 여기서는 그러한 의미가 아니다.)〉

분절언어(〈라틴어〉 articulus〈사지, 부분〉)는 〈①〉 연속된 음절을 하위 분할체로 구분하는 것을 가리킬 수도 있다. 〈②〉 또한 〈발화〉

---

2 『언어의 생태와 발달』을 쓴 윌리엄 드와이트 휘트니의 철자 Whitney를 잘못 표기했다.

연쇄를 유의미 단위로 구분하는 것을 가리킬 수도 있다〈(gegliderte Sprache^{분절어} 또는 Rede^{분절 발화})〉.

분절언어 능력을 선천적이라고 생각하는 것은 발음기관의 천부적 소인素因때문이다. 브로카[3]가 발견한 사실은 언어능력이 좌뇌 전엽의 제3회전에 위치한다는 것이었다. 그러나 이 전엽의 제3회전부가 언어장애를 지배하고, 글쓰기 능력을 정상적으로 발휘하는 것을 통제한다. 〈따라서 이 부위는 더욱 일반적으로 말해서 기호 능력을 지배하는 전엽 회전부일 것이다.〉〈결국 언어학은 기호과학이 될 수밖에 없다.〉

② 둘째, 확실한 것은 이 언어능력이 선천적으로 주어지더라도 그것이 언어를 사회집단으로부터 수용하지 않으면 우리는 그 능력을 사용할 수 없다는 점이다. 우리는 인간언어의 현상을 일반화시키는 통일체를 이 언어 내에서 볼 수 있다.

[266] 인간언어가 작용하는 다양한 영역에서 우리가 한정한 언어가 차지하는 특수한 영역을 생각해 보자. 이 다양한 영역은 개인적 행위에서 관찰해야 한다. 인간언어가 관련되는 경우 개인적 행위는 두 사람을 전제로 한다. 그래서 **발화 순환**으로 부르는 전체 과정이 생겨난다.

---

3 Paul Broca(1824~1880). 프랑스의 외과의, 해부학자이자 인류학자. 대뇌의 좌뇌 전두엽에 언어를 담당하는 중추가 있다고 보고, 이 부위에 장애를 가진 실어증 환자들을 연구한 바 있다. 브로카 실어증은 표현장애 실어증이며, 말을 이해하는 데는 별 어려움이 없다.

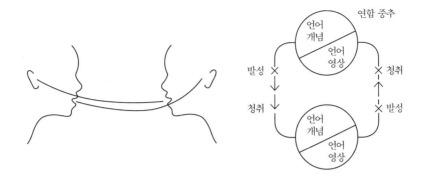

순전히 정신적인 연합 중추 내에서 언어 개념과 언어 영상이 서로 만난다.

이들을 중개하는 다른 요소도 틀림없이 필요할 것이다. 예를 들면 발성에 앞서는 근육 영상 같은 것 말이다. 〈이 그림에는 기본 요소들만 나와 있다.〉

① 순수히 물리적인 부분인 음파. ② 생리적인 부분인 발성과 청취.

[267] ③ 정신적 요소인 언어〈(또는 청각)〉 영상이 있다. 이 청각영상은 음성 이라는 비정신적인(물리적인) 현상과 철저히 구별해야 한다.

언어〈(청각)〉 영상은 정신적 감각으로 바뀐 음성이다. 〈언어 영상 은 이것과 결합된 개념과 마찬가지로 정신적이다.〉 개념과 청각영상은 둘 다 똑같이 정신적인 것이다.

이 발화 순환은 매우 다양한 여러 부분으로 구분되는 것을 알 수 있다. ① 발화 순환은 내적 부분과 외적 부분으로 구분된다.

외적 부분은 입술에서 귀에 이르는 과정으로, 음성 진동을 나타내는 부분이다. 다른 부분〈(내적 부분)〉은 이를 제외한 나머지 모든 부분으로 나타낼 수 있다.

② 물리적인 부분〈(음성기관의 진동과 운동)〉과 정신적인 부분

《《(그 외의 모든 것)》으로 구분된다.

음성기관의 운동은 당연히 물리적인 부분에 속한다.

③ 《(청취에서 연합 중추까지의)》 수동적 부분과 《(연합 중추에서 청취에 이르는)》 능동적 부분으로 구분되는 것도 볼 수 있다.

[268]　④ 정신적인 부분만 따로 취하여, 이 부분 내에 능동적 부분과 수동적 부분을 구별할 때, 이것을 각각 **실행** 부분과 **수용** 부분으로 부를 수 있다.

계속해서 개인적 차원에서 모든 단어, 즉 앞으로 반복 발생할 모든 상황과 관련해서 발화 순환을 고찰하면, 한 가지 빠진 사항을 추가해야 한다. 그것은 《(다수의 언어 영상이 수용되면서)》 언어 의식에 점차 조금씩 포착되는 이 전 과정을 통제하는 규칙적인 조정 작용이다.

이 언어 영상은 언어 주체에 일정한 순서로 들어온다.

이 규칙적 조정 작용을 통해 우리는 언어[량]라는 관념에 접근할 수 있다. 〈그렇지만 이는 아직 개인 상황에서 이루어진다.〉 《(우리는 여전히 개인적 행위로서만 고려할 뿐이다.)》

2) 사회적 행위는 개인을 합친 다수의 개인에게만 존재하지만, 〈(다른)〉 모든 사회적 현상처럼 개인을 도외시하고는 고찰할 수 없다. 사회적 사실은 상당히 평균적인 것으로서, 개인에게는 성립될 수도 없고 완성될 수도 없다.

[269]　발화 순환의 어느 부분에서 이처럼 사회적 〈자본화와〉 결정화가 이루어지는가? 발화의 어느 부분도 아니고, 물리적 부분도 아니다. (예컨대 우리는 알지 못하는 외국어의 음성을 듣고 놀란다. 〈그렇다고 우리가 외국어라는 사회적 현상 내에 있는 것은 아니다.〉) 또한 사회적인 것은 발화 순환의 정신적인 부분도 아니라는 점도 지적하자. 발화 순환을 통제

하는 것은 여전히 개인이기 때문이다.

언어능력을 실행하는 것은 개인적이지만, 우리가 발화 영역을 인지하는 곳은 이 개인적 실행이다. 〈(사회적인 것은)〉 수용적인 조정 부분이다. 이 부분이 여러 개인의 언어 저장고 역할을 하며, 모든 개인의 언어 저장고는 거의 동일하다.

언어의 영역으로 한정하려는 부분은 이 영역이다. 이곳은 개인에게서 수천 개의 언어 영상이 이에 상응하는 숫자만큼, 거기에 저장된 개념과 연합하는 곳이다. 개인을 취하면, 개인은 사회집단의 언어 영상 중 단지 한 사례를 취하는 것에 불과하다. 〈개인에게 저장되고, 일정한 질서로 분류된 언어 영상의 저장고를 조사할 수만 있다면, 거기서 언어를 구성하는 사회적 연대를 볼 수 있다.〉

[270]   이 사회적 부분은 순수히 정신적이고 심리적인 것을 알 수 있다. 이것이 우리가 구상하는 언어의 개념이다.

세슈에의 논문[4] 참조.

언어가 위치하는 자리는 두뇌뿐이다.[5]

[1911년 4월 28일]

수정. 우리는 인간언어의 본능에 대해 언급하였다. 당연히 이처럼 질문해야 했다. 인간언어의 자연적 기능이 있는가? 언어는 자연적이든 아니든 언어능력에 필요한 도구로서 여전히 그 역할을 한다.

---

4 Albert Sechehaye, "La stylistique et la linguistique generale", *Mélanges de linguistique offerts à M. Ferdinand de Saussure*, 1908, pp.153~187.

5 위 각주 속 세슈에 논문에 나오는 문장이다(p.184).

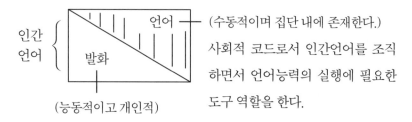

인간 언어 { 언어 ─ (수동적이며 집단 내에 존재한다.)
발화 사회적 코드로서 인간언어를 조직
하면서 언어능력의 실행에 필요한
(능동적이고 개인적) 도구 역할을 한다.

그래서 두 가지 사실을 구별해야 한다.

1) 언어와 관련한 일반적인 언어능력의 사용(발성 등)

2) 개인 사고에 따라 개인적인 언어 코드의 이용

우리는 단어만 아니라 사물도 정의했다. 〈이 두 가지 구별은 각 특유 언어에 이 용어들이 존재하는지의 여부에 달린 것이 아니다.〉

프랑스어를 벗어나서는 이 프랑스어 용어에 정확히 상응하는 단어를 발견할 수 없을 것 같다. (예를 들면 독일어 Sprache는 langue와 langage〈의 개념〉을 포괄한다. Rede는 parole^{발화}과 discours^{담화}를 포괄한다.) 〈Rede는 parole에 거의 상응하지만, discours란 특별한 의미도 있다.〉

[271]

우리는 언어^{랑그}에서 ① 언어행위 전체와 분리 가능하고 정의 가능한 대상을 발견했다는 점을 지적할 수 있다. 앞에서 고찰한 발화 순환의 일정 영역에 이 언어의 위치를 정할 수 있고, 그 영역은 청각영상이 개념과 연합하는 그 영역이다. 간접적으로는 또한 언어^{랑그}가 인간언어의 사회적 부분이라고도 말할 수 있다. 〈언어가 위치하는 곳을〉 찾으면, 결국 그곳은 이와 동일한 영역이다.

또한 실제로 언어가 인간언어의 나머지 모든 부분과 분리 가능한지를 탐구하면, 언어^{랑그}를 배우려면 학습이 필요하다는 것을 알게 된다. 발음기관은 있지만, 인간이 언어를 배우면서 이 언어에 동화해야 한다.

〈발화는 그 나머지 부분과 분리할 수 있다.〉 언어 장애의 경우, 발화^{파롤} 를 완전히 박탈당해도 글 쓰는 능력은 여전히 보존하는 수가 있다. 즉 언어는 전혀 손상받지 않고 발화만 장애를 입은 것이다. 사어^{死語}를 봐 도, 사람들이 그 언어를 말하지는 않지만 언어 조직은 여전히 존재한다.

[272]
② 언어는 독립적으로 연구할 수 있다. 언어 연구를 위해 인간언어 의 다른 요소를 반드시 고려할 필요는 없다. 이 언어에 다른 요소를 섞 으면 연구가 불가능하다. 이는 오히려 언어^{랑그}의 특성에서 유래하기 때 문이다. 이제 남은 일은 이 언어의 특성을 고찰하는 것이다. 그 이유는

③ 〈이처럼 범위가 정해진〉 언어는 동질적 대상이기 때문이다〈(반 면 인간언어는 그렇지 못하다)〉. 언어는 기호체계이며, 더욱이 언어의 양 면은 정신적이다. 따라서 이보다 더 동질적일 것을 요구하는 것은 없다.

④ 언어에는 구체적 사실〈대상〉이 있기 때문이다. 이 기호는 아주 심성적이지만, 추상적인 대상은 아니다. 언어를 구성하는, 사회적으로 승인된 청각영상과 개념의 연합 전체는 두뇌에 자리하며, 이들은 다른 정신적 실체처럼 실체의 집합이다. 또 첨언할 것은 언어는 감각으로 접 할 수 있다는 것이다. 다시 말해서 시각영상으로, 고정된 영상으로 바꿀 수 있지만, 발화행위에서는 그렇게 바꿀 수 없을 것이다. 단어의 발성 운동은 공기 중의 온갖 운동, 예컨대 근육운동 같은 것을 한다. 〈그런데 이를 알기는 어렵다. 그러나 언어에는 청각영상 이외에 다른 것은 없고, 이 청각영상은 고정된 영상으로 변환될 수 있다.〉

[273]
언어에는 환기 가능한 기호의 집합이 있지만, 환기 작용은 오직 발 화를 통해서만 이루어지고, 잠재 상태에 있는 이 기호는 온전히 실재한 다(두뇌에 사진의 영상처럼 저장되어 있다). 〈따라서〉 이 대상은 구체성 을 띨 뿐만 아니라 채집 박스에 분류된 나비들과 거의 흡사하게 직접적

연구가 가능한 종류에 속한다. 그리하여 우리는 언어와 관련된 사실을 결정할 수 있다. 〈이 특성 덕택에〉 사전과 문법은 언어에 내포된 것을 표상하는, 수용 가능한 적합한 영상이라고 간략히 말할 수 있다.

〈청각영상의 저장물의〉 이러한 특성을 넘어서면 새로운 특성이 나타난다〈그리고 적극 수용된다〉. 언어가 그 자체에 속하지 않는 부분에서 일단 벗어나면, 언어를 인간 현상에 속한 것으로 분류할 수 있다. 언어는 청각영상에 기반을 두는 기호체계이기 때문이다.

〈관념과 기호와의 연합은 언어의 본질이다.〉

다른 기호체계, 예컨대 문자 기호, 해상 신호, 농아의 언어, (사회심리학에 속하는) 모든 종류의 심리 현상은 오직 기호 사실의 집합으로서 연구할 가치가 있다.

[274] 심리학의 별개 분야는 기호학(기호에 대한, 그리고 인간사회 내에서 기호의 생태에 대한 연구)이다.

어떤 기호 종류도 언어사실만큼 기호학에 더 큰 중요성을 지니지는 않을 것이다. 그와 똑같은 현상을 언어의 음성 사실〈을 표상한〉 문자에서 발견할 수 있을 것이다.

나아가 우리가 말하려는 것은 언어를 중심으로 그것을 출발점으로 선택하면, 인간언어의 다른 요소들도 포착하는 최선의 기반을 갖는다는 것이다. 〈언어를 그 나머지 부분과 뒤섞으면 인간언어는 어떤 현상도 분류할 수 없다.〉

어떤 의미에서 언어 자체는 분명 〈오직〉 발화로부터 나온다. 합의를 통해 언어를 도출하려면, 수천 명의 개인 발화가 필요하다. 언어는 가장 먼저 출현하는 최초의 현상이 아니다. 음성을 발화하거나 음성을 개념과 연합시킴으로 시작할 것인가? 그것은 하등 중요하지 않다.

[275] 언어는 발화 기능과는 전혀 다른 일종의 분비물이며, 이 분비물을 만들려면 이 발화 기능이 필요하다. 이 분비물을 기본적 사실, 출발점이 되는 사실로 간주할 수 있다. 언어를 인간언어의 본질적이고 기본적인 부분으로 간주하면 지나친 과장일까? 언어 이외의 다른 현상은 스스로 종속적인 지위에 처하고, 심지어 비언어적 고려에 따라 온전히 분류된다. 예컨대 음운론은 발화에 필요한 발성을 연구한다. 표면상 발성은 언어현상 내에서 일차적 위치를 요구할 수도 있다. 발성은 모르스 알파벳의 기호를 전달하는 전기 장치만큼이나 그리 본질적이 아니다. 기호는 전달 도구가 무엇이든 양극점에서는 가시적인 것이기 때문에 그것은 중요하지 않다. 〈청각영상을 실행하는 발성의 역할은 종속적이다.〉

〈언어는 음악 작품과 비교할 수 있다.〉 음악 작품은 오로지 작품의 연주 전체로만 존재한다. 연주는 작품과는 별개이다. 〈교향곡은 연주 없이도 존재하는 실체이다.〉 마찬가지로 언어에 주어진 것을 발화로 수행하는 발성은 비본질적이다.

[276] 이 관점은 음운론을 외부에서 판단하는 관점과 일치한다.

이는 생리학자들이 착수한 생리학적 연구이며, 이 생리학적 연구는 이들에게 맡겨 연구할 수 있다. 따라서 언어학은 두 영역, 즉 언어학과 생리학 양쪽에 발을 걸친 것은 아니다.

따라서 오직 유일한 기본적 사실로서 언어로부터 연구를 시작해야 한다.

〈아마도 학자들은 음성학에 반대할 것이다.〉 음성학은 단어의 형태가 시간이 흐르면서 음성 요인에 따라 변하는 것을 다룬다. 언어를 음성학과 상관없이 고찰하는 것은 무모한 것처럼 보인다.

실제로 음성현상을 자세히 조사하면, 〈실제로〉 발성은 전혀 변하지 않는다는 생각을 갖게 된다. 단지 음성만 대치⟨되고 음성변화는 없다⟩. (예컨대 kata^{아래로}가 kaδα로 변한 것)(따라서 이처럼 음성을 교체하면서 심리적 행위를 수행한다).

따라서 발성 현상은 언어에서 제외해야 한다.

[277]   인간언어의 <u>발화</u>^{파롤} 부분은 언어^{랑그} 부분과 본질적으로 관계가 없다. 이 발화 부분을 판단하는 최선의 방법은 언어를 출발점으로 삼는 것이다.

그러나 <u>제약</u>이 있다. ⟨이러한 점에서 언어현상과 발화 현상을 분리할 수 있는가[?]⟩ 단어의 문법 형태를 예로 들어 보면, 모든 것은 일정한 언어 상태에 잘 확립되어 있다. 그러나 개인이 문장으로 생각을 표현하려고 선택하는 개인적 요인, 예컨대 단어의 결합이 있다. 이 결합 행위는 발화에 속하는데, 왜냐하면 언어 수행이기 때문이다.

바로 이 부분(언어 코드를 이차적으로 사용하는 부분)은 문제를 제기한다. 요컨대 언어에 주어진 사실과 개인의 주도적 행사의 경계는 통사론의 경우에만 꽤 모호하다. 발화와 언어의 경계를 정하기 어렵다. ⟨사실 솔직히 말하자면,⟩ 통사론의 영역에서 사회적 요소와 개인적 요소, ⟨발화 수행과 고정된 청각영상과 개념의 연합⟩이 어느 정도 섞이⟨고 결국 다소 뒤섞이⟩게 된다.

[* 추가 노트]

*⟨이러한 것이 우리가 가진 언어^{랑그}에 대한 개념이므로 분명한 것은 언어는 오직 일련의 다양한 개별언어로만 표상된다는 점이다. 언어는 오직 일정한 개별언어 내에서만 포착할 수 있다.

단수형 용어인 **언어**la langue는 어떻게 그 존재가 정당화되는가? 이 말이 의미하는 바는 언어는 일반화라는 것이다. 이는 일정한 언어 전체에도 타당한 것으로 드러날 것이다. 이를 반드시 자세히 설명할 필요는 없다. 이 일반적 용어인 **언어**랑그를 **인간언어**랑가주와 동일한 것이라고 생각해서는 안 된다.〉

[1911년 5월 2일]

[278] 제2장. 언어기호의 성질

〈우리는 여기서 두 가지 근본 원리를 살펴볼 것이다. 그러나〉이에 앞서 〈앞에서 살펴본〉 몇 가지 관점을 재론하는 것이 좋겠다. 앞에서 살펴보았듯이 언어기호는 정신에 의해 맺어진 다른 두 가지 사상事象의 연합에 근거한다. 그러나 이 두 사상은 전적으로 정신적인 것이고, 화자 내에 존재한다. 즉 청각영상이 개념과 연합하는 것이다. 청각영상은 〈질료적 음성이 아니라〉음성이 정신에 찍힌 흔적이다.

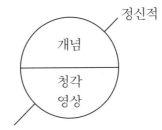

물질적(감각적이라는 의미로서 감각에 의해 제공되는 것이며, 신체적인 것은 아니다)

흔히 사람들이 잘못 생각하는 것은 언어는 단어 목록(나무, 불, 말[馬], 뱀)일 뿐이라고 하는 것이다. 〈언어의 내용은 가장 중요한 특질들로 환원된다.〉 이러한 사고 방식은 유치하다. 잠시 이를 살펴보면, 언어기호가 무엇으로 구성되고, 무엇으로 구성되지 않는지를 쉽게 알 수 있다. 일련의 대상과 일련의 명칭을 목전에 두고 살펴보자.

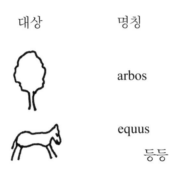

여기에 두 가지 사항이 있는데, 이 사항은 무엇인가? 당연히 화자의 외부에 있는 대상과 명칭이다. 그런데 이 명칭이 음성적인 것인지 정신적인 것인지는 모른다. 〈(arbos나무는 이 두 의미로 달리 파악할 수 있다)〉. 이 두 사항의 연결은 매우 불분명하다.

[279]

이성적 사고로는 이 두 사항을 발견하는데, 그러면 이번에는 이 두 사항은 이처럼 표시된다.

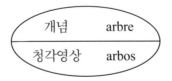

그리고 이 두 사항은 모두 화자의 내부에 있고, 둘 다 정신적인 것

으로서 정신적 자리가 동일하며, 연합에 의해 서로 결집된다. 여기서 가장 질료적인 사항은 arbos이다〈arbre는 가장 정신적인 사항이다〉. 〈그 밖의 사항들의 결합은 기호에 포함된 이 두 사항의 연구에는 모두 잘못된 것이어서 우리는 이 결합을 배제한다.〉

청각영상이 완전히 정신적 특성을 지닌 것인지를 알 수 있는 기회는 자신의 내부 언어를 연구할 때이다. 이 내부 언어에서는 입술을 움직이지 않고서도 내면적으로 담화discours, 예컨대 시詩를 발음할 〈그리고 들을〉 수 있다. 〈따라서 질료 부분은 화자 내에 청각영상의 형태로 존재한다.〉

그것이 음성 b, a로 구성된 음절이면, 이 말은 타당하다. 그것은 내부적 청각영상의 음절이기 때문이다.

어떤 사항들은 제외하는 점도 인정해야 한다. 〈예컨대〉 발화의 〈음성 행위〉 개념을 함의하는 **음소**phonème 같은 것 말이다.

[280]

음성영상〈(청각영상과 비교)〉이라는 것을 사용할 때는 당연히 제한 조건이 있다. **기호** 전체〈(개념과 청각영상의 결합)〉를 **기호**로 부를지, 아니면 청각영상 자체만〈(더욱 질료적인 절반)〉을 **기호**로 부를지를 알아야 한다. 〈이는 결정하기 어려운 문제임을 인정한다.〉〈어쨌든 arbos를 기호로 부른다면, 그것이 개념을 지니는 한에서 그렇게 부를 것이다.〉 바로 이것이 해결해야 할 용어의 핵심이다. 그래서 두 가지 다른 용어가 필요한 것이다. 〈아주 심각할 수도 있는 혼동을 피하려고 노력할 것이다.〉

제1원리 또는 일차 진리 :
언어기호는 자의적이다.

일정한 청각영상과 일정한 개념을 연결하여 여기에 기호의 가치를 부여하는 이 관계는 기본적으로 자의적이다. 모든 사람이 이 점에 동의한다.

이 진리의 위계상의 지위는 최상위다. 그리고 다른 사실들은 이 진리에서 조금씩 점차 밝혀지는 가지이거나 그 결과에 지나지 않는다. 기호는 자의적이다. 즉 예컨대 개념 'soeur'^{자매}는 대응하는 청각영상을 형성하는 음성연쇄 s+ö+r와는 내적 특성〈관계〉에 의해서 연결된 것이 아니다. 〈이 개념은 다른 음성연쇄로도 당연히 표상될 수 있다. 여러 개별 언어를 생각해 보면 이 점을 충분히 알 수 있다.〉 한 언어에서 다른 언어로 넘어가면 '숫소'boeuf 개념은 라틴어 음성연쇄 bos로도 표상될 수 있음을 알 수 있다. 〈문자 기호도 동일한 자의적 특성을 갖는다.〉 분명한 것은 음성 P를 특질 연쇄 P, Π, Θ로 가리키는 데는 미리 선재하는 관계가 전혀 없다는 것이다.

[281]

기호학이 자의적 기호를 다룰지 아니면 그 외의 기호를 다룰지를 결정해야 한다. 기호학의 연구 영역은 오히려 자의적 기호체계를 다루는 것이며, 언어는 그 주요한 한 사례이다.

언어 상징이란 용어를 사용하는 데도 매우 신중해야 한다. 상징은 결코 내용이 없는 것이 아니다. 적어도 개념과, 이 개념을 가리키는 기호로서 사용하는 것 사이에는 아주 기본적인 연관이 있기 때문이다.

저울은 정의의 상징이다. 이들 사이에는 관계가 있다.

이와 같은 관점에서 **청각영상**이란 용어를 재고할 필요가 있다. 왜냐하면 **영상**이란 그것이 표상하는 사물과 반드시 관계가 있기 때문이다. **영상**은 상상력에 호소하는 다소 환기력 있는 형상이라는 아주 일반적인 의미가 있다. 〈뒤에 가서 우리는 이 영상이 훨씬 더 자세한 환기

[282]

효과를 지닌다는 점을 알게 될 것이다. 이러한 현상을 가리키는 이름은 여기서 중요한 것이 아니므로 일단은 이 영상이란 표현을 그대로 간직해서 사용할 것이다.〉

자의적이란 단어를 다시 생각해 보자. 개인의 선택의 자유에 달린 것이란 의미로서의 자의적이란 뜻이 아니다. 개념과 관련해서 자의적이다. 즉 청각영상을 이 개념과 특별히 연관 지을 이유가 그 개념 자체 내에는 전혀 없다는 의미로 사용된다. 한 사회 전체가 기호를 변경할 수 없는 것은 과거 유산이 진화에 의해 그 사회에 부과되기 때문이다.

〈이와 관련해서 생기는〉 문제는 의성어(음성이 표상하는 개념 자체를 환기시키는 무엇이 음성 자체 내에 있는 단어)이다. 말하자면 의성어의 선택은 자의적이 아니다. 〈여기에는 내적 연관성이 당연히 있다.〉 일반적으로 사람들은 의성어의 수를 과장한다. 예컨대 때로 pluit$^{비가 온다}$가 빗소리를 표상한다고들 하는데, 조금만 과거로 거슬러 올라가면 전혀 그렇지 않다는 것을 알게 된다〈(과거에는 plovit 등)〉.

〈하지만 이런 단어도 있다.〉 시계추의 똑딱$_{tic-tac}$, 병의 꿀럭꿀럭$_{glou-glou}$ 같은 의성어. 이들 단어는 실제로 어떠한 단어 부류에 들어가서, 언어 무리 내에 침잠해 버리기 때문이다. 흔히 모방된 소리가 실제로 존재하지 않는 경우에도 모방한 것으로 착각할 수도 있다.

이 의성 어휘의 범위는 감탄사와 마찬가지로 아주 제한되어 있다. 감탄사 또한 자연에 지배받는 것이어서 음성과 개념은 관계가 있다고 말할지도 모른다. 〈그러나 대부분의 감탄사에서는 이 관계가 부정된다. 그 사례로는 다른 언어의 감탄사를 보면 된다〉. 예컨대 Aïe$^{아야, 아이}$는 독일어와 영어에는 없다. 맹세의 말이 감탄사로 바뀐 것도 있다. 〈그리고 그 어원은 아주 제한된 의미를 지닌 단어이다. 따라서 의성어와 감탄사 현

[283]

상은 아주 부차적이고 이견이 분분하다.〉

제2원리 또는 두 번째 일차 진리.

언어기호(기호에 이용되는 영상)에는 길이étendue가 있으며, 이 길이는 단일 차원에서 확장된다. 이 원리에서 많은 적용 사례가 생겨난다. 이는 분명한 사실이다. 문장 내의 단어를 분할할 수 있는 것은 이 원리에서 생겨난 결과이다. 이 원리는 언어학이 이용하는 모든 수단이 의존하는 조건을 표현한다.

[284]

이 원리는 영상이 청각적이라는 사실에서 유래한다(청각영상은 선적 차원, 일차원만을 지닌 선상에서 전개된다). 이 같은 종류의 기호와는 반대로, (예컨대 시각기호는) 여러 차원에 걸친 복합 요소이다. 청각영상은 오직 선상에 출현 가능한 공간에서만 복합성을 보여 준다. 기호의 모든 요소는 서로 연속하며, 연쇄를 형성한다. 때로는 이 사실이 부정되는 듯이 보인다. 예컨대 음절에 강세를 둘 경우에 그렇다. 〈동일한 지점에 다른 기호 요소를 중첩해서 쌓는 듯이 생각되지만, 그것은 착각이다.〉 (그러나 기호를 추가하는 것은 기호를 병치할 때에만 유효하다.)

이 두 번째 특성에서 귀결되는 결과는, 청각영상은 공간 형태로도 충분히 변환될 수 있다는 것이다. 그것은 이 공간적 변환이 선적 표상으로 이루어질 때 그렇게 된다. 선은 실제로 단일 차원을 지니기 때문이다.

[1911년 5월 5일]

[285]

[제3]장으로 넘어가기 전에 빠진 부분을 보충해야겠다. 제1장 말미에

이처럼 추가하자. 이러한 것이 언어에 대한 우리의 개념이라면, 분명한 것은 언어는 일련의 다양한 개별언어로만 표상된다는 것이다. 일정한 개별언어를 통해서만 언어를 포착할 수 있다. **언어**la langue란 단수형의 용어는 어떻게 타당한 개념이 되는가? 이 용어가 일반화된 개념이기 때문이다. 이는 일정한 언어 전체에만 사실상 유효하며, 자세히 설명할 필요는 없다. 이 **언어**langue란 일반적 용어는 **인간언어**langage와 동일한 것이라고 생각해서는 안 된다.

제3장. 언어를 구성하는 구체적 실재체는 무엇인가[?]

실재체entité : 어떤 존재를 구성하는 것, 존재의 본질(이는 사전적 정의이다). 어느 학문 분야에서 연구 대상으로 유기체를 다루면, 그것을 물체라고 한다. 언어 영역에는 여러 존재가 시야에 한꺼번에 제시되는 것이 아니다. 용어를 선택해야 한다. 우리로서는 실재체란 스스로 그 모습을 드러내는 존재를 의미한다.[6]

[286]

    중개물 없이 직접 대면하는 언어에는 단위도 없고, 주어진 실재체도 없다. 언어에 포함된 실체 구성을 파악하거나 다른 종류의 실체 구성을 언어 실재체로 간주하지 않으려면 노력이 필요하다. 우리는 유기체나 물체를 다루는 것이 아니다. 실제로 실재체를 보려면, 언어를 가

---

6 여기서 entité를 '실재체'로 번역한 것은 realité, substance, essence와 구별하기 위함이다. 언어(랑그)의 단위 또는 기호란 단일한 단위로서 우리 언어의식이나 마음에 실재하면서 그 존재 영역을 가지고 있는 대립적 가치를 가진 추상적 요소로서 추체적 요소와 대립된다. 『프랑스어 보고 사전』은 '본질적인 것(essence)은 어떤 것의 본질을 이루는 것'이라고 정의하고 '구체적 존재'(existence concrète)와 대립되는 개념이라고 설명한다.

지고서는 제대로 처리할 수 없다. 왜냐하면 언어라는 현상은 내적이며, 근본적으로 복잡한 것이니까 말이다. 이 언어는 두 가지 사상의 연합이 필요하다. 즉 개념과 청각영상이다. 이러한 이유로 언어가 구성하는 집단 내에서 실재체를 분별해 내려면, 적극적인 노력과 관심의 집중이 필요하다고 할 수 있다.

맨 먼저 단위로 출현하는 많은 것을 볼 수 있다. 그렇지만 자세히 살펴보면, 이 단위는 언어적인 것이 아니라는 점을 알아차리게 된다. 예

[287] 컨대 음절을 생각하면 된다(이 음절은 그 나름의 존재 이유가 있는 단위이다). 이 음절은 발화의 단위이며, 언어의 단위는 아니라는 점을 알게 된다.

주의해야 할 일은 여러 가지가 있다. 언어 실재체를 확인하기 위한 일차적 조건은 두 요소의 연합이 출현하거나 이 연합을 유지해야 한다는 점이다. 그 두 요소 가운데 어느 한 요소, 그 두 부분 가운데 어느 한 부분을 의심하지 않고 취하면, 그 즉시 언어 단위를 잘못 만들어 내는 것이다. 우리가 다루는 대상은 추상화한 것이므로 그것은 이제 더 이상 구체적 대상이 아니기 때문이다. 언어기호 내에 연합된 것을 분리하면 안 된다. 〈(음절로 분할해서는 안 된다.)〉

실제로 우리가 언어기호 전체를 다룬다고 생각을 하면서도 언어기호의 일부만을 취하는데, 이는 언제나 발생할 가능성이 있는 일이다. 그렇게 되면 언어 실재체는 우리 앞에서 홀연히 사라진다. 그래서 질료적 측면, 즉 음성연쇄를 취하고, 그것을 개념의 질료적 지지대로 간주할 때

[288] 만 언어적 사실이 된다. 그러나 (질료적 측면은) 그 자체로만 고찰하면, 그것은 비언어적 물질이다. 단지 발화 연구와 관계되는 〈물질〉이며, 단어의 외면은 비언어적 질료를 표상하게 된다. 〈미지의 언어는 우리에게

는 언어적인 것이 아니다.〉 이러한 관점에서 보면, 질료적 단어는 언어적 관점에서 추상화된 것이라고 말할 수 있다. 구체적 대상으로서 질료적 단어는 언어학에 속하지 않는다.

언어기호의 정신적인 면도 이와 똑같이 지적할 수 있다.

개념(aimer^{사랑하다}, voir^{보다}, maison^집)을 이것의 표상〈표상 기호〉과 분리시키고 개념 자체만 고려하면, 그것은 심리적 대상이다. 심리적 차원에서 그것은 복합 단위라고 할 수 있다. 개념이 언어 차원에 속하려면, 그 개념은 〈청각〉영상의 가치여야 한다. 아니면 그 개념을 언어 차원에 속하게 하면, 그것은 추상적 대상이 된다.

개념은 〈청각적〉 실질의 특질이 되는데, 이는 마치 음향이 개념적 실질의 특질이 되는 것과도 같다.

[289]

(육체와 영혼으로 구성된) 인간과의 비교는 부분적으로 타당하다.

언어 실재체를 수소와 산소로 구성된 물〈(H₂O)〉 같은 화학적 합성 물질에 비교할 수 있다. 그 성분을 화학적으로 분리하면 틀림없이 산소와 수소가 되겠지만, 그래도 그것은 여전히 화학의 영역에 속한다. 이와 반대로 〈산소나 수소를 가지고〉 언어적 물을 분해[하거나 합성]하면 언어 영역을 벗어난다〈(더 이상 언어 실체가 존재하지 않는다)〉.

연합이 존재하는 한, 우리는 구체적 언어 대상을 다룬다.

이 실재체 또는 실재체들의 경계를 정하지 않고서는 어떤 작업도 할 수 없다.

이 실재체의 경계를 구분하는 것은 순수히 비질료적 작업이지만, 그것은 필요하기도 가능하기도 하다. 질료적 요소가 있기 때문이다.

[290]

실재체의 경계를 정하고 나면, **실재체**_{entité}란 명칭은 **단위**_{unité}란 명칭으로 교체할 수 있다. 우리가 애당초 처했던 상황에서는 경계가 구분된 것이라곤 없었지만, 다행히도 여기서는 우리가 이 정황을 수용하면서 이 조건이 생겨났고, 청각적 음향이 단일 차원에서 전개되었다. 따라서 우리는 종이와 가위를 받아 종이를 자르도록 요청받은 사람과 흡사한 상황이 아니라 실을 가지고 자르면 되는 상황과도 같다. 경계 구분은 동일 선상에 연결고리를 만들어 낼 것이기 때문이다.

언어 단위는 단순히 인간언어의 조건 자체에 의해 경계가 생기는데, 이는 **형태**forme란 용어가 환기하는 조건과는 다르다. 이 경계를 획정하는 최선의 방법을 찾는다면, 발화를 취하는 것이다. 여기서 발화는 단지 언어의 자료로서만 그 모습이 드러난다. 사실상 우리 두뇌의 내부에 존재하는 빈칸을 탐색할 수 없다. 발화에 주어지는 외적 수단을 이용하는 도리밖에 없다.

[291]

발화는 연속된 이중 연쇄로 나타낼 수 있는데, 개념의 연쇄와, 청각연쇄 또는 음향연쇄이다.

여기서는 사전에 미리 획정된 경계는 없다. 언어 단위를 설정하려고 할 때, 우리가 가진 유일한 수단은 개념이 경계 구분과 정말 일치하는지의 여부를 끊임없이 확인하는 일이다. 실제로 이렇게 하려면, 서로 다른 일련의 발화연쇄를 비교해야 한다. 단 하나의 발화연쇄를 어느 정도로 취한 이후에 이 발화연쇄의 경계를 구분할 수 있다.

sižlaprã〈si je la prends그것을 잡으면〉를 예로 들어 보자.

siž처럼 분할되는 단위가 있다고 하면, 반박을 받을 것이다. 여러 차례 경계 분할을 시도한 후에 구별할 단위는 다음과 같다.

si.ž.l.aprã 또는 아마도 si.ž.la.prã[7]

기호와 나란히 진행되는 사고를 조사하는 것 이외의 다른 방도는 없을 것이다.

구별 사항은 음성연쇄와 관념 이 두 가지 사실에 모두 유효하다. 이들이 언어적이기 때문이다.

siž | la | prã. 〈이처럼 분할하면 음절이 생겨나며〉 이 분할 순서는 언어적이 아니다.

산출된 발화가 많이 필요하다.

단어가 경계가 획정된 단위라는 것을 어떻게 확신하는가? 이 단어를 일련의 다른 문장에서도 취할 수 있어야 한다.

la) fors (duvã

aboud) fors ([8]

청각적으로 fors가 아닌 것은 모두 분리시키고, 그것과 일치되는 것만 그대로 남기면 언어 단위는 이미 확정된 것이다. 그러나 모든 문

장에서 동일 개념이 동일한 청각연쇄의 경계 구분과 일치하는지 확인해야 한다. 예컨대 ilme | fors | aparle[9] 같은 구에서는 〈개념은 더는 일치하지 않는데,[10] 의미 관념이 다르기 때문이고〉 구별된 두 언어 단위를 설정해야 한다.

---

7 si je l'apprends(내가 그것을 배우면)와 si je la prends(내가 그것을 잡으면)의 차이다.

8 la force du vent(바람의 힘), à bout de force(기진맥진한).

9 il me force à parler(그는 내가 말하게 강요한다).

10 동일한 분할체 fors가 있으나 여기서는 forcer(강제하다)와는 의미가 다르다.

이것으로 단어를 정의하려고 한 것은 아니다.

[1911년 5월 9일]

각 단위는 개념, 음성 분할체와 분리할 수 없을 정도로 밀접하게 연관되는데, 이 개념 없이는 이 분할체는 경계가 획정되지 않는다.

현재로서는 이 단위를 정의하려 하지 않겠다. 또한 하위 단위도 있을 수 있다. 단어로 부르는 것에 상응하는 단위는 틀림없이 중요한 역할을 하지만, 그 단위만 있는 것이 아니다. 〈다른 종류의 단위도 있다.〉 예를 들면 복합어, 예를 들면 désir-eux^{원하는}, malheur-eux^{불행한} 같은 것이다. 이것은 단어란 단위보다 하위의 단위이다.

동일한 것으로 간주되는 구체적 실재체, 이 관점을 견지하는 것이 매우 유익하다. 앞에서 살펴보았듯이 단위를 분석하려면, 의미와 청각의 밀접한 연합이 필요하고, 나아가 청각영상의 경계 구분도 필요하지만, 이와 같은 조작이 기호의 동일성을 결정하는 데도 필요하다.

[294]

〈동일 요소란 문제를 이런 방식으로 제기할 수도 있다.〉

언어에서 동일 요소를 표상하는 것은 무엇인가[?]

실재체가 무엇인지 인식하기 어려운 것과 마찬가지로 동일 요소가 무엇인지 인식하기는 어렵다.

흔히 동일 요소를 이 같은 것으로 설정할 수 있다. 즉 매일 5시 25분 코르나뱅을 출발하는 기차는 우리에게는 늘 동일한 똑같은 기차이다.

연설가는 전쟁에 대해 얘기할 때, **전쟁**이란 단어를 열다섯 번, 스무 번 반복한다. 그러면 우리는 그 단어가 동일한 것으로 간주한다. 〈그런

데 이 단어는 발화될 때마다 그 단어의 발화는 별개의 행위이다.〉

이것이 첫 번째 핵심 사항이다. 다음으로 두 번째 핵심 사항을 고찰해 보면, 문장에서 예컨대 이렇게 말할 수 있다. <u>Son violon a le même son</u>_{그의 바이올린은 같은 소리를 낸다}. 앞에서는 음성 동일성에 관심을 집중했지만, 여기서는 두 번 반복한 청각 분할체 son이 동일 요소를 가리키는 것이 아님을 알게 된다.[11]

[295] 마찬가지로 Cet animal porte plumes et bec_{이 동물은 깃털과 부리가 있다}과 〈Prête-moi ton〉 porte-plumes_{네 펜을 빌려다오}[원문 오류 그대로][12]에서 동일한 청각연쇄를 포착하더라도 이들이 동일 요소라는 것을 인정하지 않는다. 환기된 관념이 동일해야 한다.

이 요소의 동일성에는 주관적이고 정의 불가능한 요소도 포함된다. 〈동일성이 있는〉 정확한 지점을 결정하기란 늘상 어렵다.

lentille(채소와 현미경)에 동일성이 있는가 없는가?

우리에게 동일 요소의 구별 수단이 없다면, 우리 잘못이 아니다.

청각 분할체는 거의 완벽하게 상응하는 환기된 관념과 서로 일치해야 한다.

〈언어의 모든 메커니즘은 동일성과 차이를 중심으로 전개된다.〉

여기서 단지 지적할 사항은 단위 문제를 제기하는 것이나 동일 요소의 문제를 제기하는 것은 결국 똑같은 문제라는 점이다.

이와 관련하여 이 문제를 아주 짧은 장에서 살펴보자.

---

11 첫째 son(그의)은 소유 한정사이고, 둘째 son(소리)은 명사이며, 개념도 다르다.

12 메히야·감바라 판에서는 두 구절 모두 단수 plume을 써서 porte plume와 porte-plume로 표기했다.

〈제4〉장. 언어의 추상적 실재체

이는 연구하기 가장 어려운 영역 중 하나이다. 여기서는 광채만 보이고, 전체적인 밝은 빛은 보이지 않는다.

[296]   이것〈(이 영역)〉은 구체적 실재체에 대한 선행 연구를 전제로 한다. 〈이러한 이유로 이를 보류한다.〉

〈추상적 실재체로 부르는 이것은 무엇인가?〉

언어 내에는 단위의 차원에 근거하는 것이 많다. 아주 분명하고 간단한 사례로 고대 프랑스어 단어의 병치 방식을 들어 보자. (Hôtel de Dieu라고 해야 하는 것에 대해) Hôtel Dieu^{시립병원} 같은 표현이다. 다음 예는 인명이다. les quatre fils Aymon(= d'Aymon)^{에몽의 네 아들}.¹³ 〈여기서는 단위 (de), 하위 단위(그리스어 -os)가 표현하는 관념이 있다. 여기서는 오직 순서로만 관념을 표현한다.〉

또한 je dois^{나는 해야 한다}, dois-je^{나는 해야 하는가}에서도 개념에 대응하는 의미 가치를 결정하는 것은 순서이다. désireux 또한 (두 단위 désir와 eux를 인정하면) eux-désir로는 쓸 수 없다.

따라서 여기서 사용된 수단은 순서이다. 한편으로 순서는 언어는 선조적이라는 기본 조건에 속하는 문제라는 것을 확인할 수 있다. 〈우리가 두 단위의 순서를 구별하여 앞과 뒤가 있다면, 이 순서는 관념 표현의 수단이 된다. 그것은 단지 선적인 일차원에서만 움직이기 때문이다.〉 순서의 개념에서 오히려 추상적 개념을 볼 수 있다. 순서를 추상적

---

13 고대 프랑스어에서는 두 명사를 병치시켜 명사구를 형성했는데, 뒤의 명사는 아무 표지 없이(예컨대 전치사 de 없이도) 속격의 역할을 한다. 그러나 속격의 병치 명사구 구성에도 두 명사의 의미자질에 제약이 있다.

실재체에 귀속시켜야 하는데, 그것은 수단이기 때문이다.

〈이것이 구체적 실재체로는 생각되지 않는다.〉

[297] 〈다른 사례〉 라틴어 domini^{집주인의}, regis^{왕의}, regum^{왕을}에서 –i, –is, –um 에는 청각영상과 개념이 일치하는 것이 없지만, 이들은 동일한 단위나 하위 단위라고 말할 수 있다. 그렇지만 여기에는 다양한 질료적 바탕과 함께 가치에 대한 의식, 동일 요소라는 의식, 〈그리고 동일 용법을 지배한다는 의식〉이 있다. 틀림없이 거기에는 모든 화자가 운용하는 적극적 추상 작용이 있다. 화자가 의식하는 속격의 가치를 여기서 인지할 수 없는가[?]

이것〈(이런 종류의 동일 요소)〉도 역시 문법 절차의 개념에 속할 수 있다.

이들은 분류하기도 어렵고, 어디까지 분석할 수 있을지 알기도 어렵다. 〈큰 난점 가운데 하나는〉 발화 언어가 문법 분석처럼 어느 정도까지 깊이 분석할 수 있을지를 모른다는 것이다.

하지만 언제나 단위〈동일 요소 또는 실재체〉〈로〉, 우리가 구별한 이러한 종류의 실재체로 돌아가야 한다.

어떤 기반 없이는 분석 절차도 생각할 수 없다. 〈구체적 실재체에 대한 연구가 항상 선행되어야 한다.〉 모든 것은 결국 직접적인 기초나 간접적인 기초로서의 이 단위에 근거를 둬야 한다.

[298] 어떤 것[존재(삭제)]이 영∅으로 표현되어도〈기호가 영이 되더라도〉〈구체적 기호는 언제나 근거가〉 있다[그런 경우는 없다(삭제)]. L'homme (que) j'ai vu^{내가 만난 사람}(영어에서는 que가 표현되지 않는다).

The man – I have seen. 〈여기에는 영∅으로 화한 단위가 있다. 한 단위(the man I have seen)를 취하면, 언제나 구체적 바탕에 이르게 된다.〉

추상적이란 이 용어를 재검토하는 일이 남았다.

우선, 전혀 비언어적인 추상체도 있다. 앞서 말했듯이 의미작용을 그 음성적 바탕과 근본적으로 분리시켜 의미작용 자체만 취한다면, 우리는 언어학이 아니라 심리학을 다루는 것이다. 추상 의미도 있지만, 언어학의 대상으로 취할 수 없으므로 그것을 언어의 추상적 실재체라고 할 수 없다. 마찬가지로 음성 자체만을 취하면 그것은 언어적인 것이 아니다. ② 그 반대로 의미와 관련해서 언어 내에는 추상적인 것이 없다고 말할 수도 있다. 이 용어를 다음과 같이 정당화시킬 수 있다. 문법가에게만 구별되는 것이 화자의 의식에 인준되지 않으면, 이것은 추상적인 것으로 간주되기 때문에 언어 내에서 화자의 의식에 현존하는 모든 것은 구체적이다.

[299]

우리가 말하는 구체와 추상의 의미는 이러한 것이 아니다. **구체적**이란 용어는 다음에 국한하기로 한다. 즉 개념이 음성 단위에 직접 지주를 갖는 경우는 구체적이다. **추상적**인 것은 화자가 수행하는 조작에 의해 개념이 음성 단위에 간접적 지주를 갖는 경우이다.

〈제5〉장. 언어 내에서의 절대적 자의성과 상대적 자의성

기호와 표상된 개념과의 관계가 기본적으로 자의적이라는 것을 자명한 진리로 제시했다. 모든 개별언어에서 기본적으로 자의적인 것과 상대적인 자의성으로 부르는 것을 구별해야 한다. 각 개별언어에서 단지 기호들 중 일부만이 기본적으로 자의적이 될 것이다. 다른 것〈기호들〉은 자의성의 정도를 구별할 수 있다. 이는 **자의성**이 아니라 **무연성**immotivé으로 말할 수 있다.

기호와 음성〈의 관계〉는 상대적으로 유연적_{有緣的}인 경우가 있다.

예컨대 vingt^{숫자 20}, dix-neuf^{숫자 19}를 보자.

vingt는 완전히 무연적이다.

dix-neuf는 완전히 무연적인 단어가 아니며, 어떤 의미에서 유연적 단어인지 안다. vingt는 실제로 프랑스어에 공존하는 어떤 사항도 관계가 없다. 그러나 dix-neuf는 프랑스어에 공존하는 다른 사항(dix^{숫자 10}와 neuf^{숫자 9})을 원용한다.

그리하여 그것은 유연적 단어가 된다. dix와 neuf 역시 철저히 자의적이다. dix-neuf는 상대적 유연성이 있다.

그래서 같은 방식으로 다음 두 가지를 대립시킬 수 있다.

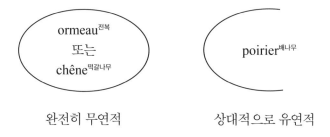

완전히 무연적   상대적으로 유연적

poirier는 상대적으로 유연하다. 그것이 공존 사항을 환기시키기 때문이다. 즉 poire^배와 -ier이다.[14] (그것은 유연적이 된다.)

---

14 과일명에 접미사 -ier가 붙으면 그 과일을 맺는 나무를 가리킨다. 예를 들면 pomme(사과)-pommier(사과나무).

또는

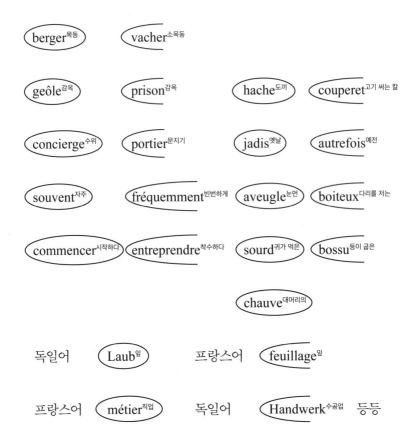

troisième^{세 번째}은 premier^{첫 번째}〈유연적이 아니다〉나 second^{두 번째}〈아무 단어와도 관련이 없다〉와 비교된다. dixième^{열 번째}과 cinquième^{다섯 번째}(이들은 유연적이다).

영어 ships〈(배들)〉 같은 단어는 배의 관념과 복수의 개념을 가지고 있다. 복수 개념과 관련해서 이것은 birds, flags, books 등의 전체 계열과 관계를 맺는다.

⟨men⟩을 복수의 개념과 연관된 것으로 간주하면, 복수의 개념과 관련해서 그것은 적어도 어떤 단어도 인용하지 못한다.

⟨sheep⟩ '양들'도 어떤 단어도 인용하지 못한다.

[302] δώσω^{나는 줄 것이다[도소]}의 준다는 개념은 미래시제 개념과 결합하면, λύσω 나는 풀어줄 것이다[뤼소], στήσω^{나는 일어설 것이다[스테소]}, τύπσω^{나는 때릴 것이다[튑소]}와 관계를 맺는다.

⟨εἰμι⟩^[에이미] '나는 갈 것이다'를 취해 보면, 이는 어느 단어와도 관계를 맺지 않고, 유연적이지도 않다.

마찬가지로 미래 ἐδομαι^[에모마이] '나는 먹을 것이다'도 미래시제 가치를 입증하려면 어떤 단어와도 관련을 맺지 않는다.

이 대립 사례를 통해서 절대적 자의성과 상대적 자의성에 관한 고찰을 이미 상당히 읽었을 것이다. 언어를 체계⟨또는 유기체⟩로 만드는 것은 이러한 관점에서 접근할 것을 요구하며, 그것은 일반적 방식으로, 즉 개념과 관련하여 자의성의 제한⟨으로서⟩ 접근할 수 없다. 그리하여 가능한 최상의 근거를 묵시적으로 사용할 것인데, 언어기호의 기본 사실은 자의성이기 때문이다.

따라서 우리는 이용 가능한 일차적 기반을 택하는 것이 아니라 기본적 원리를 기반으로 택했다. 이는 언어 구성의 모든 것에 대한 기반으로서 이 원리를 ⟨반드시⟩ 택하는 것과 진배없다.

[1911년 5월 12일]

[303]   **[노트 VIII의 시작]**

그러나 이 무연/유연 현상 자체를 다시 취해서 명료하게 설명해야겠다.
언어 전체에는 이 두 요소, 즉 완전히 무연적 요소와 비교적 유연적 요
소가 비율이 다르게 섞여 있지만, 이 두 가지가 나란히 병존한다. 언어
에는 이 두 가지가 있으며, 언어에 따라 그 비율은 가변적이고 다양하
다. 이 비율은 개별언어를 특징짓는 특성 중 한 가지이다. 개별언어는
이 두 요소를 얼마나 많게 또는 적게 지니느냐에 따라 대조된다. 언어
진화를 나타내는 모든 변동은 완전한 무연성과 상대적 유연성의 총합
사이에 오가는 것으로 요약된다. 예컨대 라틴어에서 프랑스어로 진화
한 것을 보자. 이전의 라틴어 상태와 비교해서 프랑스어의 상태는 무엇
보다도 무연성의 방향으로 크게 이동한 것이 특징이다. 이를 증명하기
란 쉽다.

[여백 그림]

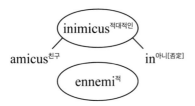

　　그래서 inimicus 또는 〈(inamicus)〉는 amicus, in-과 관계가 있고, 이
[304]　로써 유연화된다.

ennemi는 둘 중 어느 것과도 관계가 없다. 이것은 절대적 자의성이며, 〈나아가〉 이 자의성은 언어기호의 기본 조건이다. 어떤 요인(음성변화)으로 한 언어 상태가 다른 상태로 변했는지 여부에 관심을 가질 필요가 없다. 이를 상대적 자의성과 절대적 자의성의 등급으로 측정하여 각 단어가 처한 상황을 단지 관찰하기만 하면 된다. 〈(이와 동일한 현상이 수백 개의 사례에 나타나므로)〉 프랑스어는 가장 영향을 크게 받은 것이 특징이다.

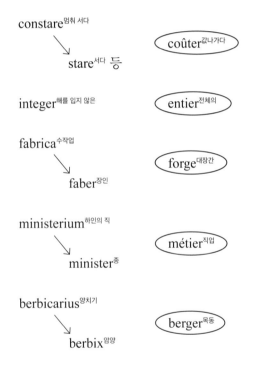

어떤 언어를 깊이 연구하지 않고서도 그것을 조사해 보면, 엄청나게 많은 무연적 요소와 비교해서 유연적 요소가 가진 〈다소 중요한〉 지위를 이해할 수 있다. 무연적 요소가 〈영으로 줄어들거나〉 최소치 이하

[305]

수준으로 감소하지 않고서 〈등급을 정할 수 있다〉. 영어는 독일어보다 무연적 요소에 상당히 중요한 지위를 부여한다. 아주 엄밀한 것은 아니지만, 이 대립의 여러 측면 중 어느 한 면이 두드러진다는 의미에서 무연적 요소가 극대화된 언어는 더 어휘적이고, 무연적 요소가 최소화된 언어는 더 문법적이라고 할 수 있다. 물론 이들이 동의어로 직접 서로 대응하지는 않지만 말이다. 그러나 이 원리에는 공통점이 있다. 사실상 모든 언어를 지배하는 상반되는 양극, 즉 어휘 수단을 이용하려는 성향과 문법 수단을 이용하려는 모순되는 두 성향을 구별할 수 있다. 어휘

[306] 수단은 분리된 칸으로 구성되고, 문법 수단은 서로 연결고리의 연쇄로 간주된다. 여기에서 한 단위는 다른 단위와 관계를 맺는다. 초어휘적 유형으로는 중국어와 같은 예가 있다. 초문법적 유형은 원시 인도유럽어, 산스크리트어, 그리스어이다. 그러나 여기서 지적하려고 하는 것은 자의적 요소와 상대적인 자의적 요소의 대립은 포착하기 쉬운 현상이라는 것이다. 우리는 이 현상 자체를 필요한 만큼 깊이 분석하지 않았다. 〈우리는〉 이들을 서로 별도로 분리하지 않고 〈지금까지 이 두 관계를 대립시키지 않고〉 이 두 관계를 함께 보여 주었다. 상대적 자의성의 개념은 두 관계를 연루시키는데, 이들을 조심스레 구별해야 한다.

그림 한편으로는 이미 언급한 다음의 관계가 있고,

다른 한편으로는 이 관계가 있다.

[307]   여기서 **사항**terme이라는 단어가 쓰였는데, 〈사항들〉은 계산해야 할

수량으로서의 사항(수학적 등식의 항) 또는 일정한 값을 갖는 사항이다. 이러한 의미에서 사항은 언어 단위로 귀착된다.

한편으로는 내적 관계가 있는데, 이는 청각영상과 개념의 연합 바로 그것이다. 각 언어사항은 이 내적 관계를 함의한다.[15] 이것이 고려해야 할 유일한 관계이다.

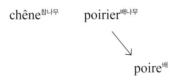

상대적 유연성의 개념은 반드시 다른 언어사항을 필요로 한다. 겉보기에 대립된 언어사항과 관계를 가진 이 내적 관계와 외적 관계 사이에는 아무 공통점이 없는 듯이 보인다.

이 언어사항들 간의 관계는 여기 존재하는 내적인 두 관계 외의 다른 관계에 의해서는 존재하지 않는다.

〈개념과 청각영상과의 관계는 외적 사항과의 관계 없이도 존재할 수 있다. 그러나 두 사항 사이의 관계는 두 내적 관계의 상호적인 관여

---

15 메히야와 감바라라 판에는 다음과 같이 화살괄호가 추가되어 있다. "한편으로는 내적 관계 〈일차 관계〉가 있는데, 이는 청각영상과 개념의 연합 바로 그것이다. 〈이차 관계의 사항들의〉 각 언어사항은 이 내적 관계를 함의한다"(p.235).

없이는 존재할 수 없다.〉

[308] 이는 처음에는 분명하게 드러나지 않는다.

poirier   poire

désireux   désir

désir^{욕구}라는 분할체와 eux라는 다른 분할체〈가 있고〉, 따라서 공존하는 단어 désir를 원용하면 충분할 듯하다.

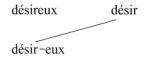

실제로는 〈이것을 통해〉 오직 외적 형태만, 즉 청각영상만을 환기시켰다.

이 두 단어 사이에 관계〈비교〉가 가능한 것은 실제로 'désir'란 개념과 청각영상 désir가 서로 관여〈하고, 다른 한편 청각영상 désireux와 개념 'désireux'가 관여〉하기 때문이다.

개념 'désir'   개념 'désireux'

———————   ———————

청각영상 désir   청각영상 désireux

각 단어의 개념과 청각영상 사이의 〈내적〉 관계를 생각하지 않고서는 단어들 사이의 관계를 〈결코〉 생각〈할 수 없다〉.

[308a] 〈이후 명확히 설명할 지적 사항을 추가하여 제1장부터 언얼ᅡᆼᄀ에 대한 강의 복습〉

〈어느 시점에 가서는 다른 방향으로 강의할 수도 있지만, 이로 인해 혼란은 생겨나지 않는다. 이 설명을 통해 우리는 동일한 지점으로 되돌아갈 것이다.〉

제1장과 관련해서 수정할 것은 없다. 1장에 이어 1장과 2장〈(언어학 내에 있는 여러 사안의 구별)〉 중간에 고려할 사항이 있다. 발화파ᄅᆯᆯ에 의해, 다시 말해 지각된 발화의 총합에 의해 〈직접적으로나 간접적으로〉 언얼ᅡᆼᄀ 내에 들어오지 않는 것은 없다. 그 반대로 언어로 부르는 산물이 구축된 후 비로소 발화가 존재하며, 이 언어라는 산물은 개인이 발화를 구성하는 요소를 발화에 제공한다.

언어를 발달시키고 확정 짓는 것은 집단적 지성의 작업이다. 〈한 단어가 언어 내에 들어왔다는 것은 집단적으로 인정을 받았다는 것을 의미한다.〉 언어에 속한 모든 것은 잠정적으로 집단적이다. 이와 반대로 집단적인 발화란 없다. 발화행위는 순간적으로 이루어진다는 것 외에도 그것은 개인적이다. 시장에 모인 군중에게 언어는 어떤 방식으로 존재하는가[?] 군중을 구성하는 개개인의 〈두뇌 속에 존재하는〉 저장물의 행태로 존재한다〈마치 사전 한 권 한 권을 이 개인들이 나눠 가진 것처럼 말이다〉. 각 개인에 내재하는 이 언어란 저장물은 집단적인 동시에 개인의 의지 밖에 있다. 1 + 1 + 1... = 1(집단 모델).

[308b] 발화는 이 동일한 군중에게 어떤 방식으로 존재하는가[?] 발화는 사람들이 서로 주고받는 말의 총합이다. 다시 말해서

a) 개인적 결합체, 즉 문장. 개인의 의지에 의존하며, 개인적 사고를 반영한다.

b) 발성행위. 마찬가지로 의지적 결합체를 실행하는 것이다.

이 발성행위와 내적 결합체는 서로 상응하는가? 이 군중의 집단적 발화행위가 과연 있는가? 없다.

$$1+1+1... = 1+1+1...$$

결론을 말하자면, 언어와 발화, 이 두 대상이 서로를 전제하는 것이 사실이라면, 이들 사이에는 어느 한 대상 없이 다른 대상이 존재할 수 없다. 반대로 이들의 성질에는 비슷한 점이 거의 없으며, 각기 별개의 이론을 요구한다. 인간언어에 속하는 이 두 부분을 무모하게 동일 관점으로 환원하려고 한다면, 아주 모호하기 짝이 없는 학문이 될 뿐이다. [308c] 인간언어가 만들어 내는 총체적 면모는 동질적이 아니므로 분류할 수 없다. 따라서 〈인간언어의 개인적 부분, 즉 발화를 다루는 연구,〉 발성을 다루는 연구가 존재한다. 이는 발화의 연구이다. 둘째 연구는 개인의 의지를 초월해서 이루어지는 인간언어의 부분, 즉 사회적 규약이 있는데, 이것이 언어의 연구이다.

첫째 연구는 필시 심리물리적 연구이고, 둘째 연구는 오직 정신적 연구이다. 언어현상의 두 구성 성분의 연합은 정신적이기 때문이다.

바로 이것이 우리가 곧장 마주치는 갈림길, 분기점으로서, 연구 대상이 발화인지 언어인지를 결정할 문제이다. 이 두 길을 동시에 갈 수 없으므로 이들을 완전히 분리시켜 어느 한 길을 택해야 한다. 앞서 말한 바처럼 우리 입장에서 추구하려는 것은 언어의 연구이다.

언어학이란 명칭을 이 두 연구를 합친 것으로 사용해야 하는지 아니면 언어의 연구에만 국한해서 사용해야 하는지[?] (〈우리는 언어의 언어학과 발화의 언어학을 구별할 수 있다.〉)

[309]   이처럼 말했다고 해서, 언어의 언어학에서 발화의 언어학에 한눈을 팔면 안 된다고 결론지어서는 안 된다. 〈그것은 유익할 수도 있겠지만, 인접 분야를 차용하는 것이다.〉

제2장의 제목을 우선 '기호체계로서 언어'로도 명명할 수 있다. 〈(이는 과도적인 방편일 수 있다.)〉 따라서 이 장에서는 두 가지 기본 진리〈(언어기호와 관련된 두 가지 기본 원리)〉를 지적했다. 〈1) 언어기호는 자의적이다. 2) 언어기호는 분할체를 가지며, 이 분할체는 단일 차원에서 전개된다.〉

시니피앙signifiant과 **시니피에**signifié란 용어를 사용하여 이 두 가지 진리를 나타내는 공식을 더욱 정확히 수정할 수 있다.

〈이러한 용어 수정에 대한 해명으로서〉 기호체계를 내부에서 살펴보면, 시니피앙과 시니피에를 제시하고, 〈대립시킬〉 근거가 생긴다. 이는 〈청각영상과 개념의 대립을 배제하고〉 이 둘을 서로 대립시킨다.

시니피앙〈(청각적이다)〉과 시니피에〈(개념적이다)〉는 기호를 구성하는 두 요소이다. 따라서 이처럼 말해야 한다. 〈①〉 언어 내에서 시니피앙과 시니피에를 연결하는 관계는 기본적으로 자의적이다.

[310]   〈또한 ②〉 언어 내에서 시니피앙은 청각적 성질을 지니므로 시간상으로만 전개되고, 시간에서 유래하는 특성〈을 지닌다〉. 즉

a) 분할체를 표상하는 특성

b) 일차원에서만 출현 가능한 분할체를 표상하는 특성

〈앞서 우리는 **기호**란 용어를 간단히 제시했고, 이 용어는 혼란을 야기했다.〉

이 지적 사항을 추가하자. 즉 그랬더라면, 우리는 이 기호란 용어를 갖지 못할 뻔했다. 그 용어가 없다면 아쉽기도 하고, 또 모호함 없이 시니피앙과 시니피에 전체를 가리킬 수 있기 때문이다.

〈어느 용어(**기호**, **사항**, **단어** 등)를 선택하더라도 포착이 어렵고, 단지 그 일부만 가리킬 위험성이 있다.〉 아마도 용어를 전혀 발견하지 못할 가능성도 있다. 언어 내에서 어떤 사항이 가치의 개념에 적용되는 경우, 그것이 이 구분선의 어느 한 측면만 가리키는지, 아니면 양 측면을 동시에 함께 가리키는지를 알 수 없다. 〈따라서 시니피에와 시니피앙의 연합을 명료하게 가리키는 단어를 찾기는 매우 어렵다.

〈제3장〉 기호의 불변성과 가변성

차후에 다루려고 했던 바를 제2장 뒤에 잠깐 삽입해야겠다. 제3장 **기호의 불변성과 가변성**으로 말이다.

〈이것이 앞의 제2장에서 이번 장으로 넘어가는 연결 부분이다.〉 〈우리가 살펴본 바는〉 시니피앙이 표상하는 관념과 관련해서, 시니피앙〈기호〉은 그것이 어떤 것이건 자의적이고, 자유로이 선택한 것으

[311]

로 나타나며, 다른 시니피앙으로 교체될 수 있다⟨는 점이다⟩(table^{탁자}은 sable^{모래}로도 부를 수 있고, 또 그 반대로도 가능하다). 기호를 사용하도록 요청받는 인간사회와 관련해서, 기호는 자유로운 것이 아니라 강제로 부과된다. 이 사회집단의 동의를 구하지도 않고, 또 기호가 다른 기호로도 교체될 수 없기나 한 것처럼 말이다. 자유로운 것을 구속하는 모순을 어느 정도 내포한다는 이 사실은 익히 알듯이 선택의 여지가 없는 상황인 것 같다. ⟨언어에 말하기를⟩ "되는대로 임의로 선택하시오"라고 하면서 동시에 "그대는 선택권이 없습니다. 이것 아니면 저것입니다"라고 말한다.

만일 어느 개인이 프랑스어 단어나 의상을 교체하기를 원하면, 그는 그것을 함부로 교체할 수도 없고, 대중도 그것을 교체할 수 없을 것이다. 대중은 현재의 언어 상태에 매여 있다. 이 현상의 근저에 있는 원인과 결과는 무수히 많으며, 이들을 조사해야 한다. 원인을 살펴보자면, 첫 번째 고려 사항은 다음과 같다.

[312]

언어^{랑그}를 어느 시기에 고찰하더라도, 아무리 과거로 소급해 올라가도 그 특정 시기의 언어는 그 이전 시기로부터 넘겨받은 유산이다.

일정 시기에 사물에 명칭을 부여하는 이상적 행위, 즉 관념과 기호, 시니피앙과 시니피에 간의 연계를 맺어 주는 행위, 이 행위는 유일하게 관념의 영역에 속한다. 그것은 언어기호의 자의성에 대해 우리 감각이 느끼는 관념이며, 우리가 인지하는 현실에 속하지 않는 관념이다. 과거의 어느 사회든 언어^{랑그}를 이전 세대가 다소 완성시킨 산물로만 인정했고, 또 그러한 것으로 받아들였다. 다시 말해서 우리는 모든 언어 상태의 기원에 역사적 사실이 있음을 인정한다.

[313]

지금까지 우리는 언어^{랑그}의 사회적 측면을 살펴보았다. 왜 기호가 불변적인 것인지를 탐구하면, 역사적 요인이 있음이 드러난다. 이제 과거 유산을 말하자면, 역사적 유산에 대한 이 견해는 우리가 더 깊이 생각하지 않으면 아무것도 설명해 주지 않는다고도 말할 수 있다. 그것이 왜 과거의 유산인가? 이 유산은 조금도 변경시킬 수 없는 것인가? 이전의 세기에서 유래하는 다른 사물들, 예컨대 법률도 있다. 하지만 사람들은 법률은 개정하려고 한다.

이처럼 매우 타당한 반론은 결국 언어를 사회적 틀 속에 위치시키며, 다른 사회제도에 대해 이 문제를 제기하는 것처럼 결국은 여기서도 이 문제를 제기할 수 있다. 인간 제도의 전달, 이것은 아주 일반적인 문제로서, 우리가 초반부에 제기한 문제를 포괄하는 것으로 간주했다. 왜 언어는 자유롭지 못한가[?] 다른 제도가 보여 주는 자유의 정도와 비교할 근거가 충분히 있다. 그것은 역사적 사실〈요인〉과 사회적 사실〈요인〉의 균형의 문제이기 때문이다.

[314]

왜 사회적 요인이 다른 요인보다 그렇게 강력하지 못한가? 왜 역사적 요인이 무척 강력한가? 왜 그것은 급격하게 일어나는 일반적 변화를 배제하는가? 〈(우리는 부분적 변화, 세부적 변화는 보류시키기 때문이다.)〉 다른 사회제도(예컨대 기호체계)와 비교해 보면, 완전한 혁신이 배제된다고는 생각되지 않는다.

둘째 조건〈둘째 고려 사항〉. 〈첫째 견해에 대한 대답이다.〉 우리는 〈중요하지만〉 〈가장〉 유효한 것으로 볼 수 없는 일반적 견해를 잠시 논의하자. 예컨대 각 세대는 서랍장의 서랍처럼 세대별로 계승되지 않는다〈한 세대 내에는 모든 연령층의 사람이 속하니까 그렇다〉.

〈개별언어를 습득하는 데 필요한 노력을 상기해 보자. 그러면 이를 바꾸는 것이 어렵다.〉

언어의 〈의식과 무의식의 구별〉을 성찰하지 않는다는 점을 지적할 수도 있고, 인간언어 현상을 일반적으로 지배하는 의식의 정도를 면밀히 설명할 수도 있다. 또는 일반적으로 각 민족은 전수받은 언어에 만족했다는 의미에서 이 언어를 성찰하지도 않았다는 점도 지적할 수 있다. 이 모든 사실보다 더 타당한, 〈더 직접적이고, 위의 모든 정황을 포괄하는〉 사실을 표명하는 것이 더 바람직하겠다.

[315]　　① 언어 자체에 외적인 상황 가운데서 언어는 각 개인이 매일, 하루 종일 이용하는 사상事象이라는 점을 지적한다. 이 점 때문에 언어는 다른 제도〈(민법, 매우 정형화된 종교)〉와 비교할 수 없는 제도가 된다.

근본적인 혁신 정도는 이처럼 상당히 큰 폭으로 감소된다.

그러나 이 현상은 여전히 언어에 외적이다. 다음 지적 사항은 언어 자체에 포함된다.

② 개별언어를 구성하는 엄청나게 많은 수의 기호. 우리가 비교할 사항을 찾아보면, 이들을 발견할 수 없다. 개입 요소의 수가 엄청나게 많다는 것을 결코 무시할 수 없다. 문자는 20~40여 개의 기호뿐이다. 그래서 어떤 문자체계가 다른 문자체계로 교체되는 것을 관찰할 수 있다.

만일 언어가 예컨대 40여 개의 기호로 구성된 것으로 가정하면, 당연히 이 언어 전체를 교체할 수 있는 것으로 생각할 수 있다.

[316]　　③ 기호의 자의적 근거. 기호는 자의적이며, 이를 쉽게 바꿀 수 있을 것 같다. 그러나 이 사실 때문에 언어는 언어집단의 논의 대상이 될 수 없다. 이 집단이 실제보다 훨씬 더 의식적이라고 가정해도, 실제로 논의의 근거를 가지려면 사물과 비교 가능한 규범이 있어야 한다(예컨대 형식적 종교를 나타내는 상징물 같은 것 말이다). 〈이처럼 합리적으로 비판할 근거가 있으면, 사실상 이 사물은 논의가 가능하다. 상징 체계에

서는 논의를 진행할 수 있다. 그러나 자의적 체계의 규범은 그럴 수 없다. 문법가와 논리학자만이 이 규범을 혁신할 수 있다.〉

④ 언어는 그 전체로 하나의 몸체와 체계를 구성한다. 사실 이 점을 맨 먼저 예상했다〈(이 장이 제4장에 삽입되었으니 말이다)〉. 언어가 완전히 자의적이 아닌 것은 이 측면 때문이며, 언어 내에 자의성의 상대적 비율을 인정해야 한다. 기호와 관념 사이의 결속이 무척 복잡하기 때문이다.

이를 이처럼 생각하면 안 되고,   다음처럼 생각해야 한다.

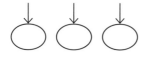

따라서 이 점에서 〈근본적인 변화를 일으키는〉 행위는 〈사회〉집단을 초월한다.

그 작업은 문법가와 논리학자의 회합에서 결정해야 할 수도 있다.

[1911년 5월 30일]

[317]   [여백 그림]

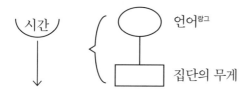

언어가 사회적 사실이라는 정황으로 인해 언어에 무게중심이 생겨

난다. 그러나 서두에서 이미 이 사실을 받아들였으므로 지금 언어를 재론하는 것은 유익하지 않다. 사회적인 힘은 시간과 관련해서 작용하고, 어떤 점에서 언어가 자유롭지 못한지 우리에게 설명해 준다.

사실 언어는 〈언제나〉 과거와 연계되고, 이로 인해 언어는 자유를 상실한다. 만일 언어가 사회적 사실이 아니라면 그렇지 않을 것이다. 그러나 시간의 고려, 세대 간의 전달을 추가해야 한다.

애당초 이 사회적 규약에 시간 요인을 배려할 여지가 있다는 사실을 깨닫지 못했다. 사실상 이론적으로는 언어는 시간과 관계 없이 〈논리적이거나 심리적인 것으로〉 고찰할 수 있다. 시간의 힘은 매순간 자의적인 힘〈자유 선택〉을 무력화한다. 왜 우리는 사람homme, 개chien라고 말하는가? 사람들이 우리보다 앞서 사람, 개라고 말했기 때문이다. 거기에 대한 타당한 근거는 시간이다. 이 시간은 자의성을 제거하는 것은 아닌데도, 그것을 제거한다. 이로 인해 시간의 문제와 자의성의 문제의 연관 관계를 보지 못하도록 방해받는 것은 아니다. 이 둘은 서로 이율배반적으로 작용한다. 〈요약하자면,〉 언어를 구성하는 기호의 부자유는 역사적 측면에서 유래하거나 언어에 작용하는 시간 요인이 발현한 것이다. 이 기호의 부자유는 언어에 작용하는 시간 요인의 지속에, 〈세대를 통해 전해 내려오는 기호의 연속에〉 근거하기 때문이다.

[318]

시간 요인의 또 다른 현상은[16] 〈첫째 현상과 표면상으로는 상반되는 사실이다.〉 그것은 상당히 많은 세대를 거쳐 내려오면서 겪는 기호의 변화이다. 〈그런 이유로〉 이 장의 제목으로 기호의 불변성과 가변성

---

16 메히야와 감바라라 판에서는 c'est 앞뒤에 쉼표가 들어가 있어서 "시간 요인의 또다른 현상, 그것은," 꼴로 번역된다(p.241).

〈변화 가능성〉 두 가지를 동시에 언급했다. 이 두 가지 사실은 밀접한 관계를 맺으며, 결국은 원인이 동일한 것임이 분명하다.

왜 기호는 변화할 수밖에 없는가? 기호가 지속되기 때문이다. 기호가 지속되지 않으면, 10년마다 새로운 언어가 전혀 새로운 기준에 입각해서 만들어지면, 기호의 불변성이란 개념은 폐기될 것이다.

기호가 겪는 모든 변화 가운데서도 지배적인 사실은 기존에 존재하던 기호 중 상당 부분이 계속 건재한다는 점이다. 이는 기호의 상대적인 저항이며, 앞의 지속의 원리에 의존해 있음을 전제로 한다. 언어변화의 원리는 언어 지속의 원리에 기반을 둔다.

[319]

〈출발점부터 재정립해 보면, 다음과 같다〉

시간의 소여 밖	시간의 소여에 의함
기호의 자의성	1. 비자유(불변성)
따라서 자유	2. 변화(상당한 정도의 가변성)

시간상의 변화 형태〈또는 요인〉은 종류가 여러 가지이며, 각 변화 형태는 언어학의 주요 장이 된다. 그 각 종류를 철학적으로 고찰하면, 성질, 범위 등은 끊임없는 토론의 요소가 된다. 이들을 분류하기 전에 분석해야 할 중요한 것이 있다.

이해를 보다 더 명확히 하기 위해 방금 논의한 바처럼, 기호의 변화는 더 이상 얘기하지 말자. 이는 단지 음성학(단어 형태의 변화)〈청각 영상의 변형이나 의미의 변화. 이는 잘못된 것이다〉만이 중요한 문제라는 인상을 준다.

[320]   언어변화의 요인이 어떤 것일지라도, 그 성질이 전혀 다르더라도,

이 모든 요인이 다 함께 작용하여 관념과 기호의 관계, 시니피앙과 시니피에의 관계를 변화시킨다. 이를 관념과 기호의 관계에 있어서의 이동으로 표현하는 것이 더 좋겠다.

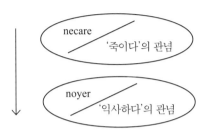

necare는 일정한 시간이 흐른 뒤 noyer가 되었다(동사 noyer가 necare의 연속체라는 것을 알기 때문이다). 청각영상도 변했고, 관념도 변했다. 〈그러나 이처럼 구별할 필요는 없다. 단지 전체적으로 확인할 수 있는 것은〉 관념과 기호 사이의 관계가 이동했다는 점이다.

〈비슷한 예를 다시 들어 보자.〉 골 지방 라틴어(4세기나 5세기)의 특징은 necare가 noyer를 의미했다는 점이다.

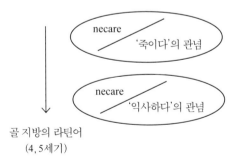

골 지방의 라틴어
(4, 5세기)

청각영상은 변경되지 않았지만, 관념과 기호의 관계는 이동했다.

[321]

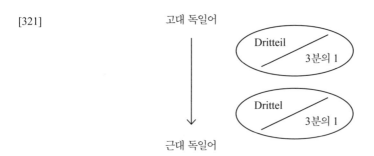

시니피앙만 변했는가? 그렇다고 할 수 있다. 그러나 두 가지 방식으로 변했는데, 그중 한 가지는 의미와 아주 밀접하다. 〈두 가지 방식으로 그러한데, ① 형태의 변화뿐만 아니라 또 [②] Drittel은 Teil^{부분}의 의미가 없어지고 단일어가 되었다.〉

어쨌든 관념과 기호의 관계가 이동했다.

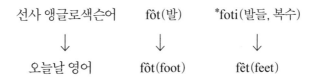

〈이 사례는 아주 복잡하다.〉 음성변화만 일어난 것이 아니다. 두 단어 사이의 메커니즘이 변했다. 그러나 이처럼 과감하게 말할 수도 있다. 관념과 기호의 관계가 이동했다고.

[322] 어떤 개별언어든지 그것이 언어 전체를 지배하는 조건을 만족시키면, 변화의 요인에 맞서 자신을 지켜 낼 수 없다. 이 변화의 요인으로 인

해 시니피앙과 시니피에의 관계는 모두 결국 늘 바뀌게 된다. 그 관계가 변하지 않고 그대로 지속되는 사례는 전혀 없다. 이것은 기호의 지속성 원리에서 직접 생겨난 논리적 귀결이다. 기호의 자의성에 포함된 자유의 원리와 관련해서 지속성만이 기호의 자유를 박탈하는 것이 아니다. 만일 개별언어를 〈법규로〉 제정했다고 가정하면, 그다음 날 그것 〈(언어집단)〉은 그 언어의 관계를 이미 변경할 수도 있었을 것이다. 언어가 자유로이 유통되지 않는 한 통제할 수 있지만, 언어가 임무를 다하는 순간 그 관계가 바뀌는 것을 알 수 있다. 적어도 어쩔 수 없이 그렇게 될 수밖에 없다는 결론은 역사를 통해 얻은 사례들이 잘 보여 준다.

에스페란토〈성공적인 것으로 보이는 인공언어의 시도〉가 사회적이 되면, 필연적인 법칙을 따를까[?]

[323]　　　에스페란토 사용 집단은 인구밀도가 그리 높지 않고, 철저히 의식적으로 분산된 소집단이지만, 이 소집단은 인공언어를 자연언어로 습득한 것이 아니다.

기호체계(문자체계. 예컨대 팔라비 문자)와 농아의 언어의 경우에도 맹목적 힘이 이 관계를 바꿀 것이다. 〈시간상의 변화와 연관된 시간상의 지속은 일반 기호학적 현상이다.〉

〈기호의 지속의 필연성을 고찰하는 데 투입한 시간과 비교해서 기호 변화의 필연성이라는 문제를 명확히 설명하지 않았으므로 재론할 수도 있다. 실제로 이 변화는 지속의 형식 중 한 가지에 불과하다는 점만 지적했기 때문이다.〉

이처럼 의도적으로 잠시 공백을 둔 것은 언어변화의 요인을 구별하지 않았다는 단순한 이유 때문이다. 이 변화의 요인이 미치는 효과는 마구 뒤섞여 있으므로 이를 분석해서 가려내는 것은 성급한 일이다.

〈언어변화의 원인이 무척이나 다양해서 이 원인을 연구하지 않았기 때문에 이들이 정말 영향을 미치는지의 여부는 탐구할 수 없었다.〉

〈지속의 원인이 문제이므로 그것은 선험적으로ₐ priori 관찰 범위를 벗어나지 않는다.〉 시간의 흐름을 관통하는 언어변화가 문제라면, 언어 사항과 가치의 〈전체적 관계의〉 이동이라고만 말하는 것이 좋겠다. 〈따라서 언어변화의 필연성 정도를 해명하는 것은 그만두기로 한다.〉

이 장 끝까지 진행해 나갈 강의 순서는 다음과 같다.

[324]   ① 사안의 정의. 인간언어 중에서 언어는 발화로부터 분석되어 나온다. 인간언어에서 발화와 관련된 것을 모두 제거하면, 그 나머지는 **언어**랑그라고 하는 것은 타당하고, 그것은 정신적 사항만 포함하는 것으로 드러난다. 언어 = 관념과 기호의 정신적 결속이다. 그렇게 되면 언어는 사회적 실체로부터 벗어난 것, 따라서 비현실적인 것일 뿐이다(그 이유는 그 실체의 일부만 포함하기 때문이다). 언어가 존재하려면, 언어를 사용하는 발화 집단이 필요하다. 우리가 보기에 언어는 애초부터 집단 정신 속에 자리잡고 있었다.

이 둘째 사실은 언어의 정의에 포함되고, 발화에는 적용되지 않는다(발화행위는 개인적인 것이므로). 〈정의상 우리는 두 가지 사안을 한꺼번에 다룬다.〉

그리하여 이런 도식이 생긴다.

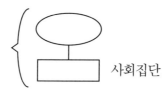

〈이 도식대로라면 언어는 지속 가능하다.〉

이 언어의 정의 자체는 사회적 실체réalité를 고려하지만, 역사적 실체는 여전히 전혀 고려하지 않는다.

[325] 언어기호[17]는 본질상 자의적이기 때문에, 언어를 이처럼 정의하면 언어를 자유 체계로서 간주할 수밖에 없을 것 같다. 그것은 논리적 원리에만 의거하며, 순수한 관계의 영역에서 작용하기 때문이다.

발화 집단이란 현상 자체는 이 관점을 배제하는 것이 아닐까? 엄밀히 말해서 그렇지 않다. 왜냐하면 집단 자체만 고려하기 때문이다. 언어 공동체는 논리적으로, 오직 논리적으로만 사고하지 않기 때문에 언어는 심리논리적 원리를 따를 것이다. 그러나 우리가 언어현상을 시간 요인의 외부에서, 즉 시간상의 단일 시점에서만 고려한다면, 사회집단에서 드러나는 실체처럼 외적 실체는 생성될 기회가 없다.

그러나 여기에 시간이라는 역사적 실체가 개입한다. 만약 발화 집단 없이 시간만 취한다면, 〈(변화의)〉 외적 효과는 아마도 나타나지 않을 것이다. 시간이 배제된 발화 집단에서 방금 살펴본 바처럼 언어의 [326] 사회적 힘은 오직 시간을 개입시켜야만 외부로 드러난다. 〈다음 도식으로 그 완전한 실체를 파악할 수 있다. 즉 시간 축을 첨가하는 것으로 말이다.〉

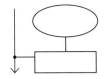

발화 집단은 시간에 의해 증식되고, 시간 내에서 고찰할 때 증식된다.

---

17 저본에는 le signifiant이나 메히야와 감바라라 판에는 le signe linguistique이다(p.249). 후자의 편집본에 함께 실린 소쉬르의 강의 준비 노트에도 le signe linguistique로 되어 있으므로 이로 교정하여 옮겼다.

〈이제부터〉 언어는 자유롭지 못하다. 선험적으로 시간은 과거 세대와의 무한한 연대를 통해서, 언어에 미치는 사회적 힘이 영향력을 발휘할 기회를 부여하기 때문이다.

② 지속성은 〈분리 불가한〉 현상으로서 언어변화, 〈즉 시간이 흐르면서 가치들이 불가피하게 상당 정도 이동하는 것〉을 내포한다.

시간 속에서 변하지 않는 것은 없다〈는 사실을 단지 상기해 보자.〉

[1911년 6월 2일]

제4장 (앞의 장에 이어 삽입)

정태언어학과 역사언어학. 언어학의 두 분야
이 장은 앞 장에 〈바로 이어 나오는〉 후속 장〈이며, 일반적이고 기초적인 지적이다. 이에 대해서는 뒤에 가서 다룰 것〉이다. 시간의 개념과 그 결과적 영향을 언제 도입할지 망설일 수 있다(이제 앞에서보다는 더 빨리 도입하려고 한다). 〈그래서 이 두 장을 삽입했다.〉

[327] 시간이 언어변화에 개입한다는 사실은 우선 보기에는 아주 심각한 사실이 아닌 듯하고, 언어학의 조건에도 큰 영향을 미치는 것 같지는 않다.

대부분의 언어학자들은 시간 문제가 특수한 문제를 야기하는 것으로 생각하지 않으려는 경향이 있다. 언어학자들은 거의 대부분 이 문제를 시간 내에서 언어를 고찰해야 할지, 시간을 배제하고 고찰해야 할지 반드시 따져야만 하는 핵심적 교차로로 생각하지 않는다.

다른 학문을 생각해 보면, 이들은 시간의 특수한 영향을 인정하지 않는다. 천문학은 이용할 시간이 극히 단기간이었지만 괄목할 만한 성과를 기록했다〈그러나 천문학을 둘로 나눠야 할 근거가 있는지는 잘 알지 못했다〉. 지질학은 계기적 시기, 즉 시간상의 변화를 거의 끊임없이 조사한다. 지질학이 시간을 벗어나 대상을 고려하면〈토양의 고정 상태를 다루면〉 그것을 별도의 대상으로 〈근본적으로〉 연구하는 것이 아니다. 법학이 있고, 법률의 역사가 있다. 그러나 누구도 이 둘을 대립시키지 않는다.

국가의 정치사는 특히 시간상에서 전개되지만, 〈역사가가 시간을 배제하고 특정 시기를 전반적으로 기록하려면〉 구별할 만한 중요한 것이 없다. 정치제도사는 시간을 벗어나 정세를 연구하지만, 제도 개정을 조사하면서도 제도가 변하는 것으로는 생각하지 않는다.

[328]

정치경제학(Wirtschaftslehre)은 〈몇몇〉 사회적 가치, 예컨대 노동 가치, 자본 가치 등〈의 균형〉을 연구한다. 앞서 언급한 모든 학문에서와는 반대로, 이 학문에는 경제사(시간의 흐름에 따른 정치경제학)와 정치경제학(〈이 두 분야를 다루는〉 각기 다른 두 강좌)이 있다. 이는 단지 구분할 내적 필연성만 따르면 된다〈그리고 이 내적 필연성 때문에 언어학도 두 분야가 필요하리라는 것을 알게 될 것이다〉. 그 이유는 정치경제학에서는 가치의 개념〈(그리고 가치의 체계)〉을 다루기 때문이다(하지만 언어학보다는 그 정도가 훨씬 더 약하다). 가치체계 자체와 시간에 따른 가치체계를 동시에 다룰 수 없다. 사상事象을 다루는 학문도 이 사상이 존재하는 두 가지 축을 나누면 더 완전히 차별화하는 이점이 있을

[329]

것이다. 즉 시간 요인을 제거하는 동시성의 축(또는 공존하는 사상들의 관계의 축)과 시간에 의해 증식되는 사상의 계기성의 축(계기적 사상들의 관계의 축)이 그것이다.

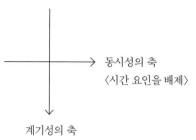

동시성의 축
〈시간 요인을 배제〉

계기성의 축
〈수직 축에서는 시간에 의해 증식되는 사상이 있다.〉

　가치를 다루는 학문에 접근하려면, 이〈〈구별〉〉는 필수적인(〈실제로는 훨씬 더 눈에 분명하게 띄는〉) 사안이 된다〈그리고 경우에 따라 일차적인 이론적 필수 사안이 된다〉. 이 두 축을 분리하지 않고는 명확한 학문을 설립할 수 없기 때문이다.

　③ 가치체계(〈기호학으로 자의적으로 고정될 수 있는〉 자의적 가치)〈의 제3단계〉에 도달하면, 이 두 축을 구별할 필요성은 극대화된다. 왜냐하면 선험적으로 즉각 가치가 있는 것만 중요하기 때문이다. 모든 가치는 기호처럼 양면을 지닌다. 이 가치는 적어도 양면 중 어느 한 면에 의해 사상에 근거, 뿌리 —— 예컨대 5만 프랑에 상당하는 토지 —— 를 갖기 때문에, 이 가치가 시간에 따라 변동하는 것을 추적하는 것은 상대적으로 가능하다. 그렇지만 이 점은 언제라도 의심할 수 있다는 것을 잊으면 안 된다(예컨대 5만 프랑의 교환가치는 금의 공급이 풍부한지 아닌지에 따라 변동하기 마련이다). 그러나 그것은 가시적인 기반이 있고, 물질적인 실체는 여전히 존재한다.

[330]

　이와 반대로 기호를 구성하는 연합에서는 두 가지 가치 외에는 〈아무것도〉 존재하지 않는다(기호의 자의성 원리).

　기호의 양면 중 어느 한 면이 자체의 기반을 가진 것으로 생각하면, 그것은 개념의 측면이다. 가치에 속하는 현상은 엄청나게 복잡하다.

모든 가치는 인접 가치나 반대 가치에 의존하며, 심지어 선험적으로도 그렇다. 언어변화가 일어나기 때문에, 즉 언어 관계가 이동하기 때문에 시기를 뒤섞으면서 어떻게 사항을 〈제대로〉 평가할 수 있겠는가 [?] 〈가치와 동시성은 동의어이다. 시간축과 그 반대축 중 어느 것을 선택할까[?]〉 하지만 이는 선험적인 추론일 뿐이다. 경험적 관찰로 이 추론을 검증할 수 있는가[?] 그렇다! 〈경험을 통해서 동일한 결론에 이른다.〉

[331]

언어학을 둘로 분리해야 한다. 가치체계가 〈관련되는 경우에〉 사물 자체의 본성으로 야기되는 불가피한 이원성이 있다.

그렇다면 언어학이 연구했던 바를 귀납적으로a posteriori 잠깐 살펴보자.

〈이렇게 말할 수 있겠다.〉 아주 오랫동안 역사언어학 이외에는 거의 연구된 바가 없었다. 언어학을 구분하려는 생각은 누구도 해보지 않았다.

언어학 연구의 시초였던 비교문법은 역사언어학에 불과했다. 비교 사항으로부터 그전의 유형에 대한 가설형을 추출했기 때문이다. 언어학자들은 파악 가능한 최근형에 이르기까지 일어난 언어변화가 어떤 것이었는지 고찰했다.

[332]

로망스어도 역사언어학적으로 연구했다〈여러 개별언어를 직접 연구했다〉.

그렇지만 이것은 역사언어학 전체가 언어 상태의 관찰을 자제했다는 것을 의미하는 것은 아니며, 어쩔 수 없이 그렇게 할 수밖에 없었을 것이다. 하지만 언어 상태가 우연히 문제 되었지만, 이 양 축의 어느 한

축에서 다른 축으로 관점이 바뀌고 있음을 깨닫지 못했던 것이다.

그러면 이와 같은 질문을 제기할 수 있다. 즉 보프 이래로 발달한 언어학이 언어의 역사적 관점만 가졌다면, 다시 말해서 뒤섞이고 명확히 정의되지 못한 관점만 가졌다면 〈(그 이전의 언어학자의 연구(프랑스어 문법, 라틴어 문법)는 어떤 관점을 보여 주는가)〉[?]

우리가 다루는 관점에서 보면, 문법 연구는 전적으로 완전무결한 과학적 관점에서 수행되었다. 이 문법 내에서 또는 이 문법을 가지고 문법가들이 언어 상태를 기술하려고 했는지의 여부는 알 수 있다. 그점에서 이 문법 연구는 조금도 의심의 여지가 없다. 그것〈(포르루아알 문법)〉은 예컨대 루이 14세 시기의 프랑스어의 가치를 확정하기를 원했고, 거기에 중세 프랑스어나 라틴어의 가치를 뒤섞지 않았다. 〈그것은 완전히 수평축으로 연구를 했다.〉

〈(고전문법의)〉 기반은 후대의 언어학보다 더 과학적이었다. 왜냐하면 이 후대의 언어학은 무한대의 시간을 다루었기〈또한 그것이 다루는 바가 무엇인지를 정확히 알지 못했기〉 때문이었다.

전통문법은 단지 시기만 알고 있었다. 언어학은 일정한 한 시기와 계기적 시기 중 어느 것을 선택해야 했다.

그것(〈전통문법〉)이 취한 대상은 다른 대상과 확실히 구분되었다. 〈이는 전통문법이 완벽하거나 완전했다는 의미는 아니다.〉

전통문법은 언어의 전부라 할 수 있는 것을 무시했다. 그것은 단어의 형태 구성이다.

전통문법은 규범문법, 즉 기존의 언어사실을 확인하는 대신에 법칙 제정에 전념하는 것으로 생각했다. 언어를 바라보는 전체적 관점이 없었고, 〈그것이 다루는 사상의 성질이 무엇인지도 알지 못했고,〉 또 언

[333]

어가 정신 영역에 위치하는지 그 밖의 다른 영역에 있는지도 몰랐다. 또한 전통문법은 대부분의 경우 기록된 단어와 발화된 단어를 구별하지도 않았다.

[334] 　　오랫동안 역사언어학을 연구하고 난 후에 그리고 이로부터 귀중한 성과를 얻은 후에 언어학은 정태적 관점으로 귀환하는데, 그것도 혁신된 새로운 관점을 가지고 귀환해야 했다. 언어 상태가 무엇인지 보다 확실히 이해한 것은 역사적 연구가 낳은 유익한 성과 가운데 하나였다. 〈따라서 정태언어학조차 역사언어학을 연구함으로써 도움을 받았다.〉 어쨌든 역사언어학을 연구한 것은 차후에도 큰 이득이 되었다.

　　전통문법은 정태적 사실만 다루었다. 언어학은 언어의 역사적인 평면 전체를 우리에게 드러내 보여 주었다. 그것은 새로운 차원의 언어 사실을 알려주었지만, 우리가 주장하는 바는 오직 두 차원의 대립뿐이라는 것이다. 이것이 언어 연구의 관점으로서는 매우 유용한 것이다. 진화 사실과 정태 사실이 있다는 것을 확인하는 것만으로 그치면 안 된다. 그 둘의 차이를 완전히 알려면 이들을 분리시킬 근거가 충분해야 한다. 이것이 우리가 얻은 결론이다.

　　그 누구도 두 차원의 존재에 이의를 제기하지 않았지만, 이 둘을 이처럼 분명하게 대립시키지 못했다.

　　〈언어학자들이 동의하는, 거의 동의어에 가까운 용어가 상당수
[335] 있다.〉 넓게 말해서, **역사**histoire는 좀 더 정확한 용어(**진화**évolution〈**변화** altération〉)로 부르고자 하며, **통시적 사실**faits diachroniques(시간을 관통해서 일어나는 사실)이란 용어로 제안할 수도 있다.

　　통시태 = 시간을 관통해서 흐르는 시기

　　이 통시적 시기[18]의 특징은 〈주로〉 계기적 언어사실을 다룬다는 것

이다.

다른 한편, 언어사실⟨⟨개별언어⟩⟩의 균형 상태(관계를 맺은 사항과 가치의 일정한 균형)가 있다. 이 언어사항은 반드시 동시대적[⟨공존하는 것⟩(삭제)]이어야 하며, 이들은 공시태를 형성한다. 이는 공존하는 사항을 다루는 것이지 계기적 사실을 다루는 것이 아니다. 이 두 학문은 한꺼번에 동시에 다룰 수 없다. 이들은 역학의 두 분야와 비교할 수 있다.

정역학靜力學	동역학(운동학)
균형 상태의 힘	운동 상태의 힘
	T

동력학에서는 요인 T(시간)가 개입한다.

[1911년 6월 6일]

[336] 앞에서 지적했듯이, 이 두 차원을 근본적으로 분리하는 관점은 매우 단순한 관찰로부터 영감을 받을 수 있⟨고, 또 언어학의 여러 경험에서도 생겨난⟩다. 이는 일차적 관점으로서, 이로부터 생겨나는 관찰에 우리는 놀라게 된다.

화자의 관점에 서면, 시간상의 일련의 사실은 존재하지 않는다. 화자는 한 언어 상태를 대하기 때문이다. 마찬가지로 언어학자도 통시대에 속하는 것, 즉 시기적 상태를 산출한 것을 제거하고, 이 상태 자체를 이해해야 한다. 언어학자는 기원을 알지 못하는 무지의 관점을 선택해

---

18 메히야·감바라라 판에는 이 자리에 '⟨⟨차원⟩⟩'(원어는 ordre)이 추가되어 있다(p.261).

야만 화자의 의식 속으로 들어갈 수 있다.

〈세부사항에 들어가기 전에 또 한 가지 비교.〉 르퀼레산, 돌산, 샤세랄산[19]의 정상으로부터 알프스산맥의 전경_{全景}을 동시에 포착한다면, 그것은 어떤 모습으로 나타날까[?] 이는 불합리한 일이다. 그것은 마치 공시적 관점과 통시적 관점을 결합하려는 불합리한 일과도 같다.

일정한 고정 지점에 있는 관찰자는 자리 잡은 화자나 언어학자이다. 〈르퀼레산부터 샤세랄산에 이르는〉 전 여정을 이동하는 관찰자를 상정하면, 이 전경〈변모하는 산맥의 관계〉의 이동은 역사적 변화, 진화를 나타낼 것이다. 그러나 분명한 것은 이 전경을 그리려면 〈어떤 상태 앞에 서야 한다는 것이다. 오직 한 상태에서만 언어를 사용할 수 있다.〉

이 모든 설명으로도 이 둘을 근본적으로 분리해야 할 절대적 필연성을 여전히 설득하지 못할 것이다. 〈이처럼 분리하지 않는 학문이 있기 때문이다.〉

더욱이 다른 학문이 아니라 언어학에서 이 두 분야를 분리하는 것이 무엇인지 생각해 보자. 여러 가지 점을 나열해 보자. 〈①〉 언어는 체계이다. 어떤 체계라도 체계 내에서는 전체를 고려해야 한다. 〈바로 이것이 체계를 만든다.〉 〈그런데〉 변화는 〈그 전체로〉 체계에 작용하는 것이 아니라 체계의 일부 특정한 곳에 작용한다. 태양계가 언젠가 변한다고 가정하면, 태양계에 변화 지점이 있을 것이다.

언어변화는 연대_{連帶} 현상으로 인해 체계에 반향을 미친다. 〈그러나 이 변화 현상은 특정 지점에 영향을 미칠 것이다.〉

---

19 르퀼레(Reculet), 돌(Dôle), 샤세랄(Chasseral)은 모두 알프스산맥 북쪽 쥐라산맥에 속하는 1600~1700미터급 고산이다.

여러 종류의 변화가 있지만, 어떤 변화도 오직 체계의 일부 사실만 공격한다.

바로 이것이 언어는 체계이기 때문에 두 사상을 동시에 추적할 수 없다는 사실을 잘 보여 준다.

② 계기적 두 사실을 연결하는 관계는 공존하는 두 사실을 연결하는 관계와 특성이 동일할 수 있다. 이 계기적 두 사실은 〈정태적 사실과 대립하여〉 그 자체로 객관적으로 포착한 진화 현상의 성질과 관련된다. (우리 정신, 우리 능력에서 기인하는) 주관적 사실이 있다. ③ 한 언어를 구성하는 많은 기호는 사실상 두 축을 동시에 추적하는 것이 불가능하다. ④ 기호는 자의적이라는 기본 원리를 잊으면 안 된다. 언어를 구성하는 가치는 자의적이다. 〈이는 사상에 근거하지 않으므로,〉 시간의 흐름을 타고 이 가치를 추적하는 것은 어렵다.

[339]　　　몇몇 사례〈를 통해〉 진화 사실과 정태 사실의 대립을 살펴보자.

라틴어	crispus^{곱슬곱슬한}	decrepitus^{낡은, 늙은}
음성변화 후	crêp-	
	crêpir^{벽칠하다,} décrêpir^{칠을 벗기다}	décrépit^{낡은, 늙은}

이제 어느 시기에, 식자어와 같은 방식으로, 그리고 병리학적 현상으로 불리는 비정상적 현상을 통해 라틴어는 그 내부에 〈라틴 단어〉 decrepitus를 우연히 받아들였지만, 사람들은 그 기원을 모른다.[20] 이 단

20　라틴어 어원사전에도 그 정확한 어원과 의미 발달을 지적하지 않고 있다. '툭탁'이나 '탕탕' 같은 단어에서 기원한 것이 아닌가 추정할 뿐이고, 고전 라틴어 이전 시기에 이미 출현함을 지적하고 있다.

어가 프랑스어에 들어왔지만, 왜 들어왔는지도 모른다〈그것은 décrépit 가 되었다〉. 현재 un mur décrépit^{회칠이 벗겨진 벽}와 un homme décrépit^{늙은 사람}는 서로 나란히 병존하고 있다. 〈오늘날 분명한 것은 대부분의 사람들이 un mur décrépit와 un homme décrépit의 관계를 안다는 점이다.〉 이는 정 태적 사실이다. 왜냐하면 그것은 프랑스어의 어떤 가치와, 공존하는 다 른 가치의 관계이기 때문이다.

이 〈정태적〉 사실이 생기려면, 여러 가지 진화 사실, 통시적 사실이 요구되었다. 〈crispus가 아니라 crêp-로 말해야 했고, 어느 시기에는 라 틴어에서 직접 유래하는 상당히 많은 새로운 식자어(다른 통시적 사실) 를 차용해야 했다.〉

① 이 통시적 사실은 문제의 〈정태적〉 사실(〈décrépit와 décrépi를 혼 동하는 것〉)이 출현하려면 필요한 것이었지만, 그것은 이 정태적 사실 과는 아무 관계가 없다. 통시적 사실은 정태적 사실을 결정하는 조건이 지만, 그 자체로는 〈①〉 완전히 별개의 현상이다.

[340]   **[노트 IX의 시작]**

② 정태적 사실을 포착하기 위해 그 기원을 아는 것이〈통시적 사실을 아는 것이〉 불필요한가?²¹ 그렇지 않다. 그것은 유익하다. 그것은 우리 에게 한 가지 사실, 즉 기호를 대하는 화자의 수동성을 보여 주는데, 이 문제는 다시 살펴볼 것이다. 우리는 사실상 이 두 용어를 결합시키는 것이 기원의 관점에서 볼 때는 불합리하지만, 상태의 관점에서는 완전

21 메히야·감바라라 판에서는 이곳을 노트 IX 및 [340]의 시작점으로 기록한다.

히 적격이라는 사실을 안다.

③ 통시적 사실 전체와 공시적 사실 전체를 동일한 연구에서 결합시킬 수 있는가[?] 〈그럴 수 없다.〉 이들은 서로 다른 차원에 속하기 때문이다.

이 첫 사례에는 몇 가지 이점이 있다. 그것은 말하자면, 언어에 대한 오해이다. 〈우리는 거기에 대한 좀 더 광범한 다른 사례를 살펴볼 것이다.〉

[1911년 6월 9일]

둘째 사례는 이것이다.

고대 고지 독일어	gast	gasti	hant	hanti
	손님	손님들	손	손들

후에 i가 선행 a를 e로 변화시키는 역할을 했기 때문에 시간이 지나면서 이 변화로 gesti, henti가 생겨났다.

[341]   〈다른 한편 i가 그 음색을 상실해 버렸다.   gesti

                                                            ↓

                                                          geste〉

이 두 변화 현상의 결과, 오늘날 Gast/Gäste, Hand/Hände가 생겼고, 〈많은 계열의 단어에서도〉 이 같은 유형이 생겨났다.

좀 더 유사한 현상이 앵글로색슨어와 초기 앵글로색슨어의 두 역사적 시기 사이에 일어났다.

$$^*f\hat{o}t \ / \ ^*f\hat{o}ti \qquad t\hat{o}\beta \ / \ t\hat{o}\beta i \qquad g\hat{o}s \ / \ g\hat{o}si$$

$$\text{발 / 발들} \qquad\qquad \text{이빨 / 이빨들} \qquad \text{거위 / 거위들}$$

그 후 두 가지 변화 현상이 더 일어났다. i가 o에 영향을 미쳐 〈음성 변화에 의해〉 e로 변하게 했다.

$$f\hat{o}ti$$

$$\downarrow$$

$$^*f\hat{e}ti$$

그리고 또 다른 변화 현상으로 어말 i가 소실되었다. 〈현재에는〉 〈그리하여 다음처럼 되었다.〉

$$f\hat{o}t \ / \ f\hat{e}t \qquad\qquad t\hat{o}\beta \ / \ t\hat{e}\beta^{22} \qquad g\hat{o}s \ / \ g\hat{e}s$$

$$\text{(영어 goose / geese)}$$

오늘날 단수와 복수의 〈현재적〉 관계 Gast/Gäste와 〈관계〉 fôt/fêt를 살펴보면, 복수를 지칭하는 이 메커니즘을 무엇이라 부를지 알 수 있다 〈독일어와 영어 각각의 메커니즘이 동일한 것은 아니다〉.

---

22 fôt/fêt은 영어 foot/feet에 해당하고, tôβ/têβ은 tooth/teeth에 해당한다.

영어 : 모음 대립

독일어 : 모음 대립 + 다른 어떤 것

〈(어미)〉

과거에는 이 관계가 전혀 다르게 표현되었다. 〈*fôt / fôti에서 복수는 모음의 차이가 아니라 첨가 요소 i로 표시되었다.〉

[342] 언어사항은 어떤 것이든 단수와 복수가 작용하는 관계〈어떤 복수 형태라도 상관없이 복수 형태 사이에(G.D.^{데깔리에})〉는 이처럼 표현될 수 있다.

⟶   〈(수평축 내)〉

⟶   (공시적 사실)

그리고 어떤 언어사실이든지 한 사실에서 다른 사실로 이동하는 현상은 이처럼 표현될 수 있다.

〈(수직축 내)〉

↓ ↓   (통시적 사실)

다시 말해서 우리는 이와 같은 그림을 그리게 된다.

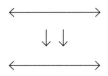

우리는 이 주제를 몇 가지로 고찰할 수 있다〈이는 우리 관점에서 본 두 가지 축이란 주제에 직접 속한다〉.

① 통시적 사실(변화)은 복수를 달리 표시할 목적이 있었는가[?] 이것이 사람들이 변화시키고자 했던 복수 표현인가? 그렇지가 않다. gasti가 gesti로 변한 것은 tragit^{는 나른다}가 trägt^{는 나른다}로 바뀐 변화보다 더 복수와 관계가 밀접한 것이 아니다.

[343] ② 통시적 사실은 언어 체계를 변화시키려는 특징이 있는가[?] 분명 여기에는 한 체계가 있고, 그 뒤에 또 다른 체계가 있다. 〈관계의〉 체계로부터 다른 체계로 이전하는 것을 원했는가? 아니다. 언어변화는 체계에 근거하는 것이 아니라 체계의 요소와 관련 있다. 결코 체계 전체가 확 변하지는 않는다. 언어변화는 요소들의 체계와의 연대와 상관 없이 이 체계의 요소에 영향을 미친다.

fôt / fôti

fôti

fêt

체계는 fôt / fôti 또는 fôt / fêt 외의 다른 방식으로는 구성될 수 없다.

변화시키려고 한 것은 체계 전체가 아니라 체계의 한 요소이다. 어느 한 체계가 다른 체계를 생성했다는 것은 사실이 아니다. 〈그렇지만 체계의 한 요소가 변했고, 여기에서 다른 체계가 생겨난 것이다.〉

③ 세 번째 지적. 그러한 모습은 언어 상태가 무엇인가를 아는 데 교훈적이다. 우리는 각 언어 상태의 우연성을 본다.

[344] 우리의 잘못된 생각은, 언어를 조사할 개념을 미리 염두에 두고 이에 의거해서 만들어진 〈메커니즘으로 제시하는〉 것이다. 우리는 어떻게 해서 언어 상태가 이 상태에 간직된 의미작용을 나타내려는 의도를

갖지 않는지, 아니면 어떻게 해서 사람들이 이용하는 언어사항의 규약에 따라 의미작용을 나타내지 않는지를 안다. 우연한 상태가 주어졌고, 사람들이 그것을 붙잡아 이용하는 것이다.

언어 상태 = 언어사항의 <u>우연한</u> 상태

이 점이 전통문법이 결코 인식하지 못했던 개념이다.

그 어떤 것도 철학적으로 더 중요하지 않다. 하지만 언어 상태와 이 상태를 변경시키는 것을 조심스레 구별해야 한다.

각 언어 상태에서 정신은 주어진 질료에 생명을 불어넣고 활성화시키지만, 이 상태를 자유로이 이용하지는 못한다.

④ 그렇지만 통시적 계열에 속하는 사실은 공시적 계열의 사실과 성질이 동일하며, 같은 차원에 있는가?

⟨계속해서 사례를 통해 이를 살펴보자.⟩

언어 상태는 완전히 독립적인 사상에 의해 서로 계승된다.

[345] ⟨모든 것이 전혀 의도와 상관 없이 우연히 일어난다는 점을 확정했다. 그러나 언어 체계 내에는 변화 현상과 아주 유사한 사실들의 집합이 있는가? 없다.⟩

공시적 사실은 ⟨언제나⟩ 유의미한 사실이며, 이는 의미작용과 관련이 있다. 유의미한 사실이 되는 조건은 적어도 현존 사항이 적어도 둘은 있어야 한다는 것이다.

⟨복수의 개념을 가진 것은 fêt가 아니다.⟩ 복수의 개념을 생성하는 것은 fôt-fêt의 대립이다. ⟨최소한 두 사항이 필요하다.⟩

통시적 사실을 보면 ⟨그 정반대로서.⟩ fêt의 존재 조건은 fôti가 소멸해야 한다는 것이다. ⟨공존하는 사항이 아니라 계기적 사항을 다루는 것이다.⟩

fôti가 복수의 가치를 가지려면, fôti와 fôt가 동시에 같이 있어야 한다. 이는 이와 유사한 사실의 존재 가능성을 배제한다.

언어의 공시적 측면에서 볼 때, 각 언어 시기만큼 많은 다른 언어 체계가 있고, 동일한 학문 내에서 이 체계를 연구할 수 있다. 그것은 이 언어 체계가 유사한 관계(공시적[통시적(삭제)] 관계)를 가진 까닭이다.

각 공시적 층위에서는 유사한 관계가 작용한다.

[346] 마찬가지로 한 언어 상태에서 다른 언어 상태로 전이되는 통시적 사실은 〈지구상의 다른 지점에서는〉 아주 달라지겠지만, 하나의 동일한 학문에서 제대로 다룰 수 있다.

이 두 차원을 동일한 국면에서 결합시키려 하면, 그 시도는 허무맹랑하다. 통시적 국면에서 일련의 사실은 언어 체계를 조건 짓지만, 이 체계와는 아무 상관이 없다.

〈또 다른 사례로〉 슬라브어 중 체코어를 예로 들어 보면, 과거에는 단어가 slovo^{말}, 도구격 slovem^{말로}, 복수 주격 slova^{말들이}, 복수 속격 slovŭ^{말들}^{의}〈(약모음)〉로 변화했다.

오늘날 체코어에서 〈약한〉 모음은 모두 사라졌다.

그래서 오늘날에는 slovo, slovem, slova, 복수 속격 slov이 되었다.

마찬가지로 '여자'도 žena〈여자가〉, 〈대격〉 ž+enon^{여자를}, 복수 주격 ženy^{여자들이}, 복수 속격 žen^{여자들의}로 변화한다.[23]

헝가리어에서 복수 속격의 기호는 지수指數가 영零이다. 〈개념과 관련되는 청각 형태가 항상 있을 필요는 없다. 대립하는 것만으로 충분하므로 x / 영이 대립하는 것이다.〉

---

23 복수 속격 žen에서 약모음이 소실되고 없다.

　　　이와 유사한 근거에서 언어 상태는 우연한 상태임을 보다 확실히 알 수 있다. 이 사실은 이 체계를 만드는 가치와는 아무 관계가 없다.

　　　언어는 거기에 손상을 입어도 늘 작동하는 기계와 비교할 수 있다.

　　　다른 사례. 프랑스어에서 어말 음절에 묵음 e가 오지 않으면, 악센트는 항상 어말 음절에 주어지는 법칙이 있다.[24] 〈공시적 사실은 프랑스어 단어 전체와 악센트 사이의 관계이다.〉

　　　이 현상은 어디서 유래하는가[?] 이전의 〈더 복잡한〉 라틴어 언어 상태부터 살펴보자. 악센트는 어말 제2음절이 장음이냐 단음이냐에 따라 언제나 어말 제2음절에 오거나 어말 제3음절에 온다.

　　　이 라틴어 악센트 법칙은 프랑스어 악센트 법칙과는 전혀 다른 관계를 떠올리게 한다. 동일 악센트는 단 한 단어에서도 이동하지 않았다.

| 프랑스어 | ánge천사 | métiér직업 |
| 라틴어 | ángelus천사 | ministérium하인의 직 |

　　　하지만 이 두 시기에 두 언어의 악센트 공식이 서로 달랐다. 왜?
모든 사람들이 알다시피 단어의 형태가 변했기 때문이다. 프랑스어에서 악센트 뒤의 모든 음절은 소실되거나 묵음 e를 지닌 음절로 변했다. 〈(화자들은 직관적으로 끝음절에 악센트를 둘 것이다. 관계에 대한 의식이 있었다.)〉

　　　악센트 법칙이 완전히 다른 것인가? 〈이 법칙이 변경되지 않은 것은 악센트가 변하지 않았기 때문이다.〉 악센트 체계를 변화시키길 원했

24　이를 옥시통(oxyton)이라 한다.

는가? 아니다. 악센트를 변경시키려는 최소한의 무의식적 의지조차도 없었다.

통시적 사실이 개입되었다: io   mansión(e^집

e   maison^집

이 변화는 악센트와 관련된 것이 아니라 보존되거나 소실된 음절과 관련이 있다.[25]

악센트 법칙을 하나의 차원으로 간주하고, 각 언어 상태⟨체계 (G.D.^{데갈리에?})⟩를, 이 상태로 만드려는 의지와는 전적으로 무관하게 존재하는 또 다른 차원으로 생각할 수 있을까? 그러면 각 언어 상태의 우연이란 개념이 증명된다.

[1911년 6월 13일]

[349] 체스 게임과의 비교, 체스 게임과 언어^{랑그}에 같이 발견되는 몇몇 중요한 특징이 있다. 무엇보다도 언어는 규약적 가치와 상호 ⟨위치⟩ 가치에 근거를 두고 운용되는 특징이 있다.

가치란 용어는 이 체스와의 비교에 다시 나온다. ⟨(뒤의 장에서 가치체계로서의 언어를 다루려고 한다.)⟩

체스 게임에서 일정하게 주어진 위치는 세 가지 점에서 언어 상태와 비교할 수 있다. ① 각 체스 말의 가치는 ⟨오직⟩ 체계 내의 이들의 상호 간의 위치에 의해서만 결정된다. 예컨대

---

25 라틴어 mansione의 끝음절 ne가 탈락했다. e가 먼저 탈락하고, on이 비모음으로 음운화된 것이다.

foot / feet
단수 / 복수

② 이 가치가 의존하는 체계는 언제나 일시적인 것이다. 각 체스 말의 가치는 체계에, 더욱이 매 순간의 체계에 의존한다. ③ 각 체스 말의 위치를 다른 위치로, 한 체계에서 다른 체계로, 한 공시태에서 다른 공시태로 전이시키는 것은 무엇인가? 그것은 체스 말의 이동이지만, 모든 말을 한꺼번에 이동하는 것은 아니다. 이 세 번째 사실에는 〈I〉 통[350] 시적 사실이 매우 중요하지만, 그것이 조건 짓는 공시적 사실과는 다른 사실을 만들어 낸다. 체스 말의 각 수는 단 한 마리의 말만 실제로 공격하는데, 통시적 사실도 이와 마찬가지다. 둘째, 〈II〉 그럼에도 불구하고 체스 말을 두는 각 수가 체계에 미치는 영향은 계산할 수 없다. 이로 인해 생기는 각 체스 말의 가치 변화는 경우에 따라 전혀 없거나 전체를 변화시킨다〈심지어 체스판에서 망각된 말에게도 영향을 미친다〉.

③ 〈III〉 이 말의 이동 현상이 어떤 것이든 그 이동은 a) 그 이전의 균형이나 b) 그 이후의 균형과는 전혀 다른 것이다.

언어에서 중요한 것은 언어 상태뿐이다. 〈언어변화는 이 두 상태 중 어느 것에도 속하지 않는다. 그런데 우리는 언어 상태 말고는 어떤 것도 얘기하지 않았다.〉

이 비교에는 사실 하나가 빠져 있는데, 이는 다음을 잘 보여 준다.

체스 게임에서 경기자는 말 하나를 이동시켜 체계에 영향을 미치려는〈이동시켜 영향을 행사하려는〉 의도가 있다. 언어가 한 번 변할 때 (통시적 변화)는 어떤 것도 미리 예상되지 않는다. 체스 말이 서로 상대[351] 하는 것은 비의지적이고 우연적인 것이다.

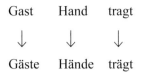

Gast　　Hand　　tragt

↓　　　　↓　　　　↓

Gäste　　Hände　　trägt

체스 말〈Gast/Gäste〉은 단수와 복수를 의미한다.

〈의도가 지배한다고 하더라도〉 가치의 이동〈통시적 사실(G. D.^{데깔}리예)〉은 본질적으로 (이동을 조건 짓는)〈(이동이 조건 짓는)〉 가치체계로 환원될 수 없다.

진화 사실과 정태 사실의 차이로 인해 생겨나는 것은 모든 이차적 용어, 각각의 서로 관련 있는 모든 개념은 상호 간에 환원될 수 없다는 것이다. 우리는 단지 법칙의 개념만 언급할 것이다. 분명 중요한 것은 언어에 법칙이 있느냐 없느냐를 아는 것이다. 그런데 법칙의 개념도 통시 영역과 공시 영역을 미리 구별한 뒤에라야 성공적으로 접근할 수 있다. 다음과 같은 질문을 먼저 던져야 한다. a) 통시적 법칙이 있는가, 있다면 그 성질은 무엇인가[?]

[352]

b) 공시적 법칙이 있는가, 있다면 그 성질은 무엇인가[?]

이 구별 없이는 도깨비와 토론을 벌이는 것과도 같다. 이것은 이 개념을 확정 짓는 유일한 방식이다.

혼동이 발생하는 순간, 특정 사례의 명확성에 악영향을 줄 수 있다.

몇 가지 법칙을 검토해 보자.

1) ca- ⟶ 프랑스어 cha-

　　프랑스어 a 앞에서 k가 ch로 변하는 변화 법칙.

　　cattus^{고양이}, cantus^{노래}, (chat^{고양이}, chant^{노래})

2) 프랑스어 악센트는 언제나 단어의 끝음절에 온다.

3) 그리스어의 모든 단어는 모음으로 끝나거나 자음 σ, ρ, ν로 끝난다〈어말에서 그 외의 다른 모든 자음은 배제된다〉.

4) 그리스어의 어두 σ는 h가 된다(ἑπτά^{숫자 기[헵타]} – septem).

[355] 5) 그리스어의 어말 m → n이 된다(ζυγόν^{명애[쥐곤]} – jugum).

6) 그리스어에서 어말 폐쇄 자음(t 또는 d, 〈p 또는 b, k, g 등〉)은 소실된다. γύναι(κ)^{여자[귀나이]}, ἔφερε(τ)^{그는 나르고 있었다[에페레]}, 3인칭 복수 ἔφερον(τ)^{그들은 나르고 있었다[에페론]}.

열거된 이 사례의 목록에서 공시적 법칙도 있고, 그렇지 않은 다른 법칙도 있다. 〈어떤 법칙은 공시적 축을 따른 것이고, 어떤 법칙은 통시적 축을 따른 것이다.〉

이들 사례로부터 법칙의 개념을 추출하려면, 숨겨진 장애물에 부닥칠 것이다. 어떤 예는 공시적 축에 적용되고, 어떤 예는 통시적 축에 적용되기 때문이다.

〈(이 예들이 통시적인지 또는 공시적인지를 알려면)〉 이들이 어떤 사항 가운데서 작동하는지를 조사해야 한다.

1)은 통시적이다.   ka(ca)

ša(cha)

라틴어에 ka였던 것이 프랑스어 cha로 변했다.

2) 프랑스어 악센트 – 단어를 나타내는 여러 분할체 사이의 약정

 〈단어라는 단위와 악센트〉

이 법칙은 공존하는 〈(공시적인)〉 두 사항 사이의 관계를 표현한다.

3)은 그리스어에서는 어말 위치에서 자음 σ, ρ, ν만 발견할 수 있다는 법칙이다(공시적 〈법칙〉). 공시적 사항들 사이에서 일어나는 지배 법칙이다. 〈단어 분할체와, 언제나 모음이나 σ, ρ, ν로 끝나는 현상 사이의 규약이다.〉

4)는 통시적 법칙이다. 계기적 사항들 사이에 적용된다. 과거에 σ였던 음성이 h가 된다.

5) 과거에 m이었던 음성이 ν가 된다.

6) 과거의   *γύναικ,   *ἔφερετ가

            γύναι,   ἔφερε가 된다.   통시적

공시적 법칙은 통시적 법칙과는 아주 다른 것이므로 3)은 5)와 6)의 결과를 표현한다.

과거의 상태 ζυγόμ, γύναικ, ἔφερετ에서 법칙 3)은 유효하게 적용되지 않았다.

(공시적) 법칙 3)을 확립하기 위해서는 두 가지 통시적 법칙이 필요했다.

일단 이 두 가지 법칙을 구별한 후 이들 법칙의 명칭이 타당한지, 그 성질이 무엇인지를 알 수 있다〈연구할 수 있다〉. 법칙이라는 개념조차 〈통시적 영역과 공시적 영역에서는 동일한 것이 아니라〉는 사실을 알 것이다.

통시적 영역의 법칙은 절대적이거나 역동적이다. 이 법칙은 언어사실을 제거하고, 그전과는 다른 언어사실을 출현시킨다. 이 법칙은 결과적으로 나타난 영향으로 표현된다. 통시적 법칙 내에 어떤 힘이 있다.

⟨septa는 사라져야만 했다.⟩

통시적 법칙은 모든 저항에 맞서 작용하는 절대적 사실이다.

공시적 법칙은 기존 질서를 표현한다. 이는 우리가 질문하려는 바와 동일한 종류의 법칙이다. 즉 정원수를 심는 것을 지배하는 규칙은 무엇인가[?]

이 법칙은 질서를 구현하는 사태(사물의 상태)를 확인하는 것이다. ⟨그것은 절대적이지도 않고, 역동적이지도 않다.⟩

프랑스어 악센트는 어말 음절에 온다. 이는 사태이며, 규칙의 한계를 지니고, 질서를 표현한다. 따라서 이것에 법칙이란 명칭을 부과할 수 있다. 이 질서는 ⟨그것이 절대적이 아니라는 점에서⟩ 일시적이다. 이 질서는 그것을 존재하게 허용하는 까닭에 존재한다. ⟨이 법칙은 변화에 거부하는 언어 상태는 보존하지 않는다.⟩

[356] 다른 법칙이 출현해서 그리스어의 많은 모음이 소멸되는 시기에 가면(모음생략 현상. κατ와 ἀπ에 나타나는 것처럼[26]), 이 법칙은 더 이상 존재하지 않고, 이 법칙을 바꾸는 모든 통시적 법칙에 의존할 것이다.

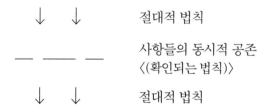

↓ ↓	절대적 법칙
— —— —	사항들의 동시적 공존 ⟨(확인되는 법칙)⟩
↓ ↓	절대적 법칙

이와 동일한 지적을 일련의 다른 개념에도 적용할 수 있다.

---

26 κατ < κατά(아래로), ἀπ < ἀπό(로부터)에서 모음이 생략되었다.

우리는 마침내 이 장의 제목으로 제시한 연구 대상의 이원성에 이르렀다. 언어학은 두 번째 교차로에 서 있다. (첫 교차로는 언어를 연구하는가 아니면 발화를 연구하는가 하는 것이었다.) 언어^{랑그}의 공시적 사실을 연구해야 하는가 아니면 통시적 사실을 연구해야 하는가[?] (사실상 이들은 두 분야의 별개 학문이다.) 이 두 가지 방도를 뒤섞을 수 없다. 추가로 설명할 지점은 여기이다. 그것은 첫 교차로에서는 언어와 발화의 선택이

[357]　문제였기 때문이고, 또 〈언어 내의〉 모든 통시적 사실은 발화에 의해 산출되기 때문이었다. 언어 내에 일어나는 모든 변화의 기초는 오직 발화에 의해서만 시작된다. 온갖 종류의 변화는 〈(여론을 탐사하는)〉 상당수의 개인이 시도한다. 이 변화가 집단에 선택될 때만 언어 내의 사실이 된다. 이 변화가 발화 내에 있는 한 중요하게 고려되지 않는다(발화는 개인적인 것이기 때문에). 그 변화가 언어 내의 사실이 되면, 우리는 비로소 이를 연구하는 것이다.

　　그러나 언어변화는 언제나 발화의 사실로부터 시작된다.

　　언어학은 어떤 형식이 되어야 하는가[?]

　　언어 내의 모든 것, 모든 진화 사실은 발화의 사실로부터 시작된다. 물론 발화 사실은 언어와 관련 있는 연구 노선 밖에 있다.

　　언어의 진화 사실의 원인은 발화의 사실 내에 자리잡고 있다.

[358]　　별개의 여러 분야에서 서로 상응하는 동류의 사실이 있음을 관찰할 수 있다. 그러나 그것 때문에 영역 자체를 혼동해서는 안 된다. 그러나 동시에 언어변화가 일어나는 발화는 언제나 개인적 사실이라는 점을 알게 된다. 독일어에서 왜 다음처럼 말하게 되었는가[?] ich was –

wir waren이 아니라 ich war나는 -이었다 – wir waren우리는 -이었다(영어 I was : we were〈에서처럼〉)로 말이다.

개인들이 〈유추로〉 ich war라고 말하기 시작한 것이다. 이는 단지 발화의 사실일 뿐이었고, 언어의 사실은 아니었다. 소수의 개인들이 그렇게 말했기 때문이다.

그렇기에 다음과 같은 혼동을 두려워해서는 안 된다. 〈(우리는 연구에서 제외했던 발화의 영역에 도로 들어가지 않는다.)〉

[359] 지금 우리가 다루는 이 마지막 두 가지 구별의 결과, 합리적 관점에서 언어학이 취할 형식은 무엇인가? 과학을 이론적으로, 합리적으로, 이상적으로 설립하려는 형식은 이를 실천적으로 탐구하는 방식과는 별개이다. 실상이 그렇지 않다면, 언어과학이라고 말할 권리가 없는 것이다. 대부분의 언어학자들이 문헌학도 동시에 연구하는 이유가 이것이다(문헌학은 그 자체로는 언어학과는 상관이 없다). 예컨대 언어학자는 슬라브어뿐만 아니라 슬라브 문학 텍스트도 다룬다. 그렇다고 〈언어학의〉 대상이 문학적 소재와 분리된 채 있다거나 언어 연구가 문헌학적 연구와 원칙상 분리된 채로 존속하는 것을 막지는 못한다.

마찬가지로 언어학의 내적 분야를 알기 위해 순수 언어학을 재고한다면, 언어학이 어떻게 분지되고 이론적으로 하위 분야로 구분되는지를 이야기하는 것과 이 연구 틀을 모든 언어 연구에 적용시키는 것은 대단히 어렵다. 이 연구 틀의 전체 윤곽이 절대적임에도 불구하고, 이론적으로 설정할 경계를 엄밀하게 지키려면 어려울 것이다. 따라서 설정하려는 이론적 계획을 잘 이해해야 한다. 이 언어학의 하위 구분은 마음대로 관찰할 수 있는 것이라기보다는 당연히 있어야 할 것들이다. 예컨대 12세기 프랑스어의 공시적 사실을 보면, 그것은 13세기에서 20세기까지의 프랑스어 역사, 즉 13세기부터 20세기까지 프랑스어의 발달과는 다른 성질의 언어사실의 집합이다. 이와 아주 유사한 성질을 지닌 현상은 오늘날의 일본어, 오늘날의 아프리카 반투어의 모습이거나 400년의 아티카 그리스어의 모습이나 20세기 프랑스어의 모습이 갖는 내용이다. 그런데 이 여러 가지 모습에서 설명하고 연구할 대상은 그만큼 많은 그와 유사한 관계이다. 공시적 사실들은 동일한 차원에 속하기 때문이다.

다른 한편, 프랑스어의 13세기와 20세기(의 시기)처럼 한 시기를 특징짓는 진화 사실, 변화 사실, 통시적 사실의 총합을 취하고, 또 한편 예컨대 말레이어의 다른 시기에서 선별한 진화 사실의 총합을 취해 이들을 서로 비교해 보면, 각 시기는 시기별로 유사한 진화 사실의 총합을 보여 줄 것이다. 그렇다면 이들의 결합도 자연스러울 것이다. 한 학자가 이처럼 다른 여러 시기를 다루는 것은 〈자연스러운〉 일이다. 그러나 사실 분명한 것은 과학적 연구는 이처럼 나눠지지 않는다는 것이다. 생애 동안에 〈이처럼 연구를 구분하기 위해〉 여러 다른 언어를 철저히 알기는 어렵다.

또 다른 중요 사항으로, 〈이러한 이론적 구별을 확정 지은 후에〉 이 두 방향 각각으로 일정한 연구를 일반화할 수 있다. 일련의 언어 상태를 연구하면서 〈유사한 시기나 한 시기의 언어 상태를 다루면 이 각 영역에서 언어사실을 일반화할 수 있는 것은 이 각 영역이 유사한 전체를 나타내기 때문이며〉 언어 상태에서 관찰 가능한 현상을 조정, 배치하고 분류하면 과학을 설립할 수 있다.

서로 다른 영역에 일어난 변화 사실을 일반화하는 것을 막는 것이라고는 아무것도 없다.

아주 개괄적으로 말해서, 이 두 분야의 대립은 이와 같다. 정태언어학은 동일 집단의식에 〈그것이〉 포착된 〈바대로〉 공존하면서 체계를 형성하는 〈사항들 사이의〉 논리적·심리적 관계를 다룬다(게다가 개인의식은 이 집단 의식에 대한 영상을 나타낼 수 있다. 각 개인은 내면에 언어 ᵃ그를 지니고 있기에 그렇다).

이제 진화언어학은 계기적 사항들 사이의 관계를 다루는데, 이들은 서로 교체되면서 동일한 의식에 속하지도 않고, 이 사항들은 체계를 형성하지도 않는다.

[363]　　　진화 사실에서는 음성현상만 문제되는 것이 아니다.

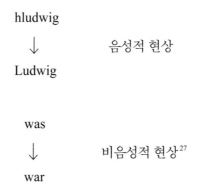

27　이는 유추에 의한 심리적 변화이다.

*[1911년 6월 20일]

이 장에서 한두 가지 지적 사항을 첨언해야겠다.

　① 공시적 사실과 통시적 사실의 유사점과, 때로는 차이로부터 야기되는 함정에 대해서는 거의 논의하지 않았다. 이것을 진화 사실로부터 공시적 사실에 투사되는 착시 현상으로 부를 수 있다. 서로 상반되는 두 종류의 착시를 구별할 수 있다. ① 공시적 진리는 통시적 진리의 부정으로서 출현한다. 그렇다면 주의하지 않으면 자칫 둘 중 어느 하나를 선택해야 한다고 생각하고, 이 두 진리 중 어느 하나밖에 보지 못하게 된다. 하지만 어느 한 진리가 다른 진리를 배제하는 것은 아니다.

　예를 들면, 프랑스어 〈(전통문법에서)〉 분사는 형태가 가변적이고, 특정한 경우에 형용사처럼 일치한다고들 한다. des ruisseaux débordants 흘러넘치는 개울, une charité agissante 선의의 기부처럼 말이다. 때로는 〈특정한 경우에〉 형태가 불변한다고 한다. 예컨대 en과 함께 사용되는 en agissant 행동하면서이나 une charité agissant de la sorte 그러한 식으로 하는 기부가 그렇다.[28]

　이들 사례 중 어느 사례는 라틴어 dicentem 말하는 〈등〉〈(형태가 가변적)〉을 계승한 것이고, 다른 사례는 in dicendo 말하면서〈(형태가 불변적)〉를 계승한 것임이 드러난다.[29] 이 현상은 꽤나 복잡하다. 이때 프랑스어 역사를 연구하는 자들, 역사언어학을 연구하는 학자들이 개입하여, 그렇게 말하는 것은 불합리하다고 생각한다.

　우선 공시적 법칙은 진화 사실에 대해서는 불합리한 것같이 보인

[364]

[365]

28　현재분사형 중에서 동사 기능을 하는 분사는 보어를 가지거나 부사로 수식을 받으며 형태가 변하지 않는다.

29　분사 dicentem은 disant에 대응하고, 동명사 in dicendo는 en disant에 대응한다.

다. 사람들은 오직 진화 사실 이외의 것은 보지 않기 때문이다.

〈진정한 관점(완전한 관점)〉: 이 진화 사실은 전적으로 옳은 것이지만, 공시적 진리에 따르면 현재의 언어 감각으로는 단지 'disant'[말하는]뿐이라는 것이며, 이 공시적 진리는 통시적 진리만큼이나 절대적이다.

〈착각〉에 이르는 그 반대의 사례는 이것이다. 즉 공시적 진리가 통시적 진리와 정말 일치하는 것이어서 사람들이 이 두 진리를 혼동하거나 아니면 어느 한 가지 진리만을 깨닫거나 아니면 그러한 사실을 두 가지로 고려할 필요가 없다고 생각한다는 것이다.

사례: ă〈라틴어 단모음 ă는 어두가 아니면 i로 바뀐다.〉

făcio[나는 만든다]   confĭcio[구성하다]

ămicus[친구]   inĭmicus[적]   〈등〉

[366]
făcio의 ă가 confĭcio에서는 ĭ가 되었다 말할 것이다.[30] 여기에 구별할 사항이 있다. făcio의 ă는 confĭcio에서 ĭ로 결코 변하지 않았다는 것이다. făcio가 변화를 겪은 것이 아니다. 이 변화에는 네 항이 필요하다.

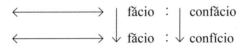

정말 쓸데없는 논쟁이라고들 말하고 싶을 것이다. 이는 결국 동일한 사실로 귀착되며, 동일한 사실이다. 공시적 진리와 통시적 진리가

---

30 confĭcio는 cum(함께)+facere(만들다)의 합성어로, 음절 수 증가로 인한 악센트 위치 이동으로 a > i가 된 것으로 볼 수 있다.

〈일치한다.〉

〈다른 사례로〉 φυγεῖν^{추방되다[퓌게인]}의 γ는 φυκτός^{추방하는[퓌크토스]}의 κ이다.

$$\varphi\upsilon\gamma\varepsilon\tilde{\imath}\nu \quad : \quad \varphi\upsilon\kappa\tau\acute{o}\varsigma$$

$$\lambda\acute{\varepsilon}\chi o\varsigma^{침대[렉코스]} \quad : \quad \lambda\acute{\varepsilon}\kappa\tau\rho o\nu^{침대[레크트론]}$$

그러나 통시적 사실은 다르다.[31]

$$\varphi\upsilon\gamma\tau\acute{o}\varsigma^{[퓌그토스]}$$

$$\varphi\upsilon\kappa\tau\acute{o}\varsigma^{[퓌크토스]}$$

〈많은 사례들은 이 구별을 무시한 결과를 보여 준다.〉

〈다른 사례로〉 τρίχες^{머리카락들[트리케스]} : θρικ-σι^{머리카락[스릭시]}를 들어 보면, 공시적 공식은 유기음이 원래의 자리에서 출현하는 것을 방해받으면 [367] 어두에서 생략된다는 것이다. 〈그러나〉 원래의 관계는 θρίχες^[스리케스] : θρικσί^[스릭시]였다. 이 공식은 완전히 잘못된 것이다. 유기음이 생략된 것이 아니다. 연속하는 두 유기음^{θ와 χ}에서 첫째 유기음이 삭제된 것이다.

그래서 이 두 가지 진리를 혼합할 수 있다고 생각할 때 범한 큰 오류를 알 수 있다.

산스크리트어 사례 ć : k

ć는 다음 조건에서 k가 된다.

$$vać as^{말, 담화} : vaktum^{말할 것이다}$$

$$vać am^{말을} : vâk^{말하다}$$

---

31 통시 사실에서 g가 k 앞에서 무성음화되었다.

모든 ć는 원래 k였다.

$$^*vakas : vaktum$$

$$\downarrow$$

$$vaćas : vaktum^{32}$$

두 번째 지적 사항에서는 공시적 사실이 통시적 사실에 의존함과 동시에 독립된 것을 보여 주는데, 여기서 공시적 사실을 통시적 사실의 투사로 부르고, 이 공시적 사실을 투사된 실제의 피사체와 관련해서 화면에 투사된 피사체에 비교할 수 있다.

[368]

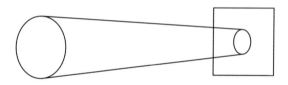

물론 투사된 피사체는 피사체와 독립적인 것은 아니며, 그 반대로 그것에 직접 의존한다. 그러나 이와 관련하여

① 그것은 별개의 다른 것이고

② 그것은 다른 것^{실제 피사체}과 나란히 그 자체로 존재한다.

만약 그것이 다른 어떤 것이 아니라면, 피사체가 화면에 어떻게 투사되는지를 고찰하는 데 필요한 수학적 계산과 광학이 전혀 없을 것이다. 〈피사체를 고찰하는 것만으로도 충분할 것이기 때문이다.〉 역사적 실체는 피사체이며, 역사적 실체와 관련한 언어 상태의 실체는 투사된

---

32 k가 a 앞에서 구개음화하여 ć가 되었다. cantare > chanter 참조.

피사체이다. 투사된 피사체 = 공시적 실체 = 인접한 화면에 투사된 통시적 실체의 면모를 아는 것은 물체(피사체) = 통시적 실체를 연구한다고 되는 것이 아니다.

물체(십이면체)를 연구하려면, 투사의 개념을 가질 필요는 더더욱 없다.

언어 상태를 말하면서 그것을 투사라고 말하는 것을 타당하다고 간주할 수 있다. 예컨대 20세기 프랑스어의 투사는 다음과 같은 단어의 관계를 더 이상 상정하지 않는다.

forge^{대장간}와 fèvre^{세공사}(orfèvre^{금은세공사})

하지만 통시적 실체의 몸통^{라틴어}에는 faber^{공예품}와 fabrica^{장인직, 작품}가 분리되지 않았다.[33]

또는 이와 반대로 〈20세기〉 프랑스어 투사는 un mur décrépit^{회칠이 벗겨진 벽}와 un vieillard décrépit^{늙은 노인}를 상정하지만, 추적 가능한 역사적 실체는 실제로 아무것도 포함하지 않는다.

여기에 더욱 간단한 다른 비교를 추가해 보자. 몇몇 식물을 〈횡으로〉 자르면, 다소 복잡한 단면을 볼 수 있다.

[370]

횡단면

이 그림은 어떤 시각, 관점일 뿐인데,

이 관점은 다른 단면인 종단면을 보여 주는

종적^{縱的} 섬유에서 취할 수도 있다.

어느 한 면은 다른 면에 상호 의존되어 있다.

33 [87]쪽 참조.

종단면

횡단면은 수직 방향의 종단면에 있는 것에 의해 결정되지만, 이 관점은 종적 발달에서 취한 사실과는 독립된 사실이다. 〈횡단면이 종단면의 왼쪽과 오른쪽에 있는 것 사이에 관계의 통일성을 만들어 낸다는 사실을 통해서, 이미 이 두 사상[단면]은 독립적인 것이다.〉

[371]   이 두 단면을 각각 공시적 단면과 통시적 단면으로 부를 수 있다.

어느 단면이 더 중요하고, 어느 단면이 우위를 지닌 것으로 생각할 수 있을까[?]

이 이미지를 언어학에 다시 전위시켜 보면, 우위를 지닌 것은 횡단면이다〈(그것은 사람들은 수평적[수직적(삭제)] 단면에서 말하기 때문이다)〉.

말하는 데 이용되는 상태는 횡단면만큼이나 많다. 종단면은 단지 언어학자만 고려한다.

세 번째 지적 사항. 계속해서 광학의 언어를 빌려 말하자면, 이 두 가지 기본적 시각은 언어 상태에 속한 것과 통시태에 속한 것을 표현한다고 말하면 옳다(하위의 시각을 구별할 수 있기 때문이다). 중요한 것은 정태적 시각은 발화 집단과 언어학자가 동시에 관여하며, 정태적 대상

[372]   에 대한 관점은 발화 집단이나 문법이 관여하는 것임을 지적하는 일이다. 발화 집단에게 언어사항이 출현하는 시각은 곧 현실이다. 그것은 환영이나 그림자가 아니다. 다른 면으로 언어학자가 언어 상태를 이해하려면 이 시각을 취하고, 그에게 난처하고 방해거리가 되는 통시적·역사적 시각은 버려야 한다. 종적인 시각, 즉 통시적 시각은 오직 언어학

자에게만 관련된다.

다른 한편 언어학자의 활동은 시각이란 이름을 취할 수 있다. 통시적 시각에서 아래에서 위로의 시각과 위에서 아래로의 시각을 구별할 수 있다. 같은 이유로 평면_plan이란 용어도 더 이상 배제할 필요가 없다. 통시적 평면과 공시적 평면에서 서로 직각을 이루며 출현하는 사실이 있다.

〈정태언어학과 동태언어학의〉 분기점에 이르렀으므로 정태언어학을 택해서 다루기로 하자.

[1911년 6월 23일]

제5장　정태언어학

언어학 일반에 귀속하는 많은 사실이 좀 더 엄밀히는 일반적으로 정태언어학에 속한다.

몇몇 일반적 원리가 있음이 틀림없는데, 이들을 언어와 발화의 분지分枝 이전에 논의할지 아니면 이후에 논의할지 판단해야 한다. 이 강의가 좀 두서없는 것은 예상했던 것보다 먼저 이 분지를 소개했기 때문이다. 정태언어학은 일반언어학에 귀속될 수 있는 많은 것을 요구할 수 있다.

정태언어학은 관찰할 수 있는 모든 언어 상태에 공통된 것을 선택한다.

이 일반화에는 '일반문법'[34]으로 불렸던 것도 속한다. 이 일반문법에는 특히 언어학이 논리학과 밀접하게 연관되는 사항이 포함된다. 실사, 동사 같은 범주는 정태언어학이 결국 요청할 수 있는데, 그 이유는

[373]

[374]

오직 언어 상태를 통해서만 일반문법에서 볼 수 있는 관계와 차이가 확립되기 때문이다.

일반화된 사실 또는 특정 상태를 취하든 아니든 확실한 것은 이 두 학문 분야(진화언어학과 정태언어학)의 연구 대상이 아주 다르다는 점이다. 이 두 학문의 성질은 서로 비교할 수 없다. 정태언어학을 연구하는 것보다 역사언어학을 연구하는 것이 훨씬 더 쉽다. 연구 대상을 포착하기가 더 쉽기 때문이다. 계기적 사항들 사이의 관계, 즉 일련의 변화는 어려운 주제가 아니다.

[375]　　　정태언어학은 오직 관계와 가치만을 다룬다. 정태언어학을 연구하려면 인내심 있는 의지가 필요하겠지만, 진화언어학은 훨씬 더 매력적인 학문이다.

1) 예비적 지적 〈(정태언어학 전반과 관계하여)〉

언어 상태에 대해 말하려면 수용할 수밖에 없는 관례적인 부분이 있다. 언어 상태로 부르는 것의 경계가 필시 불명확하다는 것이다. 이 난점은 이처럼 비교할 수 있다. 즉 점은 차원이 없다는 것, 점들로 구성된 선은 단일 차원을 갖는다는 것이다. 또 면은 단지 일차원만 있으며, 따라서 용적은 당연히 면들로 구성될 수 없다는 것이다.

34　아르노와 랑슬로가 지은 『일반이성문법』을 염두에 둔 듯 보인다. 이는 언어 자체를 연구하려는 것이 아니라 언어 내에서 이성적 논리 기반을 찾으려는 노력이며, 자연스럽고 명석하게 논리적으로 말하는 기법을 설명한 책이다. 나아가 당시 보편어로 간주되던 라틴어에 기반하여 인간언어의 보편적 속성을 찾으려는 시도이기도 하다. 이 문법은 아르노와 니콜(Pierre Nicole)이 지은 『논리학 또는 사고기법』(*La Logique ou L'Art de penser*, 1683)과도 일맥상통한다.

[376] 이는 곧 필연적인 규약으로 귀착된다. 언어 상태라고 말할 때는 무언가 유사한 점이 있다. 변화가 일어나도 그 변화의 총합이 거의 무無에 가까운 시기가 있는 반면, 별로 길지도 않은 시기에 아주 중요한 변화가 모두 일어날 수도 있다.

〈따라서 언어 상태는 10년이나 50년같이 일반적으로는 이런 종류의 시간 제한이 없다고는 말하지 않는다.〉 언어 상태란 어떤 변화에 의해서도 언어 모습이 변화되지 않는 시간적 간격을 가리킨다. 이와 다른, 유사한 현상이 사건의 역사에도 나타난다. 원칙상 시대epoque(시점)와 시기période(시간적 간격)를 구별해야 한다.[35] 시대[36]와 시기는 상반되지만, 안토니우스 시대, 십자군 시대라고 말할 수도 있다(시기라는 의미로, 즉 큰 시간 폭이 있는 기간). 이 반의적 단어를 동의어로 사용하는 것이 허용된다. 그것은 〈이 기간에〉 특성 전체가 바뀌지 않았기 때문이다.

[377] 하지만 이러한 관점에서 **상태** 대신에 언어의 **시대**란 용어를 사용할 수도 있다. 그러나 상태란 용어가 더 낫다. 일반적으로 정치사에서 한 시대는 혁명, 즉 사태를 변화시키려는 의도에 의해 그 시작점과 종료점이 정해진다. **상태**란 용어는 이런 종류의 부차적 개념을 포착하지 못한다. 상태는 아주 우연한 변화에 의해 변할 수 있다. **시대**는 언어를 언어 외부의 사태와 너무 밀접하게 연관 짓는다.

엄밀하게 언어 상태는 중요한 변화의 부재라는 것과 다르게 정의

---

35 『프랑스어 보고 사전』에서는 'epoque'를 "A. 시간상에서 고정된 지점. 일정한 순간으로서 출발의 기점으로 사용된다. B. 시간적 공간. 1. [역사적 관점에서] 어떤 사건이나 고유한 특성으로 표시되는 역사적 시기"로 정의하고, 'période'는 "다소간 긴 시간적 공간으로서 현상, 사건, 상황, 어떤 경우에는 재발하는 일정한 '특성'으로 표시된 국면"으로 정의하고 있다.

36 저본에는 espace[sic]로 되어 있으나 epoque로 보고 교정하여 번역했다.

하는 것이 더 나을 듯하지만, 우리는 이렇게 할 수 없다. 수학자가 차원을 가지고 말하듯이 우리도 그렇게 하는데, 이 수학자도 극히 미세한 변화는 무시한다. 이는 필요한 관례적인 일이다. 사태를 증명하려면 이 사태를 단순화하지 않을 수 없다.

[378]　　　말할 필요도 없이 언어 상태는 지리적으로 제약을 받는다. 이 지리적 제약이 없다면, 동일 시기에 진실한 것이 진실이 아니라고도 말할 수 있는데, 그것은 개별언어의 어느 특정 방언이 아니라 그 외의 다른 방언도 취할 수 있기 때문이다.

　　　[둘째 사항은 처음부터 동의하는 이론의 여지가 없는 관례적인 부분이 있다.(삭제)] (생략)[37]

[1911년 6월 27일]

2) 체계의 사항으로서 단어

정태언어학에서 〈(제기할)〉 첫 번째 질문은 인지할 실재체나 단위의 문제이다. 그러나 이 문제는 언어^{랑그}를 구성하는 것이 무엇인가에 대한 접근을 〈아주 쉽사리〉 허용하지 않는다.

　　　잠정적으로 인정할 수 있는 것은 단위가 주어져 있다는 것이다. 언어^{랑그}의 단어는 모두 서로 분리된 것인 양 말할 수 있다. 다시 말해서 문법가들과 언어 기록자들이 단어를 구별할 수 있는 경험적 사실에 근거해서 하는 말이다. 그러면 단어를 엄밀히 조사하지 않고서, 일단 단어를 단위로 간주해 보자.

37　메히야와 감바라라 판에는 이 단락이 삭제되어 있다(p.276).

우선 단어를 언어 체계의 사항으로 간주하자. 이 단어를 체계의 사항으로 고려할 필요가 있기 때문이다. 언어의 각각의 단어는 다른 단어들과 관련이 있거나, 또는 단어와의 관계에 의해서만 존재하고, 또한 그 단어의 주위에 있는 단어들 덕택에 존재한다. 비록 처음에는 착각으로 단어가 단독으로 고립해 있다고 믿지만, 단어의 가치가 무엇인지 자문하면 그 점이 더 분명히 드러날 수밖에 없다. 한 단어의 가치는 언제나 그와 유사한 다른 단어들과의 관계 속에서만 가치를 갖는다. 단어들 사이의 상호 관계〈와 차이〉는 두 차원에 의거해서 전혀 별개의 두 영역에서 전개된다. 이 두 영역 각각은 어떤 종류의 가치를 생성하고, 이 두 영역이 대립한다는 사실〈그 자체〉로 이 각 영역은 더욱 명확하게 밝혀진다. 단어를 다른 단어들과 연결하는 두 영역이나 두 가지 방식이 문제이다.

[노트 X의 시작]

① 통합 배열과, 통합 관계의 영역이 있다.

　　사례 : contre tous^{모든 사람에게 맞서서}. 여기에는 contre와 tous를 일정하게 연결하는 관계가 있다. 이를 다음과 같이 표현할 수 있다.

$$\overset{\frown}{\text{contre} \quad \text{tous}}$$

　　contremarche^{후퇴 행진}도 이와 같이 지적할 수 있다. 여기에서도 두 관계가 구별된다.

한 부분과 다른 부분의 관계　　　일정 부분과 전체의 관계

다음 사례 magnanimus^{관대한}도 마찬가지이다.

1) animus^{정신}에서 magnanimus로 가는 관계

2) magn^큰과 animus의 관계

관계를 만들어 내는 이 결합을 **통합체**_{syntagme}로 부를 수 있다. 이것
[381]　은 둘 또는 다수 단위의 결합으로서, 서로 연속되면서 똑같이 현존하는
단위이다. 이들이 아무 관계가 없이 서로 연속된다면 통합체로 부를 수
없지만, 상호 관계를 맺는〈또는 전체와 관계를 맺는〉 다수의 연속 단위
는 통합체를 구성한다.

통합체에 속하는 관계는 공간 선상에서 전개되고, 그 지주는 선적
공간이다〈단일 차원과 단일 방향만을 지닌 선적 공간에 배열되는 단위
들의 연쇄이다〉. 이는 다음에 나올 다른 종류의 관계와 대립한다.

서로 대립하는 사항들은 공간적 대립을 하며, 이들 사이에 맺어지
는 관계의 기초는 이 공간의 원리이다.

우리가 말하는 공간은 물론 시간적 공간이다.

통합적으로 공존하는 것은 마치 기계의 부품들처럼 선적 공간에서 공존한다(그러나 여기서는 오직 일차원만이 있다).

② 연상 배열

[382] 언어 내에 있는 다른 사항들과의 정신적 연상에 의해 생겨난 배열이다.

사례로 enseignment^{교육} 같은 단어는 정신에 무의식적으로, 어떤 면으로나 이 단어와 공통점이 있는 수많은 다른 단어에 대한 관념을 특히 환기시킨다. 이는 아주 다른 여러 측면을 통해 그렇게 환기된다. 예컨대 enseignement은 다음에서 보는 바처럼 일련의 연상 내에 포함된다.

> enseignement
>
> enseigner^{가르치다}
>
> enseignons^{우리는 가르친다}
>
> enseigne^{군기} 등

이들 단어의 표상된 관념에는 무언가 공통점이 있고, 청각영상에도 무언가 공통점이 있다. 시니피앙과 시니피에가 동시에 이 연상 계열을 형성한다.

다른 예들도 마찬가지다.　　enseignement
>
> armement^{무장}
>
> rendement^{생산성} [38]

또 다른 연상 계열은 시니피앙과 시니피에 사이의 관계에 기초하

38　동사+명사 파생어미 ment으로 구성되는 계열이다.

지만, 단어의 다른 부분에 대한 연상이다.

시니피에에 기초한 연상 계열 :

enseignement

instruction^{지도}

apprentissage^{학습}

éducation^{교육}

〈또 다른 계열도 있다.〉

[383] 청각영상에 공통된 단순 요소〈일 수도 있다〉.

blau^{푸른}

durchbleuen → blau와 아무 관계가 없다.

ä

(나무 막대기로 가리키다)

〈참고. enseignement은 실사이므로 다른 실사와 관계를 맺는다는 점에서 연상 계열이다.〉

그래서 때로는 의미와 형태의 이중적 공통성 때문에, 때로는 오직 형태〈또는 의미〉 때문에 생기는 불가피한 연상 계열이 있다. 이 배열 관계는 단어 자체와 함께 두뇌 속에 존재하는 것으로 간주된다. 어떤 단어는〈연상에 의해〉 즉시 그와 유사한 단어들을 모두 환기시킨다. 이 연상은 첫 번째 배열 관계와 전혀 다른 것이다. 이 연상 배열의 지주는 선적 공간이 아니다. 이처럼 다른 단위들과의 관계를 나타낼 수 있는 것은 발화연쇄 내의 위치가 아니다.

〈더욱이 enseignement은 반드시 이 연상 계열의 첫 번째 단어가 아니다. 그것은 성좌星座의 일부로 존재한다.〉[39]

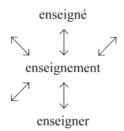

공간의 개념은 여기에 개입하지 않는다.

[384]   한 단어가 다른 단어들과 관계를 맺는 두 가지 방식이 있다.

〈단어를 만드는 것은 이 단어가 다른 단어들과 맺는 관계이며, 이두 종류의 관계를 구별하는 것은 기본적이다.〉

이와 관련한 지적 사항

1) 단어가 그 주위에 가진 것이 무엇인가는 언어학자가 때로는 통합 영역에서, 때로는 연상 영역에서 논의할 것이다.

단어 주위에 통합적으로 있는 것은 그 전후에 오는 것, 즉 맥락이다. 반면 단어 주위에 연상적으로 존재하는 것은 맥락이 아니라 의식에서 오는 것이다〈(공간의 관념이 아니라 의식의 관계로 연결된 것이다)〉.

---

39 메히야·감바라라 판에서는 이 단락이 아래의 "공간의 개념은 여기에 개입하지 않는다"의
    다음 문단으로 온다(p.279).

단어의 주위는 통합적인 것과 연상적인 것을 구별해야 한다. 〈단어는 통합체 내에 위치하며, 단어는 시작과 끝이 있기 때문에, 또한 다른 단어가 앞뒤에 온다는 사실 때문에 단어로 기능하는 것이다.〉

연상 계열 내에 위치하면, 시작과 끝은 개입하지 않는다.

이렇게 말할 수도 있다. 즉 현존하는in praesentia 조합과 부재하는in absentia 조합.

2) 통합체는 문장이 아닌 결합체에서도 확인할 수는 있지만, 매우 분명한 통합체의 유형은 문장 그 자체가 될 수도 있다. 모든 문장은 통합체가 된다. 그런데 문장은 발화에 속하며, 언어에 속한 것이 아니다.

[385] 반론: 통합체가 발화에 속하지 않는다면, 두 영역(통합적-연상적[40])을 구별하기 위해 두 영역(언어-발화)을 뒤섞는 것이 아닌가[?]

〈사실상 두 영역의 경계에는 까다로운 문제가 있다.〉 이는 단번에 잘라 말하기 어려운 문제이다.

어쨌든 언어의 사실에도 통합체가 있다. 예컨대 합성어이다. 〈magnanimus 같은 단어는 animus처럼 언어의 목록에도 속한다.〉

무엇보다도 언어에는 기성의 문장 전체의 계열이 있고, 개인은 〈스스로〉 문장을 결합할 필요가 없다.

통합체에서는 예민한 문제가 있다. 즉 발화와 언어의 구별이다.

다음 단어에는 통합 관계가 있다.

Dummheit어리석음

---

40 저본에는 syntagmatique-associative로, 메히야·감바라라 판에는 syntagme-association으로 되어 있다(p.279).

또한 단어의 부분도 부분이 앞과 뒤 어디에 있느냐에 따라서 기능한다. 이것도 통합 관계이다.

[386]　　　　〈3)〉 연상 대립 또는 연상 배열은 그 나름의 공간 대립을 검토할 수 있다. Dummheit가 어떤 면에서 두 단위를 포함한다면, enseigne-ment 역시 두 단위를 포함한다(연상 영역을 거쳐가는 통합체이기 때문이다).

[1911년 6월 30일]

우리가 고찰한 두 계열의 순서를 뒤바꾸면, 마음은 단어들 사이에 두 차원의 관계를 모두 맺게 한다고 말할 수 있다.

① 발화 밖에서. 기억 내에서 공통적인 것을 제공하는 단어들 사이의 연상은 다른 단어군, 단어 계열, 단어족을 형성하며, 이들 내에서는 아주 다양한〈그러나 단일한 범주에 속하는〉 관계가 지배한다. 이들은 연상 관계이다.

② 발화 내에서. 단어는 앞의 첫 번째 연상 관계와 무관한 관계를 맺으면서 그들의 연쇄에 의존하는데, 이것이 앞서 말한 통합 관계이다.

[387]　　　　여기서 물론 반론이 제기된다. 두 번째 〈종류의〉 관계는 발화의 사실을 환기시키고, 언어의 사실을 환기시키는 것 같지는 않기 때문이다. 〈그러나〉 언어 자체는 이 통합 관계를 가지는데, 합성어(독일어 Hauptmann^{대위})에서〈또는 심지어 Dummheit 같은 단어나 s'il vous plaît^{부탁해요} 같은 어구에서〉 통합 관계가 지배하는 경우에만 그렇다.

단어의 구조를 말할 때는 두 번째 종류의 관계가 환기된다. 단위는 그 관계의 지주로서 끝이 서로 이어지는 단위로 배열된다. 굴절 패러다임(dominus^{주인이}, domini^{주인의}, domino^{주인에게})을 말할 때 이들은 연상 관계가 지배하는 단어군이다. 이들은 끝이 이어지는 단위가 아니며, 이 사실 때문에 다른 방식의 관계를 맺는다.

　　magn-animus : animus가 맺는 관계는 통합적이다. 〈관념은 끝이 연결된 두 부분의 병치에 의해 표현된다.〉 magn이나 animus에서도 관대한 마음을 지녔다는 식의 의미는 발견할 수 없을 것이다.

[388]

　　animus를 anima^혼, animal^{동물}과 관련해서 보면, 그것은 다른 종류의 관계이다. 이들은 〈연상〉 단어족이다.

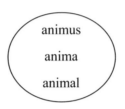

　　이 두 종류의 관계는 서로 환원이 불가능하고, 두 관계는 모두 작동한다.

　　건물의 부분을 비교해 보자. 기둥은 떠받치는 장식 소벽_{小壁}과 관계를 맺는다. 이 두 부분은 통합 관계와 비교할 수 있는 관계를 맺고 있다. 이는 현존하는 두 단위의 배열이다. 우리가 도리스식 기둥을 보고 있다면, 이 기둥을 거기에 부재하는 대상의 연상 계열〈연상 관계〉(이오니아식 기둥, 코린토스식 기둥) 내에서 연관 짓는다.

　　마음이 현존하는 단어들과 연관 짓는 단어가 맺는 관계의 합은 잠재적 계열이며, 기억에 의해 형성된 관계, (기억의 계열)이고, 이는 단위들의 연쇄, 즉 현존하는 두 단위가 만드는 연대적 통합체와 대립된다.

[389]

이는 잠재적 계열과 대립하는 <u>실재하는</u> 계열이며, 또 다른 관계를 생성하는 계열이다.

이 논의로부터 끌어내려는 결론은 이것이다. 즉 단어(이 단어는 〈이 두 관계 내에서〉 기능하도록 요구된다)가 기능하는 관계의 차원이 어느 것이든 단어는 언제나 무엇보다도 체계의 성원이며, 때로는 두 차원의 관계 중 어느 차원의 관계에서나 다른 단어들과 연대한다.

이는 가치를 형성하는 것이 무엇인지를 고찰할 때 고려할 사항이다. 먼저 단어는 체계의 <u>사항</u>이라는 사실을 고려해야 한다.

우리가 〈**단어**mot 대신에〉 **언어사항**terme이라고 하면, 그것은 곧 다른 사항과의 관계를 고려한다는 것을 의미한다(다른 단어와의 연대 개념이 환기된다).

[390] 언어 체계를 구성하려면 단어, 언어사항으로부터 출발해서는 안 된다. 그렇다면 이는 언어사항이 미리 절대적 가치를 갖고 있다는 것, 체계를 형성하기 위해 이들을 쌓아올리기만 하면 되는 것으로 생각하는 것이다. 이와 반대로 출발점은 〈체계이고〉 연대적 전체이다. 이 전체는 사항들로 분해되고, 이 사항을 분석하는 것은 겉보기보다는 그리 쉽지 않다. 가치를 분별하기 위해 (가치들의) 전체[체계(삭제)]로부터 출발하면, 우리는 단어를 〈인지해야 할〉 사항들의 계열로 보게 된다. (〈부수적으로〉 연상적으로 우리는 domino, 〈domine, domin-?〉뿐만 아니라 dominus란 단어도 환기하고, 통합적으로는 dominus나 domini 중 어느 것을 택해야 한다.)

단어란 용어에 중요성을 부여하지 말 것. 〈여기서 **단어**란 용어는 우리에게는 아주 모호한 용어이다. 언어**사항**이란 용어면 충분하다. 게다가 **단어**란 용어는 이 두 관계의 계열에서 의미가 같지 않다.〉

제5장[원문 오류 그대로]. 사항의 가치와 단어의 의미. 어떤 점에서 이 두 가지가 혼동되고 구별되는가?

언어사항이 있는 곳에는 가치도 있다. 사항의 관념에 가치의 개념이 잠재적으로 함의되어 있다. 이 두 관념을 분리하는 것은 늘상 어렵다.

가치로 말하자면, 그것이 〈여기서는〉 **의미**sens (**의미작용**signification)와 동의어가 된 느낌이고, 또 다른 혼동의 여지를 불러일으킨다(〈여기서 혼동은〉 이 용어들 자체에서 더욱 크다).

가치는 물론 의미의 요소이지만, 중요한 것은 이 의미를 가치가 아닌 다른 것으로 간주하는 것을 피하는 것이다.

의미가 어떻게 가치에 의존하는지, 그런 한편 이 가치와 어떻게 구별되는지를 구별하는 것은 아마도 언어학에서 다룰 가장 미묘한 조작 가운데 하나이다. 언어학자의 관점과, 언어를 명칭 목록으로 간주하는 협소한 관점의 차이가 분명히 드러나는 곳이다.

[392]   우선 우리가 표상한 대로의 〈그리고 우리 스스로가 지적한 바대로의〉 의미작용을 살펴보자.

〈화살표는 청각영상의 짝으로서
의미작용을 가리킨다.〉

이 견해에 따르면, 의미작용은 청각영상의 짝이며, 그 외의 다른 것이 아니다. 단어는 고립된 자족적인 전체로 나타나거나 그렇게 간주된다. 단어를 내적으로 보면, 단어는 그 짝으로 개념을 지닌 청각영상을 갖는다.

역설, 즉 베이컨의 언어로 하면 덫이 놓인 '동굴'이 바로 이것이다. 청각영상의 짝으로 드러나는 의미작용은 언어 내에 공존하는 사항들의 짝이기도 하다. 우리는 방금 언어가 모든 사항들의 관계에 의해 연결된 체계라는 것을 살펴보았다.

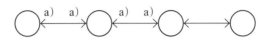

우선 화살표 a)와 화살표 b) 사이에는 아무 관계가 없다. 단어의 가치는 오직 여러 사항의 공존에서 유래한다. 이를 청각영상의 짝인 의미작용과 어떻게 혼동할 수 있는가?

[393]

다른 그림 : 칸의 계열

〈칸 내부의 관계와 칸들 사이의 관계는 구별하기 아주 어렵다.〉

청각영상의 짝으로서 의미작용과, 공존하는 사항들의 짝으로서 의미작용은 서로 혼동된다.

〈사례에 앞서 확인할 사항 :〉 언어학의 외부 어디에서나 가치는 역설적이지만 동일하다. 가치란 미묘한 영역이다. 〈어떤 영역에서도 가치가 무엇인지 말하기 무척 어렵다.〉 가치를 형성하는 두 요소가 있다. 가

---

41 메히야·감바라라 판에는 그림 속 글자가 둘 다 signe이고, 편집자 주에서 이 약어가 signe / signifiant인지 signification / signifié인지를 알 수 없다고 지적하고 있다(p.283).

치의 결정은 ① ↑로 표시되는, 교환 가능한 상이한 것에 의해, 또한 ② ←──→로 표시되는, 비교 가능한 유사한 것에 의해 이루어진다.

$$\longleftarrow \quad \longleftarrow \quad \uparrow \longrightarrow \quad \longrightarrow$$

[394]   가치에는 이 두 요소가 필요하다. 예컨대 20프랑 동전을 보자. 이 것이 가진 가치는 내가 교환할 수 있는 다른 것(예를 들면 몇 리브르[42]의 빵), 그리고 ② 1프랑, 2프랑, 또는 이와 유사한 가치를 갖는 동전(기니[43]) 과 20프랑 동전의 비교를 통해 결정된다.

가치는 동종에 속하는 것의 짝이자 동시에 이종에 속하는 것의 짝 이다.

교환 가능한 것만 고려해서는 단어의 의미작용을 결단코 발견할 수 없다. 또한 비교 가능한 〈유사한〉 계열도 비교해야 한다. 단어를 따 로 떼어서 별도로 취할 수 없다. 그리하여 〈언어사항이 유래하는〉 체계 는 가치의 원천 가운데 한 가지이다. 교환된 관념과 대립해서 비교 가 능한 사항들 전체가 가치이다.

[395]   단어의 가치는 단어의 경계를 짓는 공존 사항들의 협조를 통해서 만 결정된다. 〈또는 이미 지적한 역설을 보다 확실히 지지하기 위해〉 단 어 내에 있는 것은 오직 그 단어 주위에 존재하는 것의 협조를 통해서 만 결정된다. (단어 내에 있는 것은 바로 가치이다.) 통합적으로 그 단어 주위에 있는 것과 연상적으로 그 주위에 있는 것의 협조를 통해서다.

---

42 프랑스의 옛 무게 단위. 약 500그램에 해당한다.
43 영국의 옛 화폐 단위. 기니화는 금화로서, 가치는 21실링(=1파운드 1실링)에 값한다.

체계와 공존하는 사항에서 출발해서 외부로부터 〈단어〉[그것(삭제)]에 접근해야 한다.

몇 가지 사례.

복수와, 그게 무엇이든 복수를 표시하는 사항.

독일어나 라틴어에서 복수의 가치는 산스크리트어에서 복수의 가치와 같지 않다. 〈그러나〉 굳이 말하자면 그 의미작용은 동일하다.

산스크리트어에는 쌍수가 있다.

[396]

산스크리트어 복수에 라틴어 복수와 동일한 가치를 부여한 사람들은 틀렸다. 〈왜냐하면 내가 라틴어 복수를 적용하는 모든 사례에 산스크리트어 복수를 적용할 수 없는 까닭이다〉.

이는 왜 그런가? 〈가치가 의존하는 것은〉 그 외부에 있는 어떤 것이기 때문이다.

다른 한편, 단순한 어휘적 사실을 예로 들어 보면, 예컨대 mouton^양–mutton^{양고기} 같은 단어는 영어 sheep과 가치가 같지 않다. 왜냐하면 식탁 위가 아니라 풀밭에 있는[44] 양은 sheep[mutton(삭제)]이기 때문이다.

영어에는 이 sheep의 가치를 제한하는 제2의 언어사항이 있다.

mutton / sheep / mouton (가치 제한 사례)

〈따라서 화살표 ↑로는 충분하지 않다. 항상 화살표 ← → 를 고려해야 한다.〉

사례 décrépit에서 이와 유사한 현상을 볼 수 있다.

décrépit^{늙은} 노인에게 décrépi[t(삭제)]^{벗은} 벽과 유사한 의미를 부여한다면 그 이유는 무엇인가[?]

44　저본에는 sur pied, 메히야·감바라라 판에는 sur pré이다(p.284).

그 이웃의 단어가 여기에 영향을 미쳤다. 〈décrépit(노인)에 생긴 가치는 인접 사항인 décrépi[t(삭제)](벽)와의 공존에서 유래한다〉.

의미 전염의 사례이다.

[1911년 7월 4일]

[397]   soleil^{태양}란 단어의 의미를 제한하는 모든 인접 단어를 고려하지 않고는 soleil란 단어의 가치를 그 자체만으로는 결정할 수〈조차〉 없다. 〈어떤 언어에서는 〈Mettez-vous au soleil^{햇빛을 쪼이세요}이라고 표현한다. 그렇지만 다른 언어는 soleil(=별)란 단어에 이와 동일한 의미작용을 부여할 수 없다. 한 언어사항의 의미는 이웃 사항의 존재 또는 부재에 의존하기 때문이다.〉

언어 체계는 언어사항에 이르고, 이 사항은 언어 가치에 이른다. 〈그러면 의미작용은 주위를 둘러싸는 사항들에 의해 결정된다는 것을 깨닫게 된다.〉

〈그리하여 우리가 앞에서 살펴본 장^章으로 되돌아 간다. 하지만 고립 단어에서 출발하는 것이 아니라 올바른 길을 통해서, 즉 체계를 통해 이를 재론할 것이다.〉

가치란 개념을 파악하려면 고립된 단어와 대조되는 단어들의 체계로부터 출발해야 한다고 결정했다. 다른 기반에서 출발하는 것으로 결정할 수도 있었을 것이다.

심리적으로 말해서, 언어를 제거해 버리면 이 관념이란 무엇인가[?] 그러면 이것은 아마도 존재하지 않을지도 모른다. 아니면 무형태로 부르는 형태로 존재할지도 모른다. 〈철학자와 언어학자들의 견해에 따르면,〉 언어(물론 내적 언어)의 도움이 없으면 두 개념을 〈명확하게〉 구별할 수단을 갖지 못할 것이다.

따라서 관념의 순수히 개념적 덩어리 자체만 취하면, 언어와 분리된 이 개념 덩어리는 무형태의 구름 같으며, 이 개념 덩어리에는 구별할 수 있는 것이라고는 애당초 아무것도 없다. 역으로 언어에서도 그러한데, 관념은 선재하는 어떤 것도 표상하지 않는다. a) 기존에 확정된, 상호 대립적으로 구별되는 관념도 없고, b) 이 관념을 표상하는 기호도 없다. 언어기호에 앞서면 사고 내에서는 아무것도 구별되지 않는다. 이것이 주요한 논점이다. 다른 한편, 아주 혼란스러운 관념의 영역과 대립하는 음성의 영역(관념의 외부에서 별개로 취한 음성 영역)이 〈미리〉 명백하게 구별된 관념을 제공하는 것인가 하고 질문해 볼 수 있다.

[398]

그러나 음성에는 확연히 구별되는, 미리 경계 지어진 단위는 없다.

언어란 현상은 바로 이 둘 사이에서 출현하는 것이다.

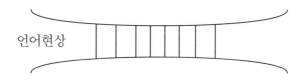

언어현상

[399] 이 〈언어〉현상은 가치를 생성하되, 이 가치는 〈처음으로〉 결정되는 것이지만, 사람들이 여기에 부여하는 의미와 더불어 여전히 가치로 남아 있다. 이 언어사실 자체에 추가할 것이 또 있는데, 이제 이를 논의할 작정이다. 언어현상이 일어나는 이 두 영역은 무형태일 뿐만 아니라, 〈이 두 영역의 연결 관계〉, 〈(이 둘 사이의)〉 결합은 가치를 창출하며, 그 선택은 전적으로 자의적이다.

이런 것이 없으면, 가치는 어느 정도 절대적일 것이다. 〈만일 음성과 개념의 결합이 정말 자의적이 아니라면, 이 가치의 개념을 제한해야 할 것이고, 그러면 절대적 요소가 될 것이다.〉

그러나 이 결합이 완전히 자의적이므로 가치는 완전히 상대적일 것이다.

시니피앙과 관련하여 시니피에를 표상하는 그림을 이제 다시 살펴보면,

이 그림은 틀림없이 그 나름의 존재 이유가 있지만, 그것은 가치의 부산물에 불과하다는 것을 알 것이다. 시니피에 단독으로는 아무것도 아니며, 무형태의 덩어리 속에 뒤섞여 있다. 시니피앙도 마찬가지이다.

[400]

그러나 시니피앙〈과〉 시니피에는 일정한 가치 덕택에 연관을 맺고, 이 가치는 수많은 청각기호와, 관념의 덩어리를 자른 수많은 〈단편들〉과의 결합에서 생겨난다. 시니피앙과 시니피에의 관계가 그 자체로 주어진 것이 되려면 무엇이 필요한가[?] 무엇보다도 관념이 〈미리〉 결정되어야 하지만, 실제로는 그렇지가 않다. 〈무엇보다도 시니피에가 미리 결정되어 있어야 하는데, 실제로는 그렇지가 않다.〉

〈이러한 이유로〉 이 관계는 서로 대립하는 〈(체계를 구성하는)〉 가치들의 또 다른 표현에 불과하다. 〈이는 어떤 언어 차원이든지 모두 적용되는 사실이다〉.

〈몇 가지 사례 :〉 관념이 언어의 가치가 되기 전에 인간의 마음속에

미리 결정되어 있는 것이라면, 반드시 출현해야 할 것은 개별언어의 사항이 다른 개별언어의 사항과 서로 정확히 상응해야 한다는 것이다.

[401]　　　　　프랑스어　　　　　　　독일어

cher^{귀한}　　　　　lieb^{사랑스러운}, teuer^{값비싼} 〈(또한 정신적)〉[45]

그러나 이들은 정확하게 대응되지 않는다.

juger^{판단하다}, estimer^{평가하다}urteilen^{판단하다}, erachten^{인정하다}

　　　　　　　　　　〈프랑스어 juger, estimer의 의미
　　　　　　　　　　일부만이 상응하는 의미작용의
　　　　　　　　　　집합이다〉

언어 이전에 개념 'cher'이 그 자체로 미리 선재하지 않음을 알 수 있다. 따라서 이와 같은 그림을 볼 수 있다.

이 그림 나름대로 쓸모가 있겠지만, 프랑스어에서 다른 사항과 대립해서 〈프랑스어 체계 내에서 경계가 획정된〉 어떤 가치 cher가 있음을 표현하는 한 방법이다.

---

45 정신적 의미인 '소중한, 귀중한'을 가리킨다.

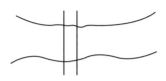

〈이 그림은 일정한 수의 개념과 일정한 수의 음성의 결합체가 될 것이다.〉

〈따라서 이 도식 은 프랑스어에서는 일차적 출발점이 아니다.〉

가치 cher는 양면에서 결정된다. 관념 〈자체〉의 윤곽은 프랑스어 단어의 관념에 분포되어 있다. 〈관념의 윤곽이 주어지면, 도식

가 작동하기 시작한다.〉

이 예는 어휘에서 취한 것이지만, 다른 어떤 언어사항이라도 사정은 똑같다.

〈다른 사례. 우리에게는 아주 자연스러운 시제의 개념이 다른 언어에서는 아주 이상한 것이다.〉 셈어(히브리어) 시제 체계에서〈처럼〉〈현재〉, 미래, 〈과거〉 같은 시제 구별이 없는 언어, 다시 말해서 이 〈시제〉 관념이 미리 결정되어 있지 않은 언어에서 시제는 단지 가치의 상태로만 존재한다.

[402]

고대 게르만어에는 미래가, 〈미래를 고유하게 표현하는 형태가〉 없다. 미래시제는 현재로 표현된다. 그렇지만 그것은 말하는 방식이다. 〈따라서 고대 게르만어 미래의 가치는 프랑스어 미래와 동일하지 않다.〉

마찬가지로 슬라브어를 생각해 보면, 동사의 완료상과 미완료상의

차이가 있다(이는 슬라브어 연구의 애로점이다). 〈슬라브어에서 동사의 상㈦은 항구적으로 구별된다. 즉 시간 문제를 벗어난 완료 행위와 진행 행위이다. 우리에게 이 구별이 어려운 것은 이 상의 범주가 프랑스어에는 없는 까닭이다. 그래서 이 시제는 미리 결정된 것이 아니라 가치의 문제인 것이다.〉

이 가치는 언어 내의 사항들의 대립에서 생겨난다.

〈따라서 방금 논의한 것은 이것이다.〉 가치의 개념은 개념의 미결정 상태로부터 도출되었다. 시니피에에서 시니피앙에 이르는 이 도식은 원초적인 도식에 불과하다. 〈가치는 다른 영역처럼 언어학자도 결정할 수 없다. 우리는 가치의 명료성과 모호성이 있어도 그것을 수용할 것이다.〉

요약하면, 단어는 시니피앙뿐만 아니라 시니피에 없이는 존재하지 않는다. 하지만 시니피에는 각 언어 체계 내에서 언어사항의 작용을 전제하는 언어 가치를 요약적으로 보여 주는 개요에 불과하다.

[403]   [...] 장

〈우리에게 시간이 있으면, 다음 장에서 논의할 것은 이것이다.〉 언어 내(다시 말해 언어 상태 내)에는 오직 차이만이 있다는 이 원리를 제시하면, **가치**란 용어를 둘러싸고 우리가 앞서 얘기한 것을 달리 표현할 수 있다. 차이는 우리 마음에 적극적인 두 사항을 함의하고, 이 두 사항 사이에서 이 차이가 확립된다. 〈그러나 역설인 것은 이것이다.〉 언어에는 적극적 사항 없이 차이만이 있다. 이것이 역설적 진리다. 의미작용이든 시니피에나 시니피앙이든 적어도 차이만이 있다는 것이다.

〈시니피앙과 시니피에의 관계가 맺어진 결과로서 언어사항 자체를 다루면〉 **대립**을 얘기할 수 있다.

엄밀히 말해서 기호란 없고, 기호의 차이만이 존재한다.

체코어의 예 : žena(여자), 복수 속격 žen[여자들의]

분명한 것은 체코어에서 하나의 기호는 다른 기호처럼 기능할 수
[404] 도 있다는 것이다. 여기서는 복수 속격을 나타내는 별개의 기호가 없다.

(žena와 žen은 žena와, 이전에 존재했던 복수 속격 ženŭ과 똑같이 기능한다.)

[이 사례가 보여 주는 것은(삭제)] 기호의 차이만이 기능한다는 것이다.

ženŭ가 가치가 있는 것은 žena와 다르기 때문이고,
žen이 가치가 있는 것은 žena와 다르기 때문이다.

〈오직 차이만이 있고, 적극적 사항은 전혀 없다.〉

여기서 우리가 말하는 것은 시니피앙의 차이이다.

시니피앙은 차이에 근거해서 작용한다.

시니피에도 마찬가지로 오직 차이뿐인데, 이 차이는 청각 요소의 차이에 지배된다. 미래의 관념이 다소 존재하는 것은 〈(미래시제와 그 나머지 시제 사이에)〉 언어기호로 생겨난 차이가 얼마나 분명한지의 여부에 달려 있다.

aller[가다]가 기능하는 것은 allant[가는], allons[우리는 간다]과 다르기 때문이다.

aller | allons | allant
영어 going = aller, allant

[405]　　〈에둘러 말하자면, 어쨌든 프랑스어처럼 두 관념 사이에 청각적 차이가 없다는 사실 때문에, 관념도 더 이상 분화되지 않을 것이다.〉

따라서 언어의 전 체계를 관념의 차이와 음성의 차이가 서로 결합하는 것으로 생각할 수 있다.

주어진 적극적 관념도 없고, 관념의 외부에 결정된 청각기호도 없다. 차이가 서로를 결정짓기 때문에 관념의 차이와 기호의 차이의 대응을 통해 적극적 사항과 같은 것이 생겨난다. 〈그렇다면,〉 사항의 대립을 말할 수 있고, 따라서 〈(이러한 결합의 적극적 요소로 인해서)〉 차이만 있다고는 주장하지 못할 것이다.

마지막으로 이 논의가 귀착되는 원리는 기호의 자의성이라는 기본 원리이다.

기호의 차이에 의해서만 기호에 기능과 가치를 부여할 수 있다.

〈기호가 자의적이 아니라면, 언어에는 차이만 있다고 말할 수는 없을 것이다.〉

[406]　　절대적 자의성, 상대적 자의성이란 장과 연결되는 부분〈은 이것이다〉. 우리는 단어를 체계 내에 자리한 〈사항〉으로서 〈다시 말해 가치로서〉 간주했다. 〈그런데〉 체계 내의 사항들의 연대는 통합적 연대로서, 연상적 연대로 인해 자의성이 제한된다고 생각할 수 있다.

그래서 couperet(고기 자르는 칼)에서 어근 coupe- 과 접미사 -ret 의 통합체는 hache도끼 와 대립된다.

(연대, 즉 두 요소 사이의 통합 관계)

hache는 완전히 자의적이고, couperet는 상대적 유연성이 있다(coupe자르다 와의 통합적 연상으로 인해).

$$\langle \quad \overset{\frown}{\text{couperet}} \qquad \text{통합 제약}$$

$$\text{hache} \qquad \text{완전히 자의적} \rangle$$

$$\left.\begin{array}{l} \text{plu}^{\text{맘에 드는}} \\[1ex] \text{plaître}^{\text{맘에 들다}} \end{array}\right\} \quad \text{연상 제약}$$

---

[407] 이 강의에서 언얼ᆨ의 외적 부분을 거의 전부 다루었다.

내적 부분에서 진화언어학은 〈공시 언어학 때문에〉 보류했고, 언어학의 일반적 원리〈만 몇 가지 다루었다〉.

이 일반적 원리에 기초해서 정태적 상태의 세부 사실이나 정태적 상태의 법칙을 효과적으로 다룰 수 있을 것이다.

찾아보기

지은이 페르디낭 드 소쉬르(Ferdinand de Saussure, 1857~1913)

1857년 11월 26일에 스위스 제네바에서 태어나 1913년 2월 22일에 운명을 달리했다. 1876~1878년에 19세기 역사비교언어학을 주도한 라이프치히대학에서 수학했으며, 21세 나이에 인도유럽어 연구의 백미라고 할 수 있는 「인도유럽어 원시 모음 체계에 관한 논고」(1878)를 발표했다. 이후 파리 고등연구원에서 10년 동안 게르만어 비교문법, 그리스어와 라틴어 비교문법을 강의한 후, 모교 제네바대학교로 돌아가 1891년 인도유럽어 비교역사언어학과 산스크리트어 교수로 임명된다. 1896~1913년 동안 그리스어, 라틴어, 산스크리트어 비교역사문법, 게르만어 비교문법, 니벨룽겐을 강의했으며, 게르만 전설을 연구했다. 이 기간 동안 과학으로서 일반언어학의 근본적인 문제를 다룬 '일반언어학 강의'를 3차에 걸쳐 했다. 1907년 1차 강의, 1908~1909년에 2차 강의, 1910~1911년에 3차 강의를 했다.

20세기 현대 언어학의 이론적 토대를 수립하고 기호학이라는 새로운 학문의 가능성을 주창한 천재 언어학자이자 구조주의의 원류로 평가받으며, 루이 알튀세르, 롤랑 바르트, 조르주 바타유, 장 보드리야르, 피에르 부르디외, 자크 데리다, 미셸 푸코, 자크 라캉, 모리스 메를로-퐁티, 레비스트로스 등 20세기 사상 지형에 지대한 영향력을 행사한 독창적 사상가로도 자리매김하고 있다.

옮긴이 김현권

1975년에 서울대 문리대 언어학과를 졸업하고, 동 대학원에서 문학 석박사과정을 마쳤다. 파리7대학(DEA)에서 수학한 바 있으며 2002년에는 초빙교수로서 파리13대학 전산언어학연구소에서 연구했다. 한국언어학회장을 역임하기도 했으며 현재 한국방송통신대학 명예교수로 일하고 있다. 역서로는 소쉬르의 『일반언어학 강의』와 『일반언어학 노트』, 뱅베니스트의 『일반언어학의 여러 문제 1, 2』와 『인도유럽사회의 제도·문화 어휘 연구 1, 2』, 『마지막 강의』, 바르트부르크의 『프랑스어 발달사』, 로지의 『프랑스어 사회언어학사』, 렘프류의 『언어고고학』 등이 있고, 「소쉬르와 역사언어학의 전통」, 「동사의 다의와 전자사전에서의 표상」, 「소쉬르의 『인도유럽어 원시 모음체계 논고』와 『일반언어학 강의』의 방법론적 비교」, 「소쉬르의 《일반언어학강의》와 《제3차 강의노트》의 비교」 등 다수의 논문들을 발표했다. 또한 방송대학 대학원(아프리카 불어권 언어문화학과)에 있으면서 『아프리카 지정학』, 『아프리카 아이덴티티: 2,000개의 언어를 둘러싼 발전과 통합의 과제』, 『한 권으로 읽는 아프리카』를 번역 출간했다.